ZHONGHUARENMINGONGHEGUO
XUESHENG ZIZHU SHI

中华人民共和国学生资助史

余子侠　陈　彬 / 主编

华中师范大学出版社

新出图证（鄂）字10号

图书在版编目（CIP）数据

中华人民共和国学生资助史/余子侠，陈彬主编．—武汉：华中师范大学出版社，2021.12

ISBN 978-7-5622-7285-4

Ⅰ．①中…　Ⅱ．①余…　②陈…　Ⅲ．①助学金—教育政策—研究—中国—1949-2019　Ⅳ．①G526.78

中国版本图书馆CIP数据核字（2021）第238817号

中华人民共和国学生资助史

©余子侠　陈　彬　主编

编辑室：综合编辑室　　**电话**：027-67867370

责任编辑：张晶晶　　**责任校对**：肖　阳　　**封面设计**：胡　灿

出版发行：华中师范大学出版社有限责任公司

社址：湖北省武汉市洪山区珞喻路152号　　**邮编**：430079

电话：027-67863040/1367（发行部）　027-67861321（邮购）

传真：027-67863291

网址：http://press.ccnu.edu.cn　　**电子邮箱**：press@mail.ccnu.edu.cn

印刷：湖北恒泰印务有限公司　　**督印**：刘　敏

字数：315千字

开本：710mm×1000mm　1/16　　**印张**：19.25

版次：2021年12月第1版　　**印次**：2021年12月第1次印刷

定价：78.00元

欢迎上网查询、购书

目　录

第一章　新中国成立初期的学生资助（1949—1965）

中华人民共和国成立以来，学校教育事业在70年间经历了一个峰回路转而又波澜壮阔的发展历程。其间自1949年10月新中国诞生至1966年"文化大革命"爆发，人们一般称之为"新中国初期"或"建国初期"。在这段历史时期内，新中国的教育事业自其建创初始即在全国范围内走上为人民服务的道路。这不仅是一个重大的教育变革和发展的历史转折时期，而且是一个从根本上改变教育事业性质的关键时期，更是一个学校教育惠泽以工农大众为主体的全国各族人民的奠基时期。所谓"学生资助"即于其时确定了方向、打下了基础，并且开始构建出符合中国国情的资助制度或体系。

一、新中国成立初期的政治、经济与教育

1949年10月，中华人民共和国宣告成立，标志着我国新民主主义革命的基本胜利，并开始向社会主义社会过渡。新中国成立初期，在政治上建立和巩固了人民民主专政的国家政权，实现和巩固了全国范围（除台湾等岛屿以外）的统一、全国各族人民和各阶层人民的大团结，加强和扩大了中国共产党领导的广泛统一战线。在经济上基本完成了对生产资料私有制的社会主义改造，基本上实现了生产资料公有制和按劳分配，逐步建立了独立的、比较完整的工业体系和国民经济体系。文化教育方面则完成了对旧有文教成分的接收与改造，确立并实施了民族的、科学的、大众的文教方针。凡此种种，都体现出除旧布新的鲜明特征，并为学生资助体系提供了政治、经济、教育等方面的依据与条件。

（一）建设人民民主新政权

新中国成立初期，随着人民民主新政权的建设与巩固，尤其是《中国人民政治协商会议共同纲领》的颁布与实施，为社会主义性质的学生资助体系提供了根本的政治依据。中国共产党领导下的新中国有力地应对了种种新挑战，完全确立了"人民当家做主"，即以工人阶级为领导，以工农

联盟为基础，团结各民主阶级和国内各民族的人民民主专政的国家性质。这反映在学生资助的政策层面，具体表现为优先保障工农群众及其子弟的受教育权。与此同时，出于建立统一战线、团结一切可以团结的力量的政治需要，学生资助体系的实施对象也充分涵盖了国内各民主阶级及其子弟，从而有效兼顾了政策的针对性与广泛性。

1.《中国人民政治协商会议共同纲领》描绘政治新蓝图

1949年6月，新政协筹备会第一次全体会议在北平中南海勤政殿正式召开。同年9月17日，筹备会第二次全体会议基本通过了《中国人民政治协商会议共同纲领》(以下简称《共同纲领》)、《中国人民政治协商会议组织法》和《中华人民共和国中央人民政府组织法》三个重要文件的草案。9月27日，中国人民政治协商会议第一届全体会议正式讨论通过了这三个历史性文件，尤其是《共同纲领》作为新中国的建国总纲，明确规定了新中国的国家性质以及各个领域的基本方针政策，在全国人民代表大会召开并制定宪法之前，具有临时宪法的作用。“中华人民共和国为新民主主义，即人民民主主义的国家，实行工人阶级领导的、以工农联盟为基础的、团结各民主阶级和国内各民族的人民民主专政，反对帝国主义、封建主义和官僚资本主义，为中国的独立、民主、和平、统一和富强而奋斗。”“中华人民共和国的国家政权属于人民。人民行使国家政权的机关为各级人民代表大会和各级人民政府。”《共同纲领》不仅为新中国描绘出了政治新蓝图，也为社会主义新教育事业的建设发展确定了方针、指明了路线：“中华人民共和国的文化教育为新民主主义的，即民族的、科学的、大众的文化教育。人民政府的文化教育工作，应以提高人民文化水平，培养国家建设人才，肃清封建的、买办的、法西斯主义的思想，发展为人民服务的思想为主要任务。”①《共同纲领》对新中国教育主要任务的确立和学校教育性质的阐释，不仅揭明学校教育施予的对象是全体中国人民，而且为学生资助制度的建立以及受惠覆盖面所及提供了政策和法律依据。

2. 中国共产党执政面临新挑战

新中国成立以后，新民主主义革命反帝、反封建、反官僚资本主义的历史任务尚未彻底完成，中国共产党执政领导的中央人民政府还面临着一

---

① 全国人大常委会办公厅，中共中央文献研究室. 人民代表大会制度重要文献选编1［M］. 北京：中国民主法制出版社，2015：75.

系列复杂的现实挑战。

在军事方面，大片国统区尚未解放，西南、华南等地还盘踞着一百余万国民党残余部队。即便解放全国内陆的战役结束后，仍有大批特务、土匪、反动会道门等反革命武装负隅顽抗，伺机进行破坏与暴动，企图颠覆新生的人民政权，大规模的剿匪斗争直至1953年才基本完成。

在外交方面，以美国为首的帝国主义势力不仅意图煽动与支持西藏地方独立，还出兵干涉朝鲜内战，直接威胁到了新中国的领土安全。

在政治方面，党内的腐败现象有所滋生，党风党纪亟待整肃，反贪污、反浪费、反官僚主义的斗争势在必行。党外的违法资本家利用“糖衣炮弹”对国家干部进行拉拢腐蚀，危害政治与社会稳定。旧社会的一些腐朽观念与制度尚未完全革除，共产党及新生人民政权的执政能力有待证明。

在经济方面，经过长期战争与恶性通货膨胀的破坏，国民经济已濒临崩溃。在没收官僚资本、废除封建土地制度、收回外国在华经济特权、调整改造私营工商业的同时，还需建立社会主义国营经济体系，统一财经管理，全面恢复国民经济，改善人民的物质生活水平。

上述种种，无不表明新中国的学校教育事业是建立在一穷二白的历史基础上。在百废待兴的社会背景下，要让全体人民均受到教育，无疑是一项人类社会从未有过的艰辛而伟大的事业。

3. 探索中国特色政治发展道路

新中国成立以后，通过不断的探索与完善，逐步确立了具有中国特色、体现社会主义国家性质、保证人民当家做主的政治发展道路。其主要表现即为《中华人民共和国宪法》的制定与颁布，以及人民代表大会制度、多党合作与政治协商制度的构建与实施。

依据《共同纲领》的相关规定，新中国成立之后曾以人民代表会议代行人民代表大会的职权。至1952年9月，全国各地都基本上召开了人民代表会议，建立各级人民代表大会的时机已经成熟。1953年3月，中央人民政府公布施行《中华人民共和国全国人民代表大会及地方各级人民代表大会选举法》，标志着社会主义选举制度基本确立，也为全国人民代表大会的顺利召开提供了前提条件。

经过乡、县、省（市）的逐层选举，第一届全国人民代表大会第一次会议于1954年9月在北京中南海怀仁堂隆重开幕。会议选举和确定了新的国家机构，并且通过了《中华人民共和国宪法》《中华人民共和国全国人民代表大会组织法》《中华人民共和国国务院组织法》等重要法案。由此结束了以《共同纲领》代替国家根本大法的过渡状态，正式确立了人民代表大会制度，标志着新中国人民民主建设道路的重大发展，开创了社会主义建设事业的新局面。

统一战线是中国共产党领导下的革命斗争取得胜利的三大法宝之一，也在新中国成立以后得以继续运用与完善。1954 年 12 月，全国政协二届一次会议通过了《中国人民政治协商会议章程》，标志着人民政协正式完成了职能转换。政协作为人民民主统一战线组织，在中国共产党的领导之下，能够继续通过与各民主党派、各人民团体的协商与合作，更广泛地团结全国各族人民，为建设社会主义国家而共同奋斗。“长期共存、互相监督”的合作方针也坚定了各民主党派的合作信念，丰富了我国社会主义民主政治建设的内涵。

站在历史的角度，正是这种道路的选择、制度的建立和治国方略的确定，保证了新中国成立伊始确立的教育事业目标能够得到逐步的实现，使得社会主义中国的学校教育真正做到“人民教育人民办”“人民教育为人民”。在中国共产党的领导下，一个庞大而完整的学生资助体系让新生共和国的全体人民尤其是青少年一代实现数千年来的民族梦想——适龄儿童有学可上，劳动人民有书可读。

（二）恢复发展国民经济

新中国成立初期，国民经济得到逐步恢复与发展，使学生资助体系获得了坚实的经济基础。继广大农村地区基本完成土地改革运动之后，国家又开展了对农业、手工业、资本主义工商业的三大改造运动，建立了社会主义性质的国民经济体系。这些举措不仅显著地解放了城乡生产力，改善了人民的生活水平，也使各级政府能将更多的资金和资源投入教育领域，推进全国各级各类教育事业的快速发展，并为学生资助体系的实施提供了直接的经费保障。经济基础决定上层建筑，学生资助体系的政策措施能否真正落实，关键还是有赖于经济因素的支持。就其实际表现而言，学生资助体系中最为核心的人民助学金制在 1952 年开始统一设置与实施，并在其后数年间逐步完善与充实，但在 1958 年至 1960 年期间由于经济形势的恶化而受到明显的消极影响，1961 年至 1965 年随着经济条件的好转，又有所恢复与落实，即充分地印证了这一点。

1. 土地改革运动

新中国成立之时，全国大片新解放区尚未开展土地改革运动，约占总数2/3的农民还被封建土地制度所束缚。1950年6月，中央人民政府委员会第八次会议讨论通过《中华人民共和国土地改革法》，宣告“废除地主阶级封建剥削的土地所有制，实行农民的土地所有制，借以解放农村生产力，发展农业生产，为新中国的工业化开辟道路”①。从当年秋季开始，全国新解放区根据解放的时间先后和时机的成熟程度，以“依靠贫农、雇农，团结中农，中立富农，有步骤有分别地消灭封建剥削制度，发展农业生产”为总路线方针，大体分为三批开展土地改革运动。至1952年底，全国大陆地区的土改基本完成；1959年底，西藏废除农奴制度，全国大陆废除了延续两千多年的封建土地所有制，彻底消灭了封建地主阶级。通过土地改革运动，广大农民摆脱了封建土地关系的束缚，实现了“耕者有其田”，国家解放了农村生产力，建立和巩固了农村基层人民政权，改善了农民生活水平，也直接推动了农村教育、文化、卫生等各项事业的发展。

数千年来被压迫在社会最底层的农民，在摆脱封建土地关系的束缚而获得基本的经济生活条件之后，成为国家主人，人民共和国的首要任务就在于让他们接受学校教育，提升他们的整体文化水平。因此，在生产力的解放促进包括学校教育在内的各项事业的发展之际，学校教育主要受益对象自然是这些劳动阶级及其子女。这也是随之而来70年间党和国家实行学生资助主要致力的群体和最要解决的问题。

2. 三大改造运动

1952年至1956年期间，随着国民经济“一五”计划的实施，新中国逐步开展了对农业、手工业、资本主义工商业的三大改造运动，从而确立了社会主义性质的基本经济制度。在农业改造方面，中共中央在1953年先后下发《关于农业生产互助合作的决议》《关于发展农业生产合作社的决议（草案）》，明确了农业社会主义改造的道路，即引导个体农民加入具有社会主义萌芽性质的互助组，到半社会主义性质的初级社，再到完全社会主义性质的高级社。至1956年4月，全国绝大多数农村地区已基本完成农业合作化，农村生产关系与经济制度发生了根本改变，不仅促进了农业生产的发展，并为国家工业化的起步提供了重要条件。

与农业改造一样，对个体手工业的社会主义改造也经历了生产小组、

① 国务院法制办公室. 中华人民共和国法规汇编（1949—1952，第1卷）[M]. 北京：中国法制出版社，2005：17.

供销生产社、生产合作社三个阶段。1952 年为典型试办阶段；1953 年至 1955 年为全国发展阶段；1956 年为改造高潮阶段，至该年 6 月底，已有 90%以上的手工业者参与生产合作，基本实现了手工业的合作化。

1953 年 6 月，中共中央政治局召开会议，确定对资本主义工商业实行利用、限制、改造的基本方针。具体分为两大步骤：第一步将私营工商业基本引上国家资本主义轨道；第二步完成社会主义改造，实现国有化。到 1956 年底，全国基本实现了对资本主义工商业的社会主义改造，绝大部分资本主义工商业企业、个体和私营商户转变为国营、公私合营企业，以及合作商店、合作小组。至此，中国大陆地区基本铲除了经济剥削制度，建立了社会主义经济体系。

社会主义性质经济制度的确立和社会主义经济体系的构建，将数千年来的私有制经济改革质变为社会主义公有制，无疑决定着学校教育事业只能是公有公办——无论办学的经济来源还是受教育者的经济保障，均只能由社会主义国家“取之于民、用之于民”。这种经济基础和经济制度，决定着随之建立的学生资助体系具有极其鲜明的时代特征，入学受教者均为由国家财政负担的“人民助学金”的受益者。

3. “大跃进”和人民公社化运动

1958 年 5 月，中共八大二次会议提出社会主义建设的总路线，表示要“尽快地把我国建设成为一个具有现代工业、现代农业和现代科学文化的伟大的社会主义国家”。为迅速实现这一目标，国家随即掀起了席卷全国的“大跃进”运动。主要表现为在农业方面盛行浮夸风，盲目追求高指标，粮食亩产不断“放卫星”；在工业方面“以钢为纲”，全民大炼钢铁。由于对经济发展规律缺乏科学认识，对社会主义建设的长期性和艰巨性思考不够，特别是指导思想和决策措施严重脱离实际，反而事与愿违，极大破坏了生产力的正常发展，造成全国经济形势日趋严峻，国民经济全面紧张。

1958 年 8 月 29 日，北戴河会议通过《中共中央关于在农村建立人民公社问题的决议》，正式在全国发起人民公社化运动。此次运动发展十分迅猛，至该年 9 月底，即上述决议发布后仅一个月左右，全国农村已基本实现了人民公社化，共计建成人民公社约 2.33 万个，加入公社的农户共约 1.12 亿户，占农户总数的 90.4%，其中有 12 个省、市、自治区实现了农户全部入社。与人民公社制配套实施的还有粮食供给制或者伙食供给制，社员直接到公社公共食堂吃饭。由于当时农业生产力仍相当落后，浮夸风又误导政府过度征购粮食，加之严重自然灾害造成的粮荒，不仅造成农业生产遭受严重破坏，粮食供应极度匮乏，也使得广大城乡居民的物质生活陷入困境，导致了人民生命财产无可挽回的惨重损失。

尽管政治上失误、经济上失调，但中国共产党为人民办教育的初心未曾挪移半分，始终将解决工农子女上学问题摆在发展学校教育事业的首要位置，建立经年的学生资助体系，在此经济困难时期仍然在正常运转。

4. 国民经济的调整与改革

1958 年至 1960 年，“大跃进”与人民公社化运动出现严重偏差，自然灾害连续蔓延，中苏关系恶化，苏联单方面撕毁援助合同，都造成国民经济形势不断恶化。为扭转困难局面，党和国家从 1960 年下半年起开始以恢复国民经济为中心，对社会各领域实施全面的调整与改革。1961 年 1 月，中共八届九中全会审议批准“调整、巩固、充实、提高”的八字方针。同年，中共中央先后制定发布了“农业六十条”“工业七十条”“手工业三十五条”“商业四十条”，以及关于自然科学、学校教育、文学艺术等方面的系列条例、意见或规定，具体贯彻和落实八字方针，使“大跃进”中遭受扰乱的经济生产、文化教育秩序得以明显恢复。经过 1962 年初“七千人大会”的总结与反思，中共中央决定对国民经济继续进行全面调整。中共八届十中全会明确提出以农业为发展国民经济的基础，决定采取充实农业生产劳动力、减少粮食征购量、提高农副产品收购价格等措施。同时，相应减少城镇人口，精简职工，压缩工业生产指标与建设规模，严格财经纪律，抑制通货膨胀。至 1965 年底，工农业生产得到全面恢复与发展，国民经济调整与改革任务基本完成，市场供应显著改善，教育、科技、文化、卫生等各项事业也取得了长足进步。

在社会政局稳定、经济恢复发展后，社会主义制度的优越性就明显地得到表现，以“人民助学金”为其基干的学生资助体系，不仅得到正常的实施或良好的运转，而且反过来也保证了学校教育的正常发展和受教对象的用心向学。这从下文展示的此期学校教育的变化发展可以得到明证。

（三）发展社会主义新教育

新中国成立初期，在改造旧教育的同时，国家确立了新民主主义乃至社会主义的教育性质，为学生资助体系提供了直接的制度平台。一方面，接收与改造旧有的各级各类公立学校，并将私立学校陆续改为公立性质，有利于全国性学生资助政策的统筹设置与实施；另一方面，随着新教育体系的构建，尤其是新教育方针与新学制系统的颁行，明确了教育领域以“为人民服务”“提高人民文化水平”为主要任务，强调了“学校向工农开门”的特质，在学生资助体系方面也表现为侧重于优先为工农干部、工农群众及其子弟受教育提供经济支持。

1. 确立新起点

1949 年 11 月 1 日，中华人民共和国教育部正式成立。12 月，第一次全国教育工作会议在北京召开。会议强调，建设和发展人民教育事业，必须“以老解放区新教育经验为基础，吸收旧教育某些有用的经验，特别要借助苏联教育建设的先进经验”①，由是明确了教育为人民和国家经济建设服务的方针。会议还明确创建新中国教育事业的基本步骤——“坚决改造”旧教育，“逐步实现”新教育。随之，全国高等教育会议、全国工农教育会议、全国中等教育会议、全国中等技术教育会议、全国初等教育与师范教育会议、全国民族教育会议等相继召开，各级各类教育的方针政策、发展方向和实际任务得以确定，中华人民共和国教育事业由是进入夯基和发展的历史阶段。

2. 改造旧教育

在旧中国，其学校教育既有政府主办的公立学校，也有中国人自办的私立学校和以教会学校为主体的利用外国津贴办理的学校，因此对旧教育的改造，表现出三种不同的处理方式。

其一，接管和改造公办学校。据相关统计，1949 年全国共有初等学校 34.67 万所，其中公立学校约占 97%；中等学校 5 216 所，公立学校约占 73%；高等学校 205 所，公立学校约占 61%。新中国成立前后，随着原国统区的陆续解放，对旧有公立学校的接收与改造也随即展开，各地方人民政府或军事管制委员会分别设立了文化教育接管委员会，宣传贯彻教育政策，团结广大师生员工，保护校舍图书设备，使这些学校的教学秩序迅速恢复与稳定，教育面貌焕然一新。随着新中国政权的巩固，我国确定各级各类学校教育以培养新中国社会建设需要的人才为首要目标，废止了独裁式的训育制度和具有反动性质的课程与教材，同时建立起党团组织和教职

① 金铁宽. 中华人民共和国教育大事记（1）［M］. 济南：山东教育出版社，1995：11.

工组织，实行民主管理，顺利地完成了改造。

其二，处理和接收外国津贴学校。教育部于1950年10月明令接收辅仁大学，拉开了正式接管教会学校的序幕。抗美援朝战争打响后，政务院文教委员会先是在1950年12月发布决定，将现有接受外国津贴的文化教育救济机关和宗教团体改为完全由中国人自办的事业。教育部受令部署了处理和接受外国津贴学校的工作，主要接管了带有美国教会背景的学校。随之于1951年1月颁行《接受外国津贴及外资文化教育救济机关及宗教团体登记条例》，对尚存的所有教会学校加以清理与整顿。到当年底，在全国范围内将接受外国津贴的高等学校全部改为公办和中国人自办。对接受了外资津贴尚未处理的中小学，在1952年接办私立学校的过程中，一并作了处理。

其三，整饬和接管私立学校。对于旧中国时期国人自办的私立学校，各级政府认真贯彻落实"积极维持，逐步改造，重点补助"的精神。1952年11月，教育部发布《关于接办私立中等学校和小学的计划》，决定将全国私立中等、初等学校全部由政府接办，改为公立学校。与此同时，高校院系调整运动也加紧展开，原有私立高等学校相继改为公立性质。至1956年，各级各类私立学校的接收与改造工作基本完成。通过对旧教育体系的逐步接收与改造，确立了我国教育事业的社会主义性质，并且为新教育体系的构建与发展扫清了障碍。

3. 构建新体系

新中国成立初期，社会各方面都具有"除旧布新"的共同历史特征。正如共和国首任教育部部长马叙伦在第一次全国教育会议上所言：中国的旧教育是帝国主义、封建主义和官僚资本主义统治下的产物，是旧政治、旧经济借以持续的工具。我们要实施的这种新教育和旧教育是性质上完全相反的东西，是势不两立的。因此，我们对于旧教育不能不做根本的改革。早在新中国成立前夕制定的《共同纲领》就明确提出，在"有计划、有步骤地改革旧的教育制度、教育内容和教育教学方法"的同时，"实行普及教育"；"加强劳动者的业余教育和在职干部教育"；"帮助各少数民族的人民大众发展其政治、经济、文化、教育的建设事业"①。这不仅鲜明地

① 何东昌. 中华人民共和国重要教育文献（1949—1975）[M]. 海口：海南出版社，1998：6.

反映了新教育的进步性质，也为学生资助制度体系提供了充分的政策依据。

为保障工农群众和干部接受教育的权利和他们接受教育的机会，政务院于1951年10月公布了《关于改革学制的决定》。新中国首套学制系统的主干，包括幼儿园、初等学校（小学、工农速成初等学校）、中等学校（中学、中等专业学校）、高等学校（大学、学院、专科学校）四段。此外，还有各级业余教育、特殊教育、干部学校和干部训练班等旁支。其中尤其突出了“教育为国家建设服务，学校向工农开门”的特质，规定劳动人民及其子女有优先受教育的机会，并开办专门的工农干部学校和工农群众学校，保障其受教育的优先权利。为此，采取了一系列措施配合实行。

一是积极推进工农业余教育。在城市，由各地政府部门、厂矿企业单位及工会独自或联合创办的大批业余补习学校和识字班等业余教育机构，最初招生多以干部和工人积极分子为对象，后来范围扩大至普通职工群众。在农村，常年民校逐渐取代冬学成为农民业余教育的主要组织形式，并在农村表现出长久的生命力。

二是大力创办工农速成中学。1950年4月，由北京市文教局和教育部联合创办的第一所实验工农速成中学正式开学。该校以工农干部、工农青年、劳动模范和先进工作者为招生对象，以中等程度的科学文化基础知识为教育内容。当年12月，政务院即发布全国范围内创建工农速成中学的指示，随之工农速成中学得到迅猛发展。

三是各级各类学校为工农及其子女打开大门。为给工农子女就近入学提供便利，以“民办公助”“公办民助”等多种形式兴办乡村小学。此外，还组织儿童识字班，不仅对儿童入学年龄采取宽松态度，而且免除学杂费，使失学儿童能够入学接受教育。在招生上，对工农青年及工农子女采取优先录取的政策，并给予工农群众及其子女适当照顾。同时，中等以上学校还配置了人民助学金，并实行了减免费制度。据统计，1952年，工农成分的学生在全国小学中就已占学生总数的80%；到1953年，工农子女及其他劳动人民子女已占全国普通中学学生总数的71%，工农家庭出身和本人是工农成分的高等学校新生已占新生总数的27.39%①。这在随后实施

① 《中国教育年鉴》编辑部. 中国教育年鉴（1949—1981）［M］. 北京：中国大百科全书出版社，1984：338.

的人民助学金制度中，也得到了明显的反映。

4. 探索新路径

新中国成立以后，为了提高整个民族的文化素质和培养建设社会主义事业所需要的各个方面的知识人才，党和国家一直在探索一条适合中国国情、适应社会发展和适宜时代变革的教育发展道路，而且随着国家各项事业的变化发展和政治领域的变革开新，这种对学校教育发展新路径的探索一直未曾停歇。仅就此17年间的努力而言，其主要表现有以下几个方面。

一是学习苏联经验。由于意识形态和国际国内政治、军事形势等多种因素的影响，在这一历史时段的前期，中国对外政策呈现出“一边倒”的趋势，全面学习苏联“老大哥”，教育领域亦如是。前文所述新教育方针的确定、新学制系统的实施，其实都带有学习苏联的鲜明印记。此外，对苏联教育模式的学习还典型地表现在教学制度的改革方面。

1949年10月，俄罗斯苏维埃共和国教育部副部长杜伯罗薇娜应邀来华，首次向我国教育工作者系统地介绍了苏联的教育经验。此后十年间，先后访华的苏联教育专家多达861人。他们有的在新中国的中央和地方教育行政部门担任顾问，有的直接负责具体指导各级各类学校的教学改革工作，持续对新中国初期教育事业的发展产生着重大影响。其时我国召开的历次教育会议、颁布的多项教育文件，也不断提出或表示“特别要借助苏联教育建设的先进经验”①。这种全面学习苏联教育经验的做法，虽然促进了我国社会主义教育制度的构建与发展，但也存在着盲目模仿、机械照搬的误区，在一定程度上脱离了我国社会与教育的实际情况，影响了教育事业的科学发展。

二是确立教育方针。早在1952年教育部颁发的《中学暂行规程（草案）》和《小学暂行规程（草案）》中，就对新中国学校教育培养什么样的人的问题有过探讨性说明。1955年，即有主管文教工作的领导人提出学校教育要注意学生的德、智、体、美以及生产技术教育，以此来培养“全面发展的人”。在此基础上，经过一个时期的讨论、研究和实践探索，1957年2月，毛泽东一锤定音——他在《关于正确处理人民内部矛盾的问题》报告中，明确提出社会主义教育方针，“应该使受教育者在德育、智育、

① 何东昌. 中华人民共和国重要教育文献（1949—1975）[M]. 海口：海南出版社，1998：8.

体育几方面都得到发展，成为有社会主义觉悟的有文化的劳动者”①。次年9月，中共中央、国务院发出《关于教育工作的指示》，确定党的教育工作方针是，“教育为无产阶级政治服务，教育与生产劳动相结合”②。社会主义教育方针的正式确立，彰显了社会主义教育发展的客观规律和社会主义制度建立后对教育的基本要求，为党和国家领导教育工作、推进教育发展提供了理论依据和指导思想。

三是开展教育革命。1958年4月和6月，中共中央在北京召开全国教育工作会议。会议分两阶段进行，对新中国成立以来教育工作的经验和教训进行了总结和反思，会议结论写入当年8月中共中央颁发的《关于教育工作的指示》。这种教育发展道路探索的结晶，既指导了社会主义教育的全面建设和发展，又提供了富有实践操作性的思路。然而，适值其时中国进入第二个五年计划发展时期，在“鼓足干劲，力争上游，多快好省地建设社会主义”的总路线的指导下，一场持续多年的教育革命轰轰烈烈地开展起来：从中央到地方制定了脱离当时实际的教育目标，造成教育发展与社会经济水平的失衡，教育质量严重受损；发动群众办学，下放教育管理权，各级各类学校盲目发展；过度强调生产劳动，严重冲击了正常的教育教学秩序；各级各类学校进行各种教育教学改革试验，中小学缩短学制，个别课程逐级下放、删繁就简；高等学校加强思想政治教育，组建新型高新技术专业，加强生产劳动在日常教学中的比重，改革大纲与教材；在学校工作中开展群众运动，在学术领域中开展大批判运动。如是等等，以群众运动的方式进行教育改革，使得改革成效出现了较大偏差。尤其是将政治斗争引入学术领域，给部分教师乃至学生扣上“白专”“白旗”的帽子，若干学界前辈遭受了批判，使得广大教育工作者的积极性严重锐减，损害了教育教学中的生动活泼性。无可置疑，开展教育革命，反映了广大人民群众要求改变我国教育事业落后状况的普遍愿望，展现了人民群众中蕴藏着巨大的举办教育事业的潜力。但是，在“左”倾思想影响下，存在不顾主客观条件急于求成，忽视和违反了教育规律，采用大范围的群众运动的方式造成了失误和偏差等问题。这种后果，从一个侧面也反映了在探索适合国情的社会主义教育发展过程中所经历的艰辛和曲折。当然，其时一些改

① 毛泽东. 论教育工作［M］. 北京：人民教育出版社，1992：258.

② 毛泽东. 论教育工作［M］. 北京：人民教育出版社，1992：273.

革的实践结果，诸如“两条腿走路”“三结合”“六并举”① 的实行，也为两种教育制度②的出台和实施，提供了一定的实践经验或积极因素。

由于教育变革产生脱离实际经济发展水平的现象日益明显，党中央及时“刹车”，1961 年中共八届九中全会确立了“调整、巩固、充实、提高”的八字方针。在总结新中国教育发展经验教训和贯彻八字方针基础上，教育部随之先后出台了《教育部直属高等学校暂行工作条例》（史称“高校六十条”）、《全日制中学暂行工作条例》（史称“中学五十条”）和《全日制小学暂行条例》（史称“小学四十条”）。这些重要的法律性文件的出台，是我国探索教育发展路径的重要成果，其遵循的基本原则对随后教育事业的发展具有重要的指导意义。遗憾的是，当学校教育再次步入正轨迈着正常发展的步伐之时，政治思想领域的“左”倾影响再度泛现且日趋严重，以致“文化大革命”随之发生。所有这些教育领域的曲折变迁，均在影响着学生资助事业的正常发展。

二、创立社会主义学生资助体系

论及新中国初期的学生资助体系，不少研究成果都笼统地表示当时实施的是“免除学费加人民助学金”制度，即免除学费的同时，在学习、生活方面给予助学金补助。然而，通过对相关史料的梳理与分析可见这种提法并不准确，并非当时所有的学生都能享受助学金的待遇，甚至部分学生还需要缴纳学费。从制度划分而言，当时的学生资助体系除人民助学金制之外，还包括学生供给制、学杂费减免制、留学生公费制等多种类型。

（一）学生供给制

1. 历史渊源

新中国供给制的历史渊源可追溯至土地革命战争时期。1927 年 9 月，中央红军在江西永新进行“三湾改编”，规定红军官兵待遇一律平等，并

① 三结合，指党政干部、教师、学生的结合；六并举包括：国家办学与厂矿、企业、农业合作社办学并举，普通教育与职业（技术）教育并举，成人教育与儿童教育并举，全日制学校与半工半读、业余学校并举，学校教育与自学（如函授学校、广播学校）并举，免费的教育与不免费的教育并举。

② 全日制的学校教育制度和半工半读（半农半读）的学校教育制度。

建立士兵委员会参与经济管理。1928年3月，中共中央指示“工农革命军的粮饷制应取消，改为一切给养由公家供给，另发零用钱”①。此后，供给制的实施范围逐步由红军部队扩展至根据地的各机关单位，其中也包括各军政干部学校。

抗日战争与解放战争时期，学生供给制的实施对象主要分为两类。第一类为军政干部学校的学生，仍适用于机关供给制的一般标准，供给范围包括津贴、实物两项。1939年，中共中央颁布《各机关津贴标准》，曾统一规定过机关各级工作人员每月的津贴标准，其中最低一级为“学员、战士及勤务员等1.5元”②。显然，这里的“学员”系指尚未具备正式干部身份的一般学员。至于实物供给，则多由各根据地及各军政干部学校根据实际情况自行安排。以1945年11月成立的黑龙江军政干部学校为例，“学校实行供给制，过着军事化的生活”。学员每人冬季一套棉军装，夏季一套单军装，“伙食一律大锅饭，经常吃苞米茬子、高粱米饭、大葱蘸大酱”③。

第二类为干部子弟学校的学生，供给标准高于一般干部。此类学校成立最早也最具代表性者，为1938年1月设立的延安干部子弟学校。该校同年4月与延安市完小合并为鲁迅小学，10月又改为边区中学小学部；1939年改称陕甘宁边区儿童保育院小学部；1946年合并原第十八集团军抗日军人家属子弟小学，定名为陕甘宁边区儿童保育院第一小学（简称“一保小”）。此外，还有陕甘宁边区的儿童保育院第二小学（简称“二保小”）、育英学校，晋冀鲁豫边区的邯郸行知学校、晋察冀边区的光明小学、山东解放区的华东第一保育院等。以“一保小”为例，“学生每年由政府发送单衣两套、棉衣一套、单鞋两双、棉鞋一双、羊毛四两，而老师仅发送单衣一套、单鞋一双，两年发一套棉衣”。学生“不仅有白面吃，而且顿顿有蔬菜，每周还可以吃三顿肉，逢年过节还会增加花样”④。

2. 调整变化

新中国成立以后一段时期内，军政干部学校和干部子弟学生仍继续享

① 赵效民. 中国革命根据地经济史［M］. 广州：广东人民出版社，1983：127.

② 杨奎松. 中华人民共和国建国史研究［M］. 南昌：江西人民出版社，2009：415-416.

③ 董宏琴，孙凤义. 解放战争时期的黑龙江军政干部学校［J］. 世纪桥，2004（3）：48-49.

④ 张放. 中国干部子弟小学历史初探［J］. 史林，2016（2）：190-201.

有供给制待遇。前者如成立于 1942 年 12 月的华东人民革命大学附设上海俄文学校（1950 年改为华东人民革命大学附设外文专修学校，后来发展为今日的上海外国语大学），“不仅不收学生任何费用，而且给学生免费提供膳宿和服装”。每月月底结余的菜金（俗称“伙食尾子”）统一用于“打牙祭”：学生“每 8 个人围着一个盛满红烧肉煨白菜的大洋铁皮菜钵，兴高采烈地饱餐一顿”①。随着高等教育的正规化建设与院系调整运动的推进，这些军政干部学校有些转为正规军事院校，对学生继续实行供给制，其余则组建或并入各类普通高校，学生供给制取消，转而采取助学金制。

新中国成立前后，解放区的干部子弟学校陆续迁入各中心城市，学生仍保留供给制待遇。其如前述，“一保小”、行知学校、光明小学于 1948 年 7 月合并为华北育才小学，1949 年夏迁至北京，1950 年改名为北京育才小学；育英学校 1949 年 4 月迁至北京，定名为中共中央直属机关育英学校；“二保小” 1949 年迁至西安，改名为“西北保小”；华东第一保育院 1949 年 6 月迁入上海，改称华东局机关保育院。除上述学校外，各地还新建了一批干部子弟学校。1952 年 5 月，政务院批准通过《干部子女小学暂行实施办法》，规定“各级人民政府机关及团体得根据需要，设立干部子女小学”，“人事配备、经费由设立机关或团体负责解决”，公费生的供给标准也由设立机关或团体自行具体规定，实际上也为此类学校的开办提供了正式的制度依据②。至 1952 年底，仅据华北、华东、东北、西北四大区的不完全统计，共有干部子弟小学 42 所，学生 13 084 人，教职员工 2 975 人。较之同时期的普通学校，这些干部子弟学校的师资质量、教学设备与生活条件都要优渥一些。如华东局机关保育院的学生“天天有牛奶喝，顿顿有水果吃”，上午课间有鸡蛋和豆浆加餐，早饭还有鱼肝油供应③。

由于干部子弟学校带有明显的特殊化倾向，与“各级学校为工农大众及其子女开门”的既定方针相矛盾，加之受“三反运动”的影响，不免会受到普通群众的非议，甚至被贴上了“贵族学校”的标签。于是到 1952 年 6 月毛泽东在批示相关报告时，即指示要将这些学校“与人民子弟合一”。

---

① 鲍世修. 六十五年前入校生活杂忆 [N]. 上海外国语大学校报，2014-12-25 (4).

② 何东昌. 中华人民共和国重要教育文献（1949—1975）[M]. 海口：海南出版社，1998：149-150.

③ 张放. 中国干部子弟小学历史初探 [J]. 史林，2016 (2)：190-201.

1955年7月，国家机关工作人员全部实行工资制。同月，财政部、教育部、国务院人事局联合发布《关于取消中、小学、幼儿园学生供给制待遇的通知》，规定“原在干部子弟学校或一般中小学、幼儿园享受供给制待遇的学生，自今年8月份起一律停止供给，其在校一切费用（包括伙食、服装、医药费）均由学生家长自行负担”。供给制待遇取消后，“少数学生家长负担子女在校全部费用，确有困难者，可向机关申请福利费补助解决”。如有申请福利费补助仍不能解决困难者，“经机关证明，可向学校申请人民助学金”①。同年10月，中共中央批发教育部党组《关于逐步取消各地干部子女学校的报告》，指出“干部子女学校是过去革命根据地为适应战争环境，解决干部子女教育而设置的”，“现在国家已经进入和平建设时期，已经建立了一个相当巨大的小学校网，散布全国各地，已可以适当满足干部子女上学的要求”，加之国家机关已全部实行工资制，“专为干部子女办小学的办法，就更不合理了”。该报告进而要求各地干部子女小学从1956年开始交由地方教育行政部门接管，逐步改变为普通小学，招收附近机关工作人员和群众的子女，公费生待遇一律取消，“住校学生应按规定缴纳膳费和杂费，服装由家长自理”。各地现有干部学校性质的幼儿园，“也应按上述规定进行整顿”②。至此，干部子弟学生的供给制待遇在制度上宣告废除。

新中国成立初期，学生供给制的受益者除军政干部学校学生、干部子弟外，还曾包括有少数民族学生、烈士子女等群体。1950年11月，政务院第60次政务会议批准《培养少数民族干部试行方案》，将少数民族学生的经费优待措施分为两类。第一类为在专门的少数民族干部培养机构就读者，中央民族学院及其分院、各地民族干部学校或训练班的学生“均按供给制待遇”；第二类为在其他学校就读者，高校、民族中学中的少数民族学生一律公费，“在若干指定的中学亦得设立少数民族学生的公费待遇”③。1952年7月，政务院发布《关于调整全国高等学校及中等学校学生人民助

① 何东昌．中华人民共和国重要教育文献（1949—1975）[M]．海口：海南出版社，1998：487.

② 何东昌．中华人民共和国重要教育文献（1949—1975）[M]．海口：海南出版社，1998：532-533.

③ 何东昌．中华人民共和国重要教育文献（1949—1975）[M]．海口：海南出版社，1998：67-68.

学金的通知》，实际取消了针对少数民族学生的供给制待遇，改为发放助学金。1953 年 2 月，教育部又在《关于少数民族教育工作上几个具体问题的指示》中强调，高等、中等学校的少数民族学生“完全改用助学金的办法”，可以“根据本地区实际需要适当提高”。对生活困苦、教育事业比较落后的少数民族地区初等学校的学生，“亦可分别根据实际需要，在学习、生活方面予以一定补助”①。

关于烈士子女的入学问题，新中国初期也有过特别的优待。除部分进入干部子弟学校并享有供给制待遇，还在全国各地先后开办有 21 所烈士子女小学、1 所烈士子女中学，至 1955 年共计招收学生 4 000 余名。1955 年 8 月，教育部、内务部联合发出通知，肯定“这些学校的开办，使得一些无依靠的烈士子女受到了国家的教育，这一方面对社会有很好的政治影响，同时对鼓舞部队士气和抚慰烈士家属也都起了积极的作用”。但是，“经过几年来的培养教育，现在真正无依靠的烈士子女请求入学的已为数不多，而有些地区则是把干部子女和工人子弟也吸收进来了，这显然和办学的原意是不符合的”。因此，“现有烈士子女学校不宜继续举办，而应转为普通学校，交由教育部门办理”。在学校继续就读的烈士子女入学费用按如下方案处理：其一，有依靠者的费用，原则上由其家属负责，小学阶段可由家长向地方民政部门申请入学补助，中学阶段可由本人向学校申请人民助学金；其二，无依靠者的费用，小学阶段由地方民政部门负责供给，中学阶段享受人民助学金，不足部分也可请求民政部门酌情给予补助②。在同年 10 月中共中央批发的相关报告中，也再次指出学校今后招收无人抚养的烈士子女、革命遗孤，“应由送学生的民政部门负责向学校缴费”。

此外，新中国成立之初举办的工农速成中学和工农干部文化补习学校的学生也一度享受过供给制。如 1950 年 12 月，政务院发出的《关于举办工农速成中学和工农干部文化补习学校的指示》中即规定，这两类学校的学生，即各机关、工厂、学校抽调或选送的工农干部和产业工人，在学习期间均享受“供给制待遇”。

综上所述，新中国初期学生供给制的实施对象，包括有军政干部学校

---

① 何东昌. 中华人民共和国重要教育文献（1949—1975）[M]. 海口：海南出版社，1998：195.

② 何东昌. 中华人民共和国重要教育文献（1949—1975）[M]. 海口：海南出版社，1998：499-500.

学生、干部子弟、少数民族学生、烈士子女等。至1955年，除正规军事院校的学生外，其余群体的供给制或全公费待遇均被先后取消，并入了人民助学金制的轨道。

（二）人民助学金制度

1. 设置与实施

早在新中国成立前夕，部分解放区即设置有人民助学金制度，如1949年5月中共北平文化接管委员会颁布的《学生人民助学金暂行条例》，1949年9月北平市人民政府公布的《北平市中等学校人民助学金暂行办法》，1949年7月山东省人民政府、东北行政委员会分别发布的《关于山东省专科以上学校学生人民助学金暂行办法》《东北区高等学校人民助学金暂行条例》等。这些条例或办法均属于地方性的暂行法规，补助的标准也有较大差异。以《北平市中等学校人民助学金暂行办法》为例，规定“家境贫寒，无力自给的学生，或本班三分之二以上同学证明确定无经济来源，又无亲友帮助的学生，得申请人民助学金”。申请者须学习努力，成绩优良，并愿意为人民服务。助学金分甲、乙、丙三种，发放标准依次为每人每月小米70斤、50斤、35斤。

新中国成立之后，中央政府及教育部开始着手对助学金制加强规范与统一管理。先是于1950年3月，由教育部印发《华北区国立高等学校学生人民助学金暂行条例及各校人民助学金暂行限额的规定》，指定大学生人民助学金共分五等，研究生人民助学金分为三等；规定人民助学金根据“自报公议、民主评定”的原则进行评议。接着于当年7月，政务院在发布的《关于救济失业教师和处理学生失学问题的指示》中要求：“各大行政区军政委员会及各省市人民政府应适当的增加公立学校的人民助学金名额，以便使真正因经济困难而失学的学生复学”，私立学校也要“进行必要的和可能的改革，减低学费，多收学生”，其中办理较好但难以维持的学校，“应予以适当的经费补助”①。1951年8月，政务院第93次政务会议通过《关于改善各级学校学生健康状况的决定》，要求“各级学校人民助学金的评定，主要应照顾经济困难的学生。额定的人民助学金的经费绝对

① 何东昌. 中华人民共和国重要教育文献（1949—1975）[M]. 海口：海南出版社，1998：39.

不准挪作别用”[①]。1952年3月，教育部颁布《中学暂行规程（草案）》，规定“中学酌收学杂费，其标准由各省、市文教厅、局根据当地情况订定之”，同时设置人民助学金，“其最高标准以能解决学生膳食及一部分书籍、文具费用为原则”。助学金名额，“由各省（市）人民政府根据财政情况及当地人民经济情况，就公私立学校适当分配之”。凡经济困难的学生，经区以上人民政府证明者，均可向学校申请，青年工农、工农子女、少数民族学生、归国华侨学生、教师子女，“应在可能条件下尽先予以照顾”[②]。

在新中国成立之后的过渡时期，各级学校同时并存有供给制或公费制、人民助学金制、收费制，即便是实施助学金制的同级同类学校之间，具体标准也有较大差异，给招生、分配、教学、管理工作带来了诸多不便。随着对私立学校改造与接收的进行，人民助学金的统一设置与实施已是大势所趋。1952年7月，政务院发布《关于调整全国高等学校及中等学校学生人民助学金的通知》，表示“为着积极改进青年学生的健康状况，并逐步统一学生待遇的标准，决定将全国高等学校及中等学校学生的公费制一律改为人民助学金制”。自该年9月起，“全国高等学校、中等学校及工农初等学校学生的人民助学金一律依照新规定的标准执行”，“个别地区（如老解放区和少数民族地区）得比照此项标准酌情提高”。各级各类学校的助学金发放，都“应以适当地解决学生的伙食和其他实际的物质困难为目的”。教育部随即也发布《关于调整各级各类学校教职工工资及学生人民助学金标准的通知》，对政务院的决定加以细化与落实。

就上述政务院、教育部两项通知的具体内容来看，其核心特征可概括为“统一标准”与“规范管理”。

统一标准是指统一规定了全国各级各类学校学生助学金的基本发放标准。其一，高等学校学生全部发放人民助学金，其中非师范院校学生每人每月12万元（当时人民币币值为旧制单位，1955年3月实施币制改革，以1万元旧币折合新币1元）；师范院校本科生14万元，专科生16万元；升入高等学校的在职干部32万元。其二，普通高级中学按总学生数的30％确定发放比例，每人每月9.5万元；初级中学按总学生数的20％确定

---

① 政务院．关于改善各级学校学生健康状况的决定［N］．人民日报，1951-08-10（3）．

② 何东昌．中华人民共和国重要教育文献（1949—1975）［M］．海口：海南出版社，1998：141．

发放比例，每人每月8.5万元。其三，中等专业学校（高中程度）、初级中等专业学校（初中程度）学生全部发放，每人每月分别为10万元、9万元。其四，工农速成中学、工农速成小学的学生全部发放，每人每月均为30万元①。“各地教育行政机关或学校，非经上级批准，不得自行改变人民助学金的标准。”学生的生活待遇，“也应划一，不许有所特殊”。

规范管理则体现为助学金评定与监管制度的严格。如规定各级各类学校人民助学金的评定，“应依据现所颁布的标准和具体情况，由全体学生自报公议，民主评定，最后由学校行政批准”；“应尽量照顾革命烈属、革命军人、工农干部、产业工人、少数民族及归国华侨子女的实际困难”。助学金款项，“应列入学校经常费用，定期统一编造预决算，实行专款专用，不得任意挪用”②。

政务院、教育部这两项通知的发布与执行，标志着新中国人民助学金制的统一设置与实施。

2. 调整与充实

人民助学金制自1952年统一设置与实施后，其制度体系在“文革”之前没有大的变化，但某些具体措施有所调整与充实，大致体现在如下几个方面。

（1）产业工人、工农干部学生助学金。

1953年12月，高等教育部规定凡考入工农速成中学或中等技术学校的产业工人，一律按工资的75%发给人民助学金。如工资的75%低于32万元，则按32万元发给。经各产业工会全国委员会评为全国性生产劳动模范的学生，助学金按原工资发给。比照1952年的相关规定，大部分产业工人学生的助学金标准都有了不同程度的提高。

在1952年的助学金制度体系中，高等学校、中等专业学校、工农速成中学的调干生（即在职干部身份的学生）助学金分别为32万元、10万元、30万元。这种统一划齐的做法，对于一些参加革命工作多年、家庭负担较重的工农干部照顾不够，“或多或少地影响了他们的学习情绪”；而且在同级同类学校，调干生的助学金标准完全相同，“没有结合干部的质量、困难的多少而分别对待”，以致形成“苦乐不均”的现象。为鼓励在职干部

---

① 《中国教育年鉴》编辑部. 中国教育年鉴（1949—1981）[M]. 北京：中国大百科全书出版社，1984：99.

② 《中国教育年鉴》编辑部. 中国教育年鉴（1949—1981）[M]. 北京：中国大百科全书出版社，1984：709-710.

的学习热情，“以便更好地完成国家培养建设人才的任务”，高等教育部、教育部与中央有关部门研究协商后，于 1954 年 12 月联合颁布《关于改进全国高等学校、中等专业学校及工农速成中学的调干学生人民助学金的使用办法》（1955 年 1 月正式实施），现择其要点简述于次。

调干生助学金的享受对象，须同时符合以下条件：其一，在国家机关、各民主党派、各人民团体、部队、学校及国营厂矿企业工作，并具有参加革命工作一定年限（入高等学校学习者，须参加革命工作 3 年以上；入中等专业学校学习者，工农家庭出身或本人为工农成分者，须参加革命工作 2 年以上，其他须参加革命工作 3 年以上；入工农速成中学学习者，工农家庭出身或本人为工农成分者，须参加革命工作 3 年以上，其他须于新中国成立前参加革命工作）的在职干部；其二，历史清白、思想进步、工作积极、有培养前途、身体健康、能长期坚持学习；其三，经工作单位或其领导部门批准在职学习。

调干生助学金的款项标准分为两部分。第一项直接发给调干生个人，用于伙食、服装、生活与学习零用，按照原职务及工资级别分为五等：一等为国家机关 13 级以上，部队正、副、准师级以上，及其他单位相当此等级的干部，每人每月平均 68 万元；二等为国家机关 14 至 16 级，部队正、副、准团级，及其他单位相当此等级的干部，每人每月平均 46 万元；三等为国家机关 17 至 20 级，部队正、副营、连级，及其他单位相当此等级的干部，每人每月平均 29 万元；四等为国家机关 21 至 24 级，部队正、副排、班级，及其他单位相当此等级的干部，每人每月平均 25 万元；五等为凡不属于以上四等级的工作人员，每人每月平均 22 万元。“以上各等所列金额系平均数，尚须根据地区差价计算办法分别规定各地不同的各等具体金额。”第二项由调干生就读学校统一掌握使用，按每人每月 5 万元编列预算，“适当地协助调干学生解决入学后家属及其本人生活上的困难”，如家属的生活补助、子女的教养补助、本人的生育补助和疾病补助等。这部分款项，“应秉节俭使用的原则，解决学生的必须解决的实际困难，年终如有结余，一律上缴”①。

1955 年 12 月，高等教育部、教育部、财政部、国务院人事局联合发布《关于改进调干学生及产业工人学生人民助学金几个问题的处理办法的

① 何东昌. 中华人民共和国重要教育文献（1949—1975）[M]. 海口：海南出版社，1998：406-407.

联合通知》，主要进行了两点调整。一是规定调干生和产业工人学生享受助学金的工龄年限调整为“满三年”，“凡工龄不满三年的调干学生和产业工人学生，均按一般学生人民助学金办法办理”；二是对产业工人学生助学金的发放比例加以调整，个人领取的标准由原工资的75%降为70%，扣除的5%由学校统一掌握，“在不增加财政开支的前提下更好地解决所有产业工人学生的困难问题，使大家都能安心学习”①。

1958年教育事业管理权下放后，部分省、市、自治区自行制定了人民助学金的实施办法，发放标准也有较大差异。1960年1月，国务院转发了教育部《关于工人、农民、干部学生人民助学金标准的暂行规定》，再度对此类学生的助学金加以全国性的规范与统一，重新明确规定了享受助学金的条件与标准。

第一，本人为工农成分或工农家庭，工龄或参加工作时间3年以上，不满5年；或者本人非工农成分，又非工农家庭出身，工龄或参加工作时间5年以上，不满7年的工人、干部，可按每月18～25元发放。

第二，本人为工农成分或工农家庭，工龄或参加工作时间5年以上，不满10年；或者本人非工农成分，又非工农家庭出身，工龄或参加工作时间7年以上，不满10年的工人、干部，可按本人入学前原工资标准的55%～70%发放。

第三，凡工龄或参加工作时间10年以上的工人、干部，可按本人入学前原工资标准的70%～80%发放。

第四，凡1945年以前（含1945年）参加工农业劳动或革命工作者，可按本人入学前原工资标准的90%发放。

第五，凡工龄3年以上的省、市、自治区一级的劳动模范或军区一级的战斗英雄，可按本人入学前原工资标准的75%～90%发放。

第六，家庭成分为农民（不包括土改时划为地主、富农成分者），本人从事农业生产3年以上，并经人民公社选送的农民（含复退军人）学生，可按每月16～20元发放。对于农业劳动模范或军龄较长的复退军人，应给予适当照顾。

第七，为适当解决工人、农民、干部学生的特殊困难，各地可在每人每月2～4元范围内，编列预算，拟定补助办法，由学校统一掌握使用。

---

① 何东昌. 中华人民共和国重要教育文献（1949—1975）[M]. 海口：海南出版社，1998：546.

（2）高校一般学生助学金。

前文已提及，1952年教育部出台的《关于调整各级各类学校教职工工资及学生人民助学金标准的通知》，统一规定了全国高校一般学生的助学金标准。非师范院校学生每人每月12万元（折合新币12元）；师范院校本科生14万元（折合新币14元），专科生16万元（折合新币16元）。1955年2月，高等教育部、教育部联合发布《关于制发1955年高等学校一般学生人民助学金分地区标准的通知》，根据全国各地不同物价与生活费用水平，将高等学校一般学生的助学金标准分为10类（见表1-1）[①]。

表1-1　1955年全国高等学校一般学生人民助学金标准表（单元：万元）

地区	非师范高校本、专科	师范本科	师范专科	体育系科学生另增款项
甘肃、青海	17	19	21	8.5
热河、辽宁、陕西、海南岛	13.5	15.5	17.5	6.8
内蒙古、吉林、黑龙江、广东（海南岛除外）	13	15	17	6.5
北京、天津、厦门	12.5	14.5	16.5	6.3
上海、青岛、郑州、山西、河北、福建（厦门除外）、云南	12	14	16	6
江苏、浙江、湖北、山东（青岛除外）、河南（郑州除外）、南宁	11.5	13.5	15.5	5.8
江西、湖南、安徽、西康、广西（南宁除外）	11	13	15	5.5
贵州	10	12	14	5
重庆	9.5	11.5	13.5	4.8
四川（重庆除外）	9	11	13	4.5

资料来源：《中国教育年鉴》编辑部. 中国教育年鉴（1949—1981）[M]. 北京：中国大百科全书出版社，1984：100.

1955年8月，高等教育部印发《关于执行全国高等学校（不包括高等师范学校）一般学生人民助学金实施办法的指示》，提出该项助学金自

① 《中国教育年鉴》编辑部. 中国教育年鉴（1949—1981）[M]. 北京：中国大百科全书出版社，1984：100.

1952年全面实施以来，“对保证完成培养建设人才的任务，特别是培养工农家庭出身的学生，起了一定的物质保证作用”。但是，“在部分家庭经济情况好的学生中，也产生了不少浪费现象”，滋生了“进了高等学校一切应该由国家供给的不正确思想”，“引起了社会舆论的不满”。而且，“由于副食品价格略有提高，高等学校学生人民助学金标准没有作相应的调整，除少数地区外，高等学校学生伙食水平在不同程度上均有所下降，这就可能影响到学生身体健康”。鉴于上述原因，此项通知表示应“更合理地使用人民助学金，并在不增加国家财政负担的前提下适当地提高学生的伙食标准，以保证学生健康”，对原有制度进行了如下调整。

其一，发放对象：由“全体无条件发给”改为“部分经申请后发给”。此后凡确因家庭经济困难，需要领取人民助学金补助的学生，应主动填写“人民助学金申请书”，并由原籍所在地的乡（市辖区）以上人民委员会或家长工作单位出具证明。对于申请补助者，“困难大的多补助，困难小的少补助，没有困难的不补助”，即根据学生不同的家庭经济条件确定是否发放以及发放数额。“凡家庭富裕能自费者，不发给助学金；凡能自费半数或1/3伙食费者，发给所缺部分；完全无力负担者，发给全部伙食费。经济特殊困难的学生的其他费用，许可另外申请补助。”对于革命烈士、少数民族、归国华侨等类学生，“均根据在和一般学生同等经济条件下优先予以照顾的原则审批”。部分少数民族学生因为宗教信仰与生活习惯不同，可在伙食上予以补助，“但补助费最多不得超过一般学生伙食标准的40%”①。体育、航海专业的学生，伙食补助费也按一般标准增加40%。

其二，发放款项：包括两大类。第一类为“定期补助费”，分为“伙食补助费”和“日常学习用品、生活用品补助费”。“伙食补助费”又分为甲、乙、丙三种，分别补助全部、2/3、1/2伙食费，由学校集中掌握，统一办理；“学习用品、生活用品补助费”由学校根据实际情况评定后发放给个人，以每人每月不超过4元为限。第二类为“临时补助费”，分为“学习补助费”（用于购买教科书与必备的参考书）、“被服补助费”（用于购买被褥及其他必需服装）、“其他补助费”（用于患病学生的营养、住院伙食差额、休学回家的路费及其他特殊困难）。定期补助由每年新生入学后申请，此后每学年度开始时复查调整一次，个别学生家庭经济情况发生重大

① 何东昌. 中华人民共和国重要教育文献（1949—1975）[M]. 海口：海南出版社，1998：500.

变化时，学期中途亦可申请。至于临时补助，可由学生随时提出申请。

为保证助学金制度的顺利调整与实施，上述1955年的“指示”还在宣传教育、审批程序、监督检查等方面分别作出了细致的规定。如在宣传教育方面，要求各高校校（院）长亲自负责领导，召集有关负责干部充分研究讨论，认真调查本校一般学生的家庭经济状况和思想状况。由校（院）长或副校（院）长亲自向学生宣传动员，“详细认真地对学生说明国家改变助学金制度的根据和实施办法”；“教育学生为节约国家资金支援社会主义建设，应根据自己家庭的经济情况，本实事求是的态度，既要防止没有困难而要求补助，造成浪费的现象，又要避免积极分子带头，有困难也不申请，以致影响学习”。在审批程序方面，要求“必须力求简便”。个人申请，班、系审查，学校领导批准，在校内公布施行。为避免耽误学生的学习时间，减少学生的思想负担，“不得动员学生评议或进行相互评比”。在监督检查方面，强调如有虚报情况、假造证件、骗取助学金者，经查明后，除停发其助学金外，学校并得视其情节轻重，给予相应的批评或处分①。

总体而论，高校一般学生助学金经过1955年的上述调整后，制度体系已相当完善，可谓规范而不失灵活。在有效控制助学金总量、减少资金浪费的同时，能较好地将经费用于确实困难的学生，并兼顾到了部分学生的特殊需要，如切实考虑到少数民族学生的饮食习惯，体育、航海专业学生运动量较大，增加了他们的伙食补助等。审批过程简捷高效，不让学生自我评议和相互评比，避免造成困难学生的心理压力等，则颇具人性化色彩。此外，还有两点需要特别说明：一是此次调整范围并不包括高等师范院校，这些学校的一般学生仍全部享受全额助学金；二是1955年的相关指示曾明确表示，准备在第二个五年计划（即1958—1962年）逐步对高校一般学生改行奖学金制度，但由于种种原因，实际未能施行。

1960年前后，由于三年困难时期、国民经济形势紧张等因素的影响，高校学生的伙食质量普遍有所下降。1964年6月，根据邓小平的指示和中共中央批转，高等教育部、财政部联合通知各地高校，将所有享受助学金的高校一般学生伙食补助费，自当年4月份起，每人每月增加3元，并自5月份起，高校学生助学金补助比例由70%提高到75%左右②。这也是

① 何东昌. 中华人民共和国重要教育文献（1949—1975）[M]. 海口：海南出版社，1998：500-501.

② 《中国教育年鉴》编辑部. 中国教育年鉴（1949—1981）[M]. 北京：中国大百科全书出版社，1984：101.

“文革”之前针对全国高校一般学生助学金的最后一次统一调整。

（3）研究生助学金。

尽管1950年3月教育部印发的《华北区国立高等学校学生人民助学金暂行条例及各校人民助学金暂行限额的规定》规定了研究生人民助学金分为三等，但就全国范围而言，1952年统一实施人民助学金制时，政务院和教育部的相关通知都没有具体规定研究生助学金的发放标准。1956年，高等教育部通过与中国科学院多次协商，再经国务院批准后，于该年12月发布《关于全国高等学校研究生人民助学金标准问题的通知》，开始对研究生助学金实施统一规定。发放的基本原则为：“同等条件，同等待遇；不同条件，不同待遇；学习期间的待遇，应低于工作期间的待遇。”发放的标准分为两类：第一类是就读研究生之前的工龄不满2年者，一律每人每月发给45元，另加地区差价补助（按照当时国务院将全国划分的11种工资地区，第一种地区实际不补差价，第二种地区增补1.35元，第三种地区增补2.7元，以此类推，最高的第十一种地区可增补13.5元）；第二类是就读研究生之前已有2年及以上工龄者，一律按离职前原工资的80%发放（折算不满45元的，可按45元发放），也另加地区差价补助。此项通知还指明，助学金“一律发给研究生本人，其本人生活及家属生活困难问题，都由个人自理”，并且还规定，做研究生期间，原工资的级别和标准，“一般不进行调整”①。

1960年1月，国务院批转教育部《关于研究生人民助学金标准的暂行规定》统一调整了研究生助学金的发放标准：未参加过实际工作的研究生，每人每月按36元的标准发给，另加地区差价补助；在职研究生一般按个人入学前原工资标准的80%发放（如折算低于36元，则按36元发给）。对于参加工作10年以上者，或省、市、自治区一级劳动模范或军区一级战斗英雄，以及在国家建设中有特殊贡献者，给予适当照顾。为解决研究生的某些特殊困难，“各地可在每人每月2～4元的范围内，编列预算，拟定补助办法，由学校统一掌握使用”②。1963年4月，教育部下发《高等学校培养研究生工作暂行条例（草案）》，规定脱产研究生按统一标准享有助学

① 何东昌. 中华人民共和国重要教育文献（1949—1975）[M]. 海口：海南出版社，1998：718.

② 《中国教育年鉴》编辑部. 中国教育年鉴（1949—1981）[M]. 北京：中国大百科全书出版社，1984：101.

金，在职研究生在学习期间（包括脱产完成毕业论文期间），“工资照发，不发助学金”①。从形式上看，取消了在职研究生的助学金，但实际上改为由所在工作单位全额发放工资，学习期间的经济待遇反而有所提高。

1963 年 10 月，教育部、财政部联合下发《关于高等学校培养研究生的经费、人员标准和研究生的助学金及其他生活待遇问题的几点规定》，其中助学金部分没有大的变化，但作了两点具体补充。一是脱产研究生每人每年发放书籍补助费 40 元，“在定额范围内由研究生购买，凭单据向所在学校报销”。二是没有参加过工作的研究生病休期间，第一个月助学金全额照发，第 2 至第 6 个月按 70％的比例发放，6 个月以上则按 60％的比例发放。“研究生在休学期间，参加其他工作取得工资待遇的，则停发其人民助学金。”②

（4）中等学校一般学生助学金。

中等学校产业工人、工农干部助学金的实施情况，前文已有系统介绍，这里即集中笔墨，对一般学生助学金的调整进行梳理分析。1952 年统一设置与实施人民助学金制时，规定中等职业学校（包括中等师范学校）所有学生全部发放助学金，标准为每人每月 10 万元（折合新币 10 元）。1954 年，《技工学校暂行办法（草案）》又补充规定：“技工学校学生生活待遇采取人民助学金，其待遇按中等技术学校规定标准支付。”③ 1957 年，将中等专业学校内的工业、农林、交通专业的学生助学金增加为每人每月 10.5 元。1958 年以后数年内，由于教育事业管理权的下放，不同地区中等专业学校的助学金发放办法开始产生差异，有的地区改为向部分学生发放，有的地区改为从学生的生产劳动收益中提取补助，但整体而言，“学生的伙食费用基本上还是全部包下来的”。1963 年 8 月，国务院批转教育部《关于调整中等专业学校学生人民助学金问题的报告》，指出“要改变国家对教育事业包得过多的办法”，并再次统一规定了中等专业学校助学金的发放办法。首先，发放范围为各校学生总数的 60％～80％，在此幅度

① 何东昌．中华人民共和国重要教育文献（1949—1975）［M］．海口：海南出版社，1998：1169.

② 何东昌．中华人民共和国重要教育文献（1949—1975）［M］．海口：海南出版社，1998：1219-1220.

③ 李蔺田，王萍．中国职业技术教育史［M］．北京：高等教育出版社，1994：290.

内“可以根据学校性质和学生家庭经济情况的不同”，由各地自行安排。中等师范学校和护士、助产、艺术、体育、采煤等专业的学生，以及由人民公社保送入学的学生，仍全部发放助学金。其次，发放标准为9～12元，“具体标准可由各省、自治区、直辖市按当地实际情况加以确定”。体育、戏剧、舞蹈、航海等专业的学生，因其体力消耗较大，可根据当地主、副食供应情况，标准适当予以提高。再次，“为了使同一地区的中等专业学校学生助学金的比例、标准以及具体实施办法取得一致”，中央各部委直接领导的各相关学校也应按照所在当地的规定执行①。

依据1952年的统一规定，普通高中按学生数的30%发放助学金，每人每月9.5万元（折合新币9.5万元），初中按学生数的20%发放，每人每月8.5万元（折合新币8.5万元）。1955年3月，教育部下发《关于逐年降低普通中学学生人民助学金享受比例并逐步将助学金制度改为奖学金制度的通知》，表示某些省市享受助学金的学生中“地、富家庭成分的比重逐年增大，而工农家庭成分的比重，却相对有所减少”，与人民助学金“为工农开门”的设立宗旨不完全符合。而且，某些享受助学金的学生中也出现了学业与操行不好的现象。有鉴于此，相关制度必须进行修改，“逐步增长奖励因素，为改行奖学金制度积累经验，创造条件”。具体的调整措施包括如下几点。

第一，总体享受比例逐年降低。1955年高中降为28%，初中降为18%；1956年高中降为24%，初中降为14%；1957年高中降为20%，初中降为10%。同时考虑到全国不同地区间经济、文化发展的不平衡情况，“在降低助学金享受比例的速度上，不能机械地强求一致，应根据各地区的不同条件区别对待”。少数民族地区或遭受严重自然灾害的少数省份，可少降或缓降，其余各省市“原则上均应低于全国平均定额”。

第二，同一省市内部拉开差距。按照不同物价水平、主副食供给定额，分别制定不同的标准，适当调整城乡学校之间、新旧学生之间的享受比例：“城市多降些，乡村少降些；新生多降些，旧生少降些；富庶的平原地区多降些，贫瘠的山地老区少降些。”通过这种调整，克服过去“平均分配、层层照套”的不合理现象。

第三，等级标准适当划分。划分过多“容易产生平均使用的偏向”，

---

① 何东昌. 中华人民共和国重要教育文献（1949—1975）[M]. 海口：海南出版社，1998：1205-1206.

造成“个个都降一点，个个都得到”；划分过少则“享受面太窄，可能使应享受助学金的学生而得不到享受”。此项通知即明确提出，以分为四等为宜：一等除解决全部伙食费外，还可解决一部分学习文具用品费；二等解决全部伙食费；三等、四等各补助一定比例的伙食费。

第四，评定原则综合考虑。总体“仍应贯彻向工农开门的政策精神，注意学生家庭经济情况，同时又应适当结合学生本人的学业及操行来评定”。对非工农家庭出身，但确属品学兼优、家庭又有实际困难的学生，也应予以照顾。

第五，做好组织协调工作。首先，“结合学生及其家长的思想，说明降低助学金比例和明确评定条件的目的和意义，进行爱国主义的宣传教育，克服消极依赖政府解决困难的思想”。其次，“对学生的品学及其家庭的经济情况应深入地了解掌握”。在此基础上，由需要申请助学金的学生本人提交申请书，经所在地政府机关开具证明文件，再经学校组织的评议委员会讨论和校长审核后，报请教育行政部门批准①。

1963 年 7 月，教育部发布了《关于开办外国语学校的通知》，计划有重点地开办一批外国语学校，以适应国际交往日益扩大和社会各项事业日益发展的需要。这批外国语中学的经费拨付、教材供给、领导干部与教师配备都明显优于其他中学，加之学生侧重于学习外语，在当时实际带有培养专业技术人才的意味，所以“助学金的享受面和开支标准，可略高于一般中学”。具体标准由各省（市）人民委员会根据招生后的实际情况拟订，报送教育部和财政部研究决定②。

在梳理“文革”之前整个助学金制度的发展脉络时，还有一点需要特别说明。自 1952 年开始统一设置与实施助学金制以后，并没有针对少数民族学生、华侨学生制定出专门的单项制度，而是在既有的制度框架内优先予以照顾，同时适当提高了某些补助标准。如对于少数民族学生，教育部 1953 年 2 月发布有《关于少数民族教育工作上几个具体问题的指示》，规定高等与中等学校少数民族学生的助学金可按照 1952 年制定的统一标准，“根据本地区实际需要得适当提高，对生活困苦、教育事业比较落后的少

① 何东昌. 中华人民共和国重要教育文献（1949—1975）[M]. 海口：海南出版社，1998：425-426.

② 何东昌. 中华人民共和国重要教育文献（1949—1975）[M]. 海口：海南出版社，1998：1196-1197.

数民族地区初等学校的学生，亦可分别根据实际需要，在学习、生活方面予以一定补助”①。对于华侨学生，教育部、华侨事务委员会也在1954年5月联合下发过《关于华侨学生福利补助办法的通知》，明确规定“补助对象必须是因经济发生问题，生活或学习上确实有困难而自己又无法解决者”，补助额度“一般以不超过人民助学金已有的制度为原则”。“个别特殊困难，在助学金制度内不能解决者，作个别特殊问题解决。”② 1958年3月，华侨事务委员会、教育部、共青团中央联合发布《关于传达〈归国华侨学生教育工作方针政策若干问题〉的工作计划的联合通知》，再次强调归国华侨学生的学习、生活费用“应该依靠家庭汇款解决”。“如果家庭经济确实有困难的，可以在现在学校人民助学金制度内申请人民助学金和其他生活补助。”评议时要根据实事求是的精神，“以免造成特殊，影响归国华侨学生与国内学生的团结”③。1959年12月国务院《关于归侨侨眷和归国华侨学生因国外排华引起的困难问题解决办法的通知》，1963年11月华侨事务委员会、教育部、财政部《关于国营华侨农场归侨子女在场外中学生活补助问题的通知》等文件，都基本延续了上述政策规定。

（三）学杂费减免制度

新中国成立前后，已有部分地区的人民政府针对工农子女实施学杂费减免制度。如1950年3月，武汉市人民政府颁布相关办法，规定凡直接从事劳动、已加入工会或农会，并持有证明文件的工人、贫雇农民子女，均可免收中小学全部学杂费。家境特别困难者，另行补助书籍、簿本、文具费，在市立中学就读者还可申请人民助学金④。

1952年全国统一设置助学金制度体系时，只是规定工农速成小学的学生每人每月发放30万元（折合新币30元），并未将普通小学学生纳入其中。1953年9月，中共中央向各级党委批发教育部党组《关于检讨官僚主

① 何东昌. 中华人民共和国重要教育文献（1949—1975）[M]. 海口：海南出版社，1998：195.

② 何东昌. 中华人民共和国重要教育文献（1949—1975）[M]. 海口：海南出版社，1998：334.

③ 何东昌. 中华人民共和国重要教育文献（1949—1975）[M]. 海口：海南出版社，1998：819.

④ 武汉市公私立中小学校广泛吸收工农子弟入学，市政府颁布优待工农子弟入学办法 [N]. 人民日报，1950-04-13（3）.

义和今后普通教育方针的报告》，明确表示："目前小学凡已收学费的，今后可按具体情形继续酌收学费（烈属及贫苦群众子女免收）。凡未收学费的，今后一律不收学费。此项学费主要作为学校杂项开支，不入国库。"① 由此可见，当时普通小学不仅没有全面实施助学金制度，甚至部分学校还要收取学费。

1955 年 9 月，教育部、财政部联合下发《关于中小学杂费开支管理办法的几点意见的通知》，表示当时国家正在集中力量发展重工业，完成国民经济"一五计划"的基本任务。因此，应该对中小学生"合理地征收杂费并发挥杂费的作用与效能，以补助中、小学校教育经费之不足，保证中、小学校的教育工作及其发展的需要"。适当征收杂费，还可"发挥群众潜力"，"加强人民对当地学校的关怀"。该通知还附有《1955 年全国公立中、小学征收杂费标准（草案）》，具体规定了全国各省市中小学杂费的收取比例和标准：小学杂费标准为 0.75 元（青海、西康）至 5 元（上海）不等，中学杂费收取标准为 1.5 元（青海、贵州、云南、西康）至 15 元（上海）不等。此项通知同时规定，"为了照顾经济上有困难的烈、军属、国家机关工作人员和城乡工农劳动群众的子女入学，经学生家长申请，并持有乡以上人民委员会的证明文件，学校可根据实际情况，酌予减免杂费总数的一部或全部"。其减免数额，"一般以不超过应缴杂费总数的 20%为原则"；而减免人数，"则不得超过学生总数的 30%"。对少数民族地区、老革命根据地和山区，视具体经济情况酌予照顾，可适当扩大减免比例。减免时间"一般以不超过一学年为限，期满后应结合减免者的家庭经济变化情况，重新核定"②。1956 年 9 月，国务院发布《关于少数民族教育事业经费问题的指示》，也表示"民族地区的小学学杂费的收费问题，应依据当地群众的生活情况规定，生活条件比较困难的地区，应不收费；原来有收费习惯或确实有条件实行收费的地区，也须扩大减免名额"③。

1957 年 5 月，教育部、财政部再次联合下发《关于对小学收杂费的意

① 何东昌. 中华人民共和国重要教育文献（1949—1975）[M]. 海口：海南出版社，1998：241.

② 何东昌. 中华人民共和国重要教育文献（1949—1975）[M]. 海口：海南出版社，1998：521-522.

③ 何东昌. 中华人民共和国重要教育文献（1949—1975）[M]. 海口：海南出版社，1998：677.

见》，针对此前各地小学杂费收取中存在的某些具体问题，给予了进一步的规定说明，其中特别强调“收费标准要合理”。各地方教育行政机关“应根据当地经济情况和群众负担能力，实事求是地研究本地区的杂费标准”，“对标准过高的应考虑降低，对标准过低的也可以适当调整。对群众能力所不及的不应随意变动，以免影响杂费收入”①。直至 1963 年 12 月，教育部转发河南省宣传部《关于农村小学要更多地吸收贫下中农子女入学问题的两个文件》，仍是要求地方的民办小学“对交费有困难的贫下中农子女，要规定适当的减免办法”，“保证不同地区、不同学校能保持适当的减免比例”，“一般不能低于 20%”②。

（四）留学生公费制度

“文革”之前，新中国派出的留学人员均为公费待遇，所需学习费用、生活费用乃至来往旅费，均或由我国官方全额支付，或由所在国按照留学生交换条款相应承担。1950 年，新中国派出首批留学生前往波兰、捷克斯洛伐克、匈牙利、罗马尼亚、保加利亚等国，教育部随即发布《派往东欧新民主主义国家交换留学生暂行管理办法》，明确要求这些留学生，“生活应保持朴素勤劳作风，费用不得超过所在国政府发给的津贴”③。从 1951 年开始，我国陆续向苏联选派了大批留学人员。依照 1952 年 8 月中苏两国政府签订的《关于中华人民共和国公民在苏联（军事院校以外）高等学校学习之协定》，先由苏方支付中国留学生的学习和生活费用，研究生每月为 700 卢布，本科生为 500 卢布，再由中方偿还总费用的 50%。此外，留苏生出国之前由国家统一置装，服装鞋帽一应俱全，足有 2 箱衣物供出国 5 年之用，每人还配备一个高级手提箱，留学期间每月享受 50 卢布的生活补贴，国内家属生活困难者另有定额补助，待遇的优厚程度超过了一般干部。1952 年，刘少奇在接见第二批留苏生时曾表示，国家派出 1 名留学生的费用相当于 25 户到 30 户农民全年的劳动收入。

1952 年 6 月，政务院印发《派送出国留学生暂行管理办法》，其中明

① 何东昌. 中华人民共和国重要教育文献（1949—1975）[M]. 海口：海南出版社，1998：758-759.

② 何东昌. 中华人民共和国重要教育文献（1949—1975）[M]. 海口：海南出版社，1998：1235.

③ 何东昌. 中华人民共和国重要教育文献（1949—1975）[M]. 海口：海南出版社，1998：69.

确规定了各相关部门在经费管理方面的职能分工。如教育部负责按期供给留学生学习、生活补助费和奖学金，驻外使馆负责掌握留学生经费和奖学金的预算、报销，并照顾其日常生活。高等教育部、外交部先后于1954年11月、1964年3月联合发布《关于派赴苏联各人民民主国家留学生暂行管理办法》和《关于中华人民共和国派往国外留学生管理教育工作的暂行规定（草案）》，强调留学生经费开支“必须贯彻勤俭办事业、节约外汇的原则，实行精打细算”，“应教育留学生合理使用，不买不必要的用品，特别是不买价值昂贵的消费品”，同时也表示要“保证其在国外学习和生活的必要费用”，“留学生不能把学习生活费汇回国内，其节余可购买书籍或作回国旅费”①。

经费的充足供给，为在外留学生的学习与生活提供了良好的经济保障，相关管理部门也对此进行了大量深入细致的工作。如1955年，驻苏使馆留学生管理处通过调查，发现部分留苏生因学习过度紧张，休息和锻炼不足，不同程度患有头痛、神经衰弱、胃肠疾病等病痛，便将情况反映回国内。高等教育部于是向驻各国使馆发出通令，规定留学生每月生活费用应有固定比例用于伙食开支，保证营养，同时还要求各使馆每年定期进行健康检查。即使是在60年代初中苏关系紧张，国家财政因偿还苏联债务、自然灾害而极其窘迫的局面下，我国政府仍没有降低留学生的经费和生活标准。1964年，苏联国内物价波动，生活费用一再上涨，我国驻苏使馆经国务院外办批准，特别将留苏生每月50卢布的生活补贴调整到了60卢布。

三、新中国成立初期学生资助的成效和不足

新中国成立初期17年间，随着新中国学校教育事业的兴起和发展，学生资助事业一路相随不弃，或者说正是学生资助工作的积极开展和制度体系的构建发展，使学校教育有了经济动力和保障，推动着新中国学校教育（包括从初等到高等）的全程发展，保证了入学青少年尤其工农劳动者及其子女接受着年数不等的正常而正轨的学校教育，从而为社会主义建设事业培养出一批批各级各类知识人才。不过，征诸历史实际，客观而公允地讲，由于这一时期党和政府在从事着旷古以来前人未曾有过的事业，其时学生资助由于种种历史原因，也存在某些失误与不足。

① 何东昌. 中华人民共和国重要教育文献（1949—1975）[M]. 海口：海南出版社，1998：1261.

（一）成效

1. 促进了全国教育事业的整体发展

由表1-2可见，1952年至1960年全国各级各类教育事业都取得了显著的发展。仅以学生数量的增加而言，研究生由2 763人增加为3 635人，增幅约32%；高等学校（含本科、专科）学生由19.1万人增加为96.2万人，增幅约404%；中等专业与技术学校学生由127.2万人增加为443.2万人，增幅约248%；高中生由26万人增加为167.5万人，增幅约544%；初中生由223万人增加为858.5万人，增幅约285%；小学生由5 110万人增加为9 375万人，增幅约83%。当然，这些发展成就是由多方面因素造成的共同结果，但学生资助制度，尤其是1952年开始统一设置与实施的人民助学金制，无疑在其中发挥了极为重要的作用。1961年，由于“调整、巩固、充实、提高”八字方针的实施，各级各类教育的规模大多有所压缩，高等学校学生数却能基本保持稳定，研究生数甚至有极为明显的增加。而在这两个教育阶段，人民助学金制实施的面最广、政策也较为稳定，这也从某种程度上证明了人民助学金制对于教育事业的发展与保障作用。

表1-2 1952—1961年全国各级各类教育事业发展简表

		1952年	1957年	1960年	1961年
研究生数		2 763人	3 178人	3 635人	6 009人
高等学校	学校数	201所	229所	1 289所	845所
	学生数	19.1万人	44.1万人	96.2万人	94.7万人
中等专业与技术学校	学校数	1 710所	1 320所	6 225所	2 724所
	学生数	127.2万人	155.6万人	443.2万人	216.6万人
高中	学校数	1 181所	2 184所	4 690所	4 358所
	学生数	26万人	90.4万人	167.5万人	152万人
初中	学校数	3 117所	8 911所	17 111所	11 661所
	学生数	223万人	537.7万人	858.5万人	680万人
小学	学校数	527 000所	547 000所	725 000所	
	学生数	5 110万人	6 428万人	9 375万人	7 654万人

资料来源：何东昌. 中华人民共和国重要教育文献（1949—1975）[M]. 海口：海南出版社，1998：1099；吴镇柔，陆叔云，汪太辅. 中华人民共和国研究生教育和学位制度史[M]. 北京：北京理工大学出版社，2001：484.

2. 体现了社会主义教育的基本方针

新中国成立以前，绝大部分劳动人民及其子女被排斥在正规学校教育之外；新中国成立以后，确定了“提高人民文化水平”“实行普及教育”的发展学校教育基本方针。为此，各级人民政府及教育行政部门采取了多种措施，除新建大量公立学校、保送或优先照顾工农及其子弟入学之外，还普遍实施了人民助学金制、减免学杂费制等学生资助政策，鲜明地体现了社会主义教育“向工农开门”的时代特征，显著地改变了各级各类学校的学生成分。如在中学阶段，根据 1953 年上半年的相关统计，工农子弟已占全国中学生总数约 64%以上，加上其他劳动人民子女则超过了 71%。在东北、华北两地区，劳动人民子女所占比例达到了 82%以上①。1954 年 9 月，政务院总理周恩来在一届全国人大一次会议上所作的政府工作报告，充分肯定了新中国成立以来教育事业的发展成就，其中就包括“各级学校学生中的工农子女成分逐年增加，在为培养工农出身的新知识分子而创办的工农速成中学中，1954 年的学生数比 1951 年增长了三倍”。北京市 1954 年共有中学生 8.1 万余人，小学生 27.7 万余人，其中工人、农民和国家工作人员的子女所占比例分别达到了约 72%、75%②。高等教育阶段的情况同样如此，1954 年 10 月，时任高等教育部部长马叙伦撰文表示，当时“高等学校学生中工农成分现在已占学生总数的 21.94%，随着工农群众生活的不断改善，中小学工农子女的大量入学，高等学校的工农成分正在逐年增加”③。1958 年 1 月 20 日，《人民日报》发表了题为《两个好榜样》的社论，充分肯定了新中国学生资助体系的既有成效：“解放以来，国家为了帮助工农子女和其他家庭经济困难的青年入学，在各类学校设置了人民助学金。第一个五年计划期间，仅中学生的助学金，就支出了三亿多元。”④

值得说明的是，随着 50 年代中期以后“教育革命”的推进，尤其阶级斗争扩大化之后，学生资助的受益对象越来越体现出“为工农开门”的特色，因此，以工农子女为主体的劳动人民子女接受正规而正常的学校教育

① 何东昌. 中华人民共和国重要教育文献（1949—1975）[M]. 海口：海南出版社，1998：277.

② 何东昌. 中华人民共和国重要教育文献（1949—1975）[M]. 海口：海南出版社，1998：374.

③ 马叙伦. 五年来新中国的高等教育 [J]. 人民教育，1954（10）：18-20.

④ 两个好榜样（社论）[N]. 人民日报，1958-01-20.

的比例，在这17年间越来越大，人数总额更是每年数以万计地增添。作为一种参照，现据有关史料统计，将新中国成立之际的1949年和“文革”爆发前一年的有关学校教育数据列示如下（见表1-3）：

表1-3 1949年和1965年各级学校数目及学生人数一览表

年份	高等学校		中等学校		小学校		学前教育
	所数	人数	所数	人数	所数	人数	
1949年	205	11.72万	5 216	126.8万	34.68万	2 439.1万	
1965年	434	67.4万	80 993	1 431.8万	168.1万	11 620.9万	1.92万所

资料来源：金铁宽．中华人民共和国教育大事记（1）[M]．济南：山东教育出版社，1995：15；金铁宽．中华人民共和国教育大事记（2）[M]．济南：山东教育出版社，1995：812.

（二）不足

新中国成立初期，学生资助制度的内部分配不尽合理，从而影响了整体的实施成效。如在供给制条件下，干部子弟学校和学生曾受到额外的特别优待。人民助学金制统一设置与实施后，内部分配明显倾斜于高等学校、中等专业和技术学校的学生，普通中小学学生能够享受的经费比例相对不足。而在中小学阶段，有限的助学金总额也存在分配不合理、不公平的现象，难以真正满足家境最为贫寒学生的基本需要。1956年前后，教育部在调查在校中学生流失问题时，就发现其中重要的一个原因，即在于“有的学生由于家庭经济确有困难，而学校在评定人民助学金时，把面铺得太广，未能解决他们的实际困难，致使有的学生不能继续学业”。教育部还在相关通知中表示，“这种现象如不积极设法改变，对于整个教育事业计划的完成，将会引起严重的不良后果”，进而要求“克服平均主义的做法，各学校在评定助学金时，除了做好思想动员工作以外，必须事先认真了解学生的具体情况，务使确有困难的学生，得到应有的补助”，“同时，还必须注意掌握人民助学金的方针政策和学生家庭经济的变化情况，及时地给以合理调整”①。但由于各种因素的影响，上述情况并未得到实质性的改善。

在学校“向工农开门”，学生资助体系优先照顾工农子女的同时，最

① 何东昌．中华人民共和国重要教育文献（1949—1975）[M]．海口：海南出版社，1998：550.

初并没有完全将“剥削阶级”的子弟排除在外。1956 年 12 月，毛泽东接见工商界代表时，就曾强调学校对于资本家子女“入学、助学金、入团和戴红领巾这些问题，要一视同仁，只看条件如何，不看家庭出身”。“三反”和“五反”运动中，一些经济贪污分子和不法工商户受到处理，其子女随即因家庭经济困难而无力承担学习、生活费用，教育部就此批示“愿意继续学习，要求学校或政府给以帮助者，可酌情给予人民助学金”①。但在讲究阶级和阶级斗争的历史阶段，其时的学生资助政策不时出现限制“剥削阶级”家庭出身孩子受益的情形。如在前述 1955 年 3 月教育部下发《关于逐年降低普通中学学生人民助学金享受比例并逐步将助学金制度改为奖学金制度的通知》中，就有明显限制地富家庭出身的学生接受助学金的表述。尤其在 1958 年“教育大革命”开展以后，教育领域已出现“左”倾势头，学生资助制度开始带有明显的“唯成分论”倾向。不少地方教育行政部门在管理与发放助学金时，逐步加强了对家庭成分高的学生的限制，甚至直接取消了他们的申请资格，这在广大农村地区的各级各类学校里，其情况表现的程度更为明显。这不仅在一定程度影响了整个制度的合理与公平，也使得那些有志向学且其家庭文化背景稍厚的青少年，中止了上进之路而失去了成为国家建设需要的知识人才的条件和机会。

① 王爱云. 为了平等而不平等：从学校向工农开门看新中国的教育平等努力（1949—1965）[J]. 安徽史学，2006（3）：152-158.

第二章　“文革”时期的学生资助（1966—1976）

1966年5月到1976年10月，中国进入了长达十年的“文化大革命”（简称“文革”）时期。这是“一场由领导者错误发动，被反革命集团利用，给党、国家和各族人民带来严重灾难的内乱”①。十年期间，长期坚持以阶级斗争为纲的“左”倾政治指导思想，不仅造成了政治运动持续不断，而且严重阻碍了经济与社会发展。在“无产阶级专政下继续革命理论”指导下，违背规律的教育革命，阻碍了教育事业的健康发展与质量提高。此期间学生资助工作，虽然整体延续了“文革”前的资助政策，但也受到政治动乱的羁绊。尤其受高等教育部、教育部相继撤销和高等教育停招、职业教育停办等直接影响，学生资助体现出与其他时期不同的特点，烙上了深刻的时代印痕。

一、“文革”期间的政治、经济与教育

毛泽东发动无产阶级“文化大革命”的主观动机，是防范资本主义复辟、化解修正主义风险，维护党的纯洁性，并探索建设社会主义的中国道路。但他对当时党和国家政治形势认识有误，导致了一场不堪回首、史无前例的政治动荡与社会浩劫。“文革”时期的学生资助，是这个特殊历史时期政治、经济与教育的综合产物。

（一）“左”倾“反智”的政治环境

1966年5月16日，中共中央政治局扩大会议通过毛泽东主持起草的《中国共产党中央委员会通知》（简称“五·一六通知”）。其内容之一是停止执行《二月提纲》，全面夺取文化及思想意识形态上的领导权，号召群众批判混进党、政府、军队和文化界的资产阶级代表人物。6月1日，中央人民广播电台全文广播了北京大学聂元梓等人张贴于校内的“第一张

---

① 中共中央．关于建国以来党的若干历史问题的决议［EB/OL］．（2008-06-23）．http://www.gov.cn/test/2008-06/23/content_1024934.htm.

大字报”——《宋硕、陆平、彭珮云在文化革命中究竟干些什么?》，同日，《人民日报》发表题为《横扫一切牛鬼蛇神》的社论，号召以毛泽东思想为武器，破“四旧”（旧思想、旧文化、旧习俗、旧习惯），立“四新”（新思想、新文化、新习俗、新习惯）。7月29日，周恩来在北京市大中专院校“文化大革命”积极分子代表大会上传达了毛泽东提出的“文革”三任务：一斗二批三改。自“五·一六通知”发布起始，史无前例的“文化大革命”正式启动。自此以后的十年间，“文革”前即已初现端倪的对知识分子不尊重、不信任，彻底转化为一种敌我矛盾，成为夺权道路上的主要障碍——“走资本主义道路的当权派”和厄运相同的“资产阶级反动学术权威”。

1. 批判反动学术权威

1966年8月8日，中国共产党八届十一中全会通过了《中国共产党中央委员会关于无产阶级文化大革命的决定》（即“文革十六条”）。此乃“文化大革命”又一总揽全局的纲领性文件。文件重点阐述了“文化大革命”的性质、目的、对象、重点、方式等，指出：“在当前……目的是斗垮走资本主义道路的当权派，批判资产阶级的反动学术‘权威’，批判资产阶级和一切剥削阶级的意识形态，改革教育，改革文艺，改革一切不适应社会主义经济基础的上层建筑，以利于巩固和发展社会主义制度……重点是整党内那些走资本主义道路的当权派。”其中第十一条特别对教学改革作出决定，“改革旧的教育制度，改革旧的教学方针和方法，是这场无产阶级文化大革命的一个极其重要的任务……必须彻底改变资产阶级知识分子统治我们学校的现象”①。“文革十六条”实施后，“文化大革命”运动迅即席卷全国，学校尤其是高等学校成为“文化大革命”的重灾区。

“文化大革命”爆发后，学校造反派奇招损招百出，一大批著名学者被当作“资产阶级反动学术权威”而被批斗，受尽折磨，学校党组织瘫痪，学校党员政治生活和学校正常的教育教学无法正常开展，政府教育管理职能无法全面正常履行，整个教育系统陷入一种无序状态。

2. 坚持“继续革命理论”

1969年4月1日至24日，中国共产党第九次全国代表大会在北京召

① 中共中央. 关于开展无产阶级文化大革命的决定［N］. 人民日报，1966-08-08（1）.

开。会议明确提出了“无产阶级专政下继续革命理论”，全面肯定了“文化大革命”，认为它是“无产阶级反对资产阶级和一切剥削阶级的政治大革命，是中国共产党及其领导下的广大革命人民群众和国民党反动派长期斗争的继续，是无产阶级和资产阶级阶级斗争的继续”。1973 年 8 月 24 日至 28 日在北京召开的中国共产党第十次全国代表大会上，这一理论得以继续坚持，导致这种极左政治思想长期难以纠正，以致造成更严重的社会危害。就教育而言，它对“文革”时期教育革命的方向产生了深刻影响，是教育革命步入歧途的思想根源和内在动力。

3. 缓和国内国际关系

1970 年之后，通过老一辈革命家的共同努力，我国的国民经济与社会秩序相比“文革”初期，得到了不同程度发展和改变。尽管国内经受林彪武装篡党夺权的严重事件，但中国的国内和国际环境相比于“文革”初期的动乱不堪，已经得到较大改善。

从国内看，“走资本主义道路的当权派”已被打倒，林彪反革命集团也被消灭，毛泽东本人从中吸取一定教训，从而使在党中央形成的扼制“文化大革命”“左”倾错误的力量日渐壮大，也为后来经济建设有所恢复和发展提供了可能。

从国际看，1971 年 10 月 25 日，第 26 届联合国大会以压倒多数通过 2758 号决议，恢复中华人民共和国在联合国的一切合法权利；1972 年 2 月 21 日至 28 日，时任美国总统尼克松访华，开启了中美关系的破冰之旅。中美三个联合公报的发布，为此后近半个世纪的中美关系发展确定了基本原则，指明了正确方向；同年 3 月 13 日，中英结束了长达 22 个年头的半建交状态，全面恢复了大使级外交关系；9 月 25 日至 30 日，日本内阁总理大臣田中角荣访华，并于 29 日共同发表了《中华人民共和国政府、日本国政府联合声明》，从而实现了中日邦交正常化；1973 年 3 月 9 日，中国与西班牙建立外交关系。如此等等，无疑为中国走向世界打开了大门，这既是中国与西方世界的关系进一步改善的极好例证，也是中国后来在划分第三世界时站定国际地位的起始。

这种趋于缓和的国内外局势，为中断多年的高校招生与留学生工作，提供了合理的恢复时机，从而也使学生资助成为当时的重要政策议题。

4. 批林批孔与“反击右倾翻案风”

1973 年 3 月 10 日，周恩来病倒，毛泽东决定让邓小平复出，任国务院副总理。邓小平重新工作后，即着手在经济发展、外交事务及军队建设方面进行改革。然而，江青反革命集团有预谋地把批林整风、批林批孔扩大到批周公——影射周恩来总理。1974 年 1 月 8 日，中共中央发出由江青等人炮制的《林彪与孔孟之道》，供全国批林批孔之用。于是，在 1974 年上半年，各地高校师生纷纷深入工厂、农村和部队，与工农兵一起开展批林批孔运动。如在当时即有辽宁 27 所高校的师生 20 000 余人，分别与 1 300 多个人民公社的人民群众一起开展批林批孔运动①。

1975 年 1 月，四届全国人大会议后，周恩来病重住院。邓小平受毛泽东委托，主持中央日常工作。为了解决因“文化大革命”和林彪、江青反革命集团所导致的严重问题，他开始了各行各业的全面整顿，促进了社会各领域、各方面工作的好转。由于毛泽东本人坚持认为“文革”的主流是好的，因此不满意邓小平对清华大学刘冰的信的处理和对“文化大革命”的全面否定，认定是“右倾翻案风”，进而在 11 月 20 日作出决定，停止邓小平全面主持中央工作。11 月 26 日，中共中央下发毛泽东的《打招呼的讲话要点》，各地掀起“反击右倾翻案风”运动，全国再次陷入混乱，短期业已呈现的良性局面也化为泡影。

从“文革”初期的批判反动学术权威，到用“无产阶级专政下继续革命理论”指导教育改革，再到批林批孔、批周批邓和“反击右倾翻案风”中对教育革命的反复辩论，“文革”十年虽曾出现短期的国内外关系趋于缓和、教育有所发展的状况，但总体而言，错误的极左思想对我国教育事业的改革和发展，起了严重的阻碍作用。“政治挂帅”“阶级斗争为纲”，使知识和人才不被尊重，反智主义思想和行为倾向盛行。颇为吊诡的是，阶级斗争哲学本身对革命群众的天然倚靠，将一种绝对的平均主义公平观，融入“文革”十年的学生资助理念中。故而，无论是“文革”初期基于制度惯性沿袭“文革”前资助政策，还是“文革”中后期工农兵学员资助的全面性展开，又或是中小学学费减免与人民助学金设立，均可视为绝对公平思想指导的学生资助理念之集中反映。

（二）波动不定的经济财政

“文革”时期的经济，因受到政治的直接影响，总体上蒙受巨大损失，

① 刘英杰．中国教育大事典（1949—1990）（上）[M]．杭州：浙江教育出版社，1993：281．

但总量上仍有一定发展。粮食生产保持了比较稳定的增长，工业交通、基本建设和科学技术方面取得了一批重要成就。统计数据表明，从1967年到1976年间，社会总产值年均增长率为6.8%，工业总产值年均增长率为8.5%，农业总产值年均增长率为3.5%，国民收入的年均增长率为4.9%①。这些发展和成就并非"文化大革命"的直接后果，而应归因于"抓革命，促生产"总体方针，"文革"期间毛泽东、周恩来等人对经济的相对审慎态度，以及广大工农群众的认真贯彻和落实。

1."抓革命，促生产"

"抓革命，促生产"是"无产阶级专政下继续革命理论"的一种概括化表述，也是毛泽东在新民主主义革命时期就业已形成的一种治理哲学。他指出，革命就是冲破帝国主义和封建主义的压力，解放中国人民的生产力，解放中国人民，使他们得到自由②。新中国成立以后，他又多次指出，社会主义革命的目的是解放生产力。三大改造，必然使生产力大大地获得解放。这样就为大大地发展工业和农业的生产创造了社会条件③。

1966年6月30日，面对不断升级的混乱局面，刘少奇、邓小平曾联名致信毛泽东，要求下发中共中央、国务院《关于工业交通企业和基本建设单位如何开展文化大革命运动的通知（草稿）》。7月2日，经毛泽东批准，中央发出了这个通知，要求各级党委必须抓革命、促生产，做到革命与生产建设双胜利。在"文革十六条"中，中央也强化了"抓革命，促生产"的要求，重申了革命与生产两不误的重要性。9月7日，《人民日报》发表了《抓革命，促生产》的社论，继续强调要"一手抓革命，一手抓生产，保证文化革命与生产建设两不误"。9月14日，中央又专门下发《抓革命，促生产》的通知，《人民日报》也于11月7日的再度发表社论《再论抓革命，促生产》，认为这是毛主席一再强调的方针，各行各业必须遵守，工矿企业、农村决不能停止生产。

正是毛泽东在"文革"期间对工农业生产和经济建设采取了更为谨慎的态度，同时又得到了周恩来的竭力贯彻，因而，与政治上的各种乱象相比，"文革"时期的经济虽然也遭受政治运动冲击，但总体上还保持了不

---

① 陈东林. 研究文革时期国民经济的几点思考［J］. 中国经济史研究，1997（4）：43-49.

② 毛泽东. 毛泽东选集（第3卷）［M］. 北京：人民出版社，1996：425.

③ 毛泽东. 毛泽东文集（第7卷）［M］. 北京：人民出版社，1999：1.

同程度增长。这为“文革”时期的教育提供了经济基本保障，也为此期间的学生资助提供了必要的经费支持。

在农业生产方面，1966年底，农业总产值达640.9亿元，比1965年增长8.7%（按1957年可比价），大大高于“一五”“二五”计划时期农业总产值的年平均增长速度①。农村农业发展集中体现为：一是大力兴修农田水利设施，确保农业旱涝保收。其中，淮河、海河、辽河和黄河治理工程，不仅消除了历来未曾停歇的水患，而且相关的水力发电工程，为工业生产、农业灌溉及人民生活提供了能源保障。据统计，以全国受灾面积基本相同的1976年和1965年相比较，成灾面积占受灾面积的比例从1965年的53.9%下降到1976年的26.9%。其中，水灾受灾面积比例由50.3%下降到31.7%，旱灾受灾面积比例由59.5%下降到28.6%②。二是知识青年上山下乡，支援农村农业发展，围垦荒滩荒山荒地，扩大可耕种面积。据统计，1967年到1976年，我国共下放知识青年1 402.66万人，其中插队1 048万人，下放集体场队125.82万人，下放国营农场228.84万人③，占全国1962年至1979年全部下放知识青年总数1 776.48万人的78.96%。尽管知识青年上山下乡的动机是为了解决城市青年就业问题，但是，这些举措客观上对农村教师的补充和农村基础教育的发展起到了积极作用。三是农业学大寨，自力更生、艰苦奋斗，改变农村面貌。虽然“文革”时期的“农业学大寨”运动具有形式主义乃至极左成分，如割资本主义尾巴等，但对于当时保证农业生产稳定却起了毋庸置疑之积极作用。四是促进农业机械化和研究杂交水稻等农业技术革命和革新在土壤肥料、植物保护、遗传育种、作物栽培、耕作制度等方面都有重要进展，提高了科学种田水平④。尤其袁隆平的杂交水稻研究成果，更是领先世界，对其时农业产量的提升助力甚大。对于当时的中国农业农村的发展情况，国外学者曾给予积极评价（详见案例2-1）。

---

① 张化. 在极“左”思潮的冲击中稳住农业基础：“文化大革命”时期周恩来在农业领域的贡献［J］. 当代中国史研究，1998（2）：45-54.

② 国家统计局. 建国三十年国民经济统计提要（1949—1978）［M］. 北京：中国统计出版社，1979：74.

③ 国家统计局社会统计司. 中国劳动工资统计资料（1949—1985）［M］. 北京：中国统计出版社，1987：110.

④ 韩露露，严火其. 浅议“文革”时期的中国农业科学研究［J］. 古今农业，2009（1）：33-40.

案例 2-1　不为人知的“文化大革命”

很少有人知道，在 1974 年夏天，曾有一个美国农业代表团来中国进行访问。他们到处走访，并对自己看到的一切感到惊奇。他们将所见所闻写成文章发表在 1974 年 9 月 24 日的《纽约时报》上。这个代表团由十位科学家组成，他们是“在亚洲地区有着丰富经验的农作物观察员”。正如诺贝尔奖得主 Norman Borlaug 所说，“你必须努力查看才能找到一块不好的地，我们所到之处都绿色喜人。我觉得这个成就比我预期的要好得多”，考察团团长 Sterling Wartman，洛克菲勒基金会的副主席，这样描述水稻田：“……真正的一流水平，农田一片挨着一片，和你看到的一切一样，非常好。”他们对公社中农民高超的技能水平印象深刻。Wartman 说，“他们都被训练成与技术最好的人水平一样，他们都彼此分享信息资源”，Sprague 博士把关于中国农业观察的详细描述发表在著名期刊《科学》杂志上（1975，期卷号：188：549-555）。中国农业在“文革”后的许多进步，在“文革”期间就已经可以实现。譬如在七十年代末八十年代初，化肥使用量提升，而早在 1973 年，中国的工厂中就可以预订制做化肥了。

在基础工业方面，石油工业发展起到了较大进展。“文革”十年间，我国新建了胜利、大港、任丘、辽河、南阳、江汉、长庆等油田。原油产量以每年平均递增 18.6%的速度增长，1978 年产量突破了 1 亿吨，使中国从贫油国跃居为世界第八大产油国①。除石油外，煤炭、钢材、水泥、化肥等基础工业也得到了很大发展，新建了山西高阳煤矿、山东兖州煤矿、河南平顶山煤矿、四川宝顶山煤矿和新疆哈密露天煤矿。在钢材生产方面，新建、扩建和技术改造了国内的大型钢材生产基地，如鞍钢、包钢、太钢、武钢、首钢、酒钢等，钢材产量虽波动较大，但总体趋增。与“文革”开始的 1966 年比，到 1976 年，钢 2 046 万吨，增长 33.6%；原煤 4.83 亿吨，增长 91.7%；原油 8 716 万吨，增长 499%；发电量 2 031 亿千瓦时，增长 146%；化肥 524.4 万吨，增长 117.7%；水泥 4 670 万吨，增长 131.8%；机床 15.7 万台，增长 186%；汽车 13.52 万辆，增长 141.9%；全国工业总产值指数（以 1952 年为 100），1976 年为 1 274.9，

---

① 陈东林. 文化大革命时期国民经济状况研究述评 [J]. 当代中国史研究，2008 (2)：63-72.

与1966年相比，增长128%①。

1973年，我国开始实施“四三方案”，即国家计委办向国务院建议在3～5年内引进43亿美元成套工业生产设备，包括13套化肥生产设备等。该政策最大特点是摆脱了备战思维，将进口设备布局在东部或一、二线城市。尽管未如期完成，但它对工业布局调整形成了新的指导思想，为改革开放初期的工业布局与投资起到了示范引领作用。加上“四五”时期中央投资80亿元实施的地方“五小”（小煤矿、小钢铁、小水泥、小化肥、小机械）工业发展政策，初步改变了工业结构，扩大了中小企业在工业中的比例，也使“文革”期间我国的工业增长得到了一定支持，进而在煤、钢铁、水泥、化肥与机械等工业生产中起到了积极作用。

在“三线建设”② 推进方面，1965年11月《国民经济和社会发展第三个五年计划》（简称“三五”计划）由国务院批准实施。该计划提出，加快三线建设特别是国防工业建设，是第三个五年计划的核心；要全面考虑备战、备荒、为人民三个因素，统筹安排，突出重点，集中力量，把西南和西北部分省区建设成为初具规模的战略大后方。如此，整个四川（含重庆）、贵州、陕西以及鄂西、湘西、豫西地区，就成为建设重点地区。攀枝花钢铁基地、成昆铁路、重庆军工基地、六盘水煤田和江汉、南阳两大油田等被列入率先建设的项目。在具体建设中，按照“大分散、小集中，尖端项目山、散、洞（靠山、分散、隐蔽），备战备荒为人民，好人好马上三线”的原则分布建设，期待在核武大战的背景下，中国能够扛得住、胜得了。

---

① 陈东林. 研究文革时期国民经济的几点思考［J］. 中国经济史研究，1997（4）：43-49.

② 一线、二线、三线的概念来源于新中国成立以后尤其是20世纪60年代国内外形势急剧变化而如何加强备战、巩固国防的战略思维，同时也是针对我国工业布局不合理、过分集中于东部地区和大城市的畸形现实。所谓三线，当然是针对一线和二线而言，通常指长城以南、广东韶关以北、甘肃乌鞘岭以东的广大地区，又分大三线和小三线，前者指川、黔、滇、陕、甘、宁、青等西南西北7省区，后者则是一线、二线之腹地。三线建设是在毛泽东倡导与部署下实施的，是指自1964年起，在我国中西部地区13个省（自治区）进行的一场以战备为指导思想的大规模国防、科技、工业和交通基本设施建设。它是迄今为止中国历史上最大一次工业迁移，其规模远远超过抗战时期的工业西迁，可以称之为新中国成立以后持续时间最长（1964—1978）、体量最大的一次工业体系建设。

在“三五”“四五”“五五”长达十六年的三线建设中，国家在属于三线地区的13个省和自治区的中西部投入了2 052亿元巨资，占同期全国基本建设总投资的39%①。

通过大规模持续的三线建设，我国的国防科技发展迅速，极大地缩短了与西方的科技差距。“两弹一星”、导弹核潜艇等一大批与国防有关的科研成果得到应用和推广，通往内地纵深的铁路、公路与航线等基础设施得以建成，一大批工业生产基地开始投产，工业布局趋于合理。

农业农村的稳定和发展，为“文革”时期农村教育的发展提供了基本财力支持，而基础工业和三线建设的发展，则为推进厂矿企业办学、促进西南内陆欠发达地区的教育发展，提供了一定的有利条件。

2. 财政体制频繁变动

1966年“文革”开始，我国的财政体制沿用“文革”前的“定收定支、收支挂钩、总额分成、一年一定”的办法。进入1967年，党政领导机构陷入瘫痪，经济遭受严重破坏，财政收入下降，收不抵支，发生了22亿元的财政赤字。1968年形势更为混乱，当年预算无法编制，不得不临时采取新中国成立初期的收支两条线办法：各地财政收入全部上缴中央财政，所需行政事业费由中央财政核拨，年终结余，留给地方；基本建设投资，也由中央财政拨款，年终结余一刀砍。

1971年3月，财政部下发《关于实行财政收支包干的通知》，决定自1971年起，实施“定收定支、收支包干、保证上缴（或差额补贴）、结余留用、一年一定”的体制，简称“财政收支大包干”体制。该体制调动了地方增收的积极性，但也带来了盲目投资、重复建设问题。尤其是针对地方财政超收过多而中央财政收入不足问题，是年底，中央对制度进行了改进：从1972年起，地方超收在1亿以内的，全部归地方；超收1亿以上的部分，一半归地方，一半缴中央。

1973年又开始试行“收入固定比例留成”体制，中心含义是“收入按固定比例留成，超收另定分成比例，支出按指标包干”。具体内容包括：一是地方的财政收支计划由中央分别核定下达，收入与支出脱钩；二是地方负责组织的财政收入，按固定比例给地方留成，作为地方一笔比较稳定

① 于锡涛. 毛泽东最早做出决策 三线建设的启动和调整改造［J］. 国家人文历史，2014（18）：56-59.

的机动财力；三是地方财政收入的超收部分，另定分成比例，留给地方的部分，一般不超过30%；四是地方的财政支出，除基本建设拨款以外，按中央核定的指标包干。除了遇到重大特殊问题或预算划转，一般不予调整。年终结余，留给地方财政使用。该体制在1974年全国推广。留成比例大体上收入较多的省份为1%～2%，一般省份为3%～4%，民族自治区为6%～10%[①]。

1975年夏秋之间，我国又进一步整顿和改进财政体制。根据邓小平的意见，起草了《关于整顿财政金融的意见》，即“财政十条”。提出要适度集中财政资金，继续实施统一领导、分级管理的财政体制，管理权限主要集中于中央和省、市、自治区两级，重大财经政策和标准均由中央统一规定。同时规定，自1976年起，除了各省、市、区核定一定数额的机动财力外，实行“定收定支、收支挂钩、总额分成、一年一定”的办法，简称“总额分成”体制。据此办法，每年由中央分别核定各省、市、自治区的收入任务和支出总额；按照支出占收入的比例，作为地方分成的比例，多收的可以多分，少收则减少支出。由于邓小平被批并被停止工作，“财政十条”也受到批判。

1976年初，财政部起草了《关于财政管理体制的通知》，进一步明确了“总额分成”财政体制。这种体制与“文革”前的“总额分成，一年一定”的体制基本相同。其具体内容：一是扩大地方财政收支范围，增加地方财政管理权限。地方财政收入占国家财政收入的比例，由1965年的67%增加到1976年的87.3%；地方财政支出占国家财政支出的比例，由1965年的37.8%增加到1976年的53.2%。二是国家拿出21亿元作为地方机动财力，从而保留了地方实行固定比例留成的既得利益。三是改变了以往超收部分都按总额分成比例分成的办法。地方总额分成比例在30%以下的，超收部分按30%分成；地方总额分成比例在70%以上和受中央补助的地区，超收部分按70%分成；其他地区的超收部分仍按综合分成比例计算分成[②]。

经济增长的波动和财政体制的连年变化，使教育财政体制不得不因应而变。这无疑将对集中统一计划经济条件下的教育资源分配尤其是学生资助政策产生不同程度的影响，从而阻碍其改进。

① 兴华．十年动乱时期财政体制变动频繁（上）[J]．财政，1983（8）：22-24.

② 兴华．十年动乱时期财政体制变动频繁（下）[J]．财政，1983（9）：8-10.

3. 财政收支基本平衡

“文革”十年间，尽管受到社会动荡、经济混乱、结构失衡、效率低下等多种影响，但是，我国财政收支大体上还是保持了低水平平衡，其中只有4年出现了财政赤字。经济建设、国防、科技是当时财政支出的重心。1966年至1976年，财政支出共计7 234.74亿元，其中占比较大的是：基本建设拨款占39.3%，国防支出占19.8%，文教卫生科学事业费占9.2%。在“文革”的艰难困境中，财政支出在经济建设、国防科技等方面仍发挥了重要的支撑作用，也为教育事业的维持和发展提供了经济基础。

表2-1 “文革”时期国内生产总值（GDP）、财政收支结构一览表

（单位：亿元）

年份	GDP	财政收入	中央收入	地方收入	财政支出	中央支出	地方支出
1966	1 888.7	558.71	196.49	362.22	537.65	339.11	198.54
1967	1 794.2	419.36	132.44	286.92	439.84	269.84	169.90
1968	1 744.1	361.25	107.11	254.14	357.84	219.49	138.35
1969	1 962.2	526.76	171.10	355.66	525.86	319.16	206.70
1970	2 279.7	662.90	182.95	479.95	649.41	382.37	267.04
1971	2 456.9	744.73	119.36	625.37	732.17	435.67	296.50
1972	2 552.4	766.56	105.81	660.75	765.86	431.40	334.46
1973	2 756.2	809.67	119.86	689.81	808.78	449.33	359.45
1974	2 827.7	783.14	134.77	648.37	790.25	397.84	392.41
1975	3 039.5	815.61	96.63	718.98	820.88	409.40	411.40
1976	2 988.6	776.58	98.91	677.67	806.20	377.63	428.57

资料来源：中华人民共和国国家统计局数据（http://data.stats.gov.cn/search.htm?s=?）。

表2-2 “文革”期间教育事业费支出及其所占比例 （单位：亿元）

年份	国家财政总支出	教育事业费支出	所占比例/%
1966	537.65	34.43	6.40
1967	439.84	32.70	7.40
1968	357.84	27.50	7.68

续表

年份	国家财政总支出	教育事业费支出	所占比例/%
1969	525.86	27.04	5.14
1970	649.41	27.56	4.24
1971	732.17	33.00	4.51
1972	765.86	38.54	5.03
1973	808.78	42.07	5.20
1974	790.25	45.98	5.81
1975	820.88	48.26	5.88
1976	806.20	50.49	6.26
总计	7 234.74	407.57	5.63

资料来源：中国教育年鉴（1949—1981）［M］. 北京：中国大百科全书出版社，1984：84.

注：因年鉴中财政总支出的有关数字与国家统计局官网上的数字存在出入，笔者依据国家统计局的年度数据进行了修正。

4. 经济发展整体滞后

虽然“文革”时期经济有所发展，但结构不优、效益不高，使得经济发展难以有效满足人民群众和国家发展的需求。

从经济结构看。优先发展重工业或基础工业的战略，使得与国计民生休戚相关的轻工业、服务业发展缓慢。日用化学和机械电子工业品供给无法满足人民群众日益增长的需求，只能采取限制需求，即凭计划票证供应的方法来调节供需矛盾。由此，粮油等一切与老百姓相关的生活必需品供应，都需要按计划凭票定量供应。这使老百姓生活质量的改善异常缓慢。“文革”十年，第一产业、第二产业与第三产业之间的占比虽有所改变，但总体上没有根本改变工业占比小、服务业占比更小的状况。“文革”十年间，作为第一产业的农业在 GDP 中的比例，从最高的 42.4%（1968）下降到 32.5%（1975），一共下降了 9.9 个百分点；作为第二产业的工业和建筑业，工业在 GDP 中的比例则从最低的 28.3%（1968）上升到了 41.3%（1975），共上升了 13 个百分点，建筑业在 GDP 中所占的比例仅从 2.7%（1968）上升到 4.5%（1976），只上升了 1.8 个百分点；作为第三产业的交通运输、仓储和邮政业以及批发与零售业，前者只是从 4.1%

（1967、1968）上升为 5.0%（1976），上升了 0.9 个百分点，后者从最高的 7.8%（1968）下降为 4.5%（1976），不升反降了 3.3 个百分点。若与“文革”前的 1965 年比，第一产业、第二产业与第三产业的比重为 38.3∶35∶10.6，第一产业只下降了 5.9 个百分点，第二产业只上升了 10.5 个百分点，第三产业只上升了 1.3 个百分点①。

从生产效率来看。“文革”期间的人均 GDP 在 223 元到 329 元人民币之间徘徊。虽有所进步，并保持物价稳定，但当时社会劳动生产率低下，导致固定资产投资增长缓慢，人民生活难以根本改善，社会事业发展水平低。反映在教育领域，就是学校的办学条件差且长期无法根本改善，从而为“文革”结束后至 20 世纪八九十年代中国教育改革与发展，带来了巨大的挑战。

（三）违背规律的教育革命

备受极左思想的长期影响，“文革”时期的教育可谓“误入歧途”，发展严重受阻、结构不良、质量不高。依循整个时期教育变化的实况，大体上可分为三个阶段：

1. 停课“闹革命”

“文化大革命”一开始，学校就成了其主战场，学生则成为主力军。为了“斗垮走资本主义道路的当权派，批判资产阶级的反动学术权威”，各地高校学生走在运动的最前面。在造反派的策划与组织下，北京大学的“文化革命”如火如荼进行着，学校原来的领导均被打倒，许多著名学者成了造反派的批斗对象。清华大学等其他北京高校及全国各地其他著名高校的内斗之残酷，也与北大类似。全国许多知识分子，成了“文化大革命”的牺牲品。据不完全统计，仅教育部所属单位和 17 个省、市受诬陷、迫害的干部、教师就有 14.2 万人②。

高校的“文革”内乱，迅速传递到中小学。学生开始停课闹革命，并首先将矛头指向了校长和老师。1966 年 9 月 5 日，中共中央、国务院发出《关于组织外地高等学校革命师生、中等学校革命学生代表和革命教职工

---

① 国家统计局国民经济综合统计司. 新中国 60 年统计资料汇编（汉英对照）[M]. 北京：中国统计出版社，2009：10.

② 刘光. 新中国高等教育大事记（1949—1987）[M]. 长春：东北师范大学出版社，1990：321.

来北京参观无产阶级文化大革命运动的通知》。一场声势浩大的学校师生全国大串联运动就此展开。据统计，在1966年8月18日到1966年底，毛泽东先后8次在天安门检阅红卫兵，检阅人数超过1 100万人[①]。

停课闹革命虽然时间不长，但对教育的破坏作用则非常巨大。整个教育系统的正常工作秩序被彻底打乱，学校无法正常开展教育教学，教师无法施教，学生无心向学。高等学校招生不仅延期，而且停止；毕业生分配秩序被搅乱，留学工作也被迫中断。

2. 复课“闹革命”

停课“闹革命”不仅严重违背教育规律，而且也造成社会秩序的混乱不堪。为改变这种状况，1967年2月至3月，中共中央密集发出了《关于小学无产阶级文化大革命的通知（供讨论和试行用）》（2月4日）、《关于中学无产阶级文化大革命的意见（供讨论和试行用）》（2月19日）、《关于大专院校当前无产阶级文化大革命的规定（草案，共讨论和试行用）》（3月7日）等三个通知，要求大中小学生停止串联，返校参加“文化大革命”[②]。3月7日，《人民日报》还发表题为《中小学复课闹革命》的社论，指出“现在，是革命的师生回到学校去，为无产阶级占领中小学阵地的时候了”[③]。10月14日，中共中央又进一步发出了《关于大、中、小学复课闹革命的通知》，要求全国各地大学、中学、小学一律立即开学，执行毛主席关于斗私批修的指示。一切大中小学校一边进行教学，一边进行改革。

自此以后，全国各地的大、中、小学生开始回归校园，开展校内复课“闹革命”。复课后各级各类学校的“文化革命”虽战场转移，但主题未变。复的是毛泽东思想课，“闹革命”依然是中心工作，斗争也还是基本方式。相比停课“闹革命”时期，秩序得到基本恢复，至少中小学招生得以正常进行。

3. 探索“新教育”

1968年7月21日，毛泽东在《人民日报》关于《从上海机床厂看培养工程技术人员的道路》之编者按中加写了一段话（后被称为“七·二一

① 刘英杰. 中国教育大事典（1949—1990）（上）[M]. 杭州：浙江教育出版社，1993：273.

② 何东昌. 中华人民共和国重要教育文献 1949—1975 [M]. 海口：海南出版社，1998：1412-1413.

③ 人民日报社. 中小学复课闹革命 [N]. 人民日报，1967-03-07（1）.

指示”）。其主要意思是“大学还是要办的，我这里主要说的是理工科大学还要办，但学制要缩短，教育要革命，要无产阶级政治挂帅，走上海机床厂从工人中培养技术人员的道路。要从有实践经验的工人农民中选拔学生，到学校学几年以后，又回到生产实践中去”①。这是大学停止招生三年后，毛泽东对高等教育的一种构想，也是恢复大学招生及改变大学教育制度的一种尝试。此后，各地兴办了许多全日制、半工半读、业余制的“七二一大学”。

进入20世纪70年代以后，基于错误的“两个估计”②，我国教育革命主要围绕探索社会主义新教育而展开，希望通过大破大立达到“大治”。1971年8月13日中共中央批转的《全国教育工作会议纪要》（该文件在1979年3月19日被中共中央撤销）提出，要巩固工人阶级在教育阵地的领导权，建立工农兵、革命技术人员和原有教师相结合的革命教师队伍，要充分发挥工农兵学员上大学、管大学，用毛泽东思想改造大学的作用，教材要彻底改革等。在极左教育思想引领下，我国出现了一系列与“新教育”紧密关联的事件，如“马振扶事件”“一个小学生的日记”“白卷英雄”“朝农经验”等。

4. 恢复出国留学

“文革”十年的出国留学教育经历了中断和恢复两个阶段。

1966年“文化大革命”一开始，留学教育就受到严重冲击。1966年6月30日，国家原高等教育部就发出《关于推迟选拔、派遣留学生工作的通知》，明确指出：“经请示中央批准，今年选拔、派遣留学生的工作推迟半年进行。”③ 1967年1月，教育部、外交部联合向中国驻外使馆发出《关于国外留学生回国参加文化大革命运动的通知》，要求在外留学生除特殊情况外，都要回国参加“文化大革命”运动。从此，我国停止派遣留学生

① 人民日报社. 从上海机床厂看培养工程技术人员的道路［N］. 人民日报，1968-07-21（1）.

② 所谓“两个估计”，是江青反革命集团在1971年4月召开的全国教育工作会议后发表的《全国教育工作会议纪要》中抛出的：“文化大革命”前十七年，教育战线是资产阶级专了无产阶级的政，是“黑线专政”；知识分子的大多数世界观基本上是资产阶级的，是资产阶级知识分子。

③ 何东昌. 中华人民共和国重要教育文献 1949—1975［M］. 海口：海南出版社，1998：1403-1404.

的工作达6年之久。直到1972年12月，中国才逐步恢复派遣留学生出国留学工作。首批派出36名留学生，其中16名被派往英国学习英语，20名被派往法国学习法语①。

1974年8月27日，外交部、国务院科教组联合发出《关于试行〈出国留学生管理制度（草案）〉的通知》，附件中分别公布了《出国留学生守则（草案）》和《出国留学生管理制度（草案）》，提出了出国留学生必须遵守的8条行为守则和包括外事纪律、内部制度两个方面共14条管理规定，这使出国留学工作管理有章可循②。

纵观“文革”十年我国的教育，不难发现如下特点：

首先，各级各类教育规模与速度急剧波动。“文革”初期，由于高校停招、学校停办，中小学校正常办学秩序被打乱等，各级各类学校教育的发展都受到严重干扰，有的甚至是断崖式下滑。以高等学校为例，在错误的“搬、并、迁、散”方针指导下，全国共撤销了106所高校。至1971年，全国仅剩高校328所。搬迁造成高校师资严重流失。据记载，河北大学在搬迁中流失495人，占原有教职员工总数的44%③。1966年到1969年，全国高校全面停止招生，毕业生分配秩序被打乱，而仍然在校的学生，也都被卷入“文革”运动中，教育教学受到极大冲击。

再从中小学学校数看，“文革”期间小学总数下降，中学则呈暴增趋势。1965年，中学只有18 102所，而1966年中学暴增到55 010所，1970年达到104 954所，1976年发展到192 152所。职业学校则被当成刘少奇修正主义教育路线的黑典型而遭撤销，特殊学校教育虽然存在，但发展极为缓慢。

其次，教育领导体制与组织模式背离教育规律。为适应“文革”的政治需要，教育领导体制与组织模式进行了改革。在国家层面上，1964年刚恢复的高等教育部在1966年7月“文革”一开始就被合并到教育部，1970年6月教育部被撤销，另行成立国务院科教组，主管全国教育工作。同月

① 刘英杰. 中国教育大事典（1949—1990）（下）[M]. 杭州：浙江教育出版社，1993：1651.

② 何东昌. 中华人民共和国重要教育文献 1949—1975 [M]. 海口：海南出版社，1998：1500.

③ 河北省地方志编纂委员会. 河北省志·教育志（第76卷）[M]. 北京：中华书局，1995：290.

27日，中共中央批复《北京大学、清华大学关于招生（试点）的报告》，全国统一高考招生制度被取消。在地方层面上，与中央一致，各地也先后改革其教育领导体制。直到1975年1月，四届全国人大才决定恢复教育部，开始教育整顿工作。中央与地方的教育领导机构命运多舛，时有时无，因而教育领导方式及其运行机制也差别颇大。在学校内部管理层面上，从工管、军管、贫管到“文革”领导小组管理、革委会制，学校内部的领导体制形形色色、五花八门，难以真正按教育规律办学。尤其是学校的少先队、学生会等学生组织，被红小兵、红卫兵组织所取代；学校内部惯常的年级班组制被连排班制所代替，从而使“文革”时期的教育组织带有明显的“准军事化”色彩。

再次，教育教学内容政治意识形态化、简单实用化明显。1966年6月13日，中共中央、国务院批转教育部党组在《关于1966—1967年度中学〈政治〉、〈语文〉、〈历史〉教材处理意见的请示报告的通知》①，相关课程的教材被停止印刷和发行，用《毛泽东选集》取代，佐之以“文革”时期的革命作品。中学的历史课暂停开设，语文与政治合并开设。因中小学通用教材停用，各地纷纷自编教材，打上了深刻的时代烙印。1972年，北京、天津等地及筹建中的人民教育出版社协作编写了一套中小学教材，并在19个省推广，教材才初步回归以学科基础知识为核心的正确轨道。

最后，各级各类学校的质量保障机制缺失。由于害怕被扣上“智育第一”“白专道路”“修正主义教育路线的典型”等帽子，成为批判斗争的重点，各级各类学校的教育教学不被重视。缺少周密计划，缺乏科学评价，导致对学生学习要求低、毕业生质量差。“自愿报名、群众推荐、领导批准、学校复审”的免试入学办法，更使上大学与成绩不再紧密关联，也使学生失去了学习知识的内在动力。

综上可见，“文化大革命”期间特殊的政治、经济和教育背景，决定了同期学生资助的理念、能力及方式的选择，使其具有不同于以往的特点。

二、人民助学金制度艰难维持

“文革”时期的学生资助，直接受到极左思想路线的深刻影响，在大

① 何东昌. 中华人民共和国重要教育文献1949—1975［M］. 海口：海南出版社，1998：1401.

学和中小学均保持着“文革”前的一贯政策的延续，即实行人民助学金为主要形式的资助制度。但是，随着形势的变化，尤其是教育制度变革带来的新情况和新矛盾，学生资助也发生了一定程度的改变。这主要体现在取消高考招生制度后的工农兵学员实行“津贴”制度，通过勤工俭学、半工半读、学农学工、生产劳动等多种形式来减轻学生的经济负担，并且对家庭经济确实困难的学生给予不同等级的学费补助。

（一）高校资助的形式与变化

高等教育的本质特点与教育成本，决定了大学生资助制度在任何时候都是学生资助中的重中之重。

1. “文革”初期高校学生的人民助学金

“文革”开始后，高校正常的工作秩序被打乱，全体师生都投入“文化大革命”运动之中。1966 年 6 月 13 日，中共中央、国务院发出通知，“决定 1966 年高等学校招收新生的工作推迟半年进行”，新中国自 1952 年开始实行的招生考试办法同时废止。故而，从 1966 年到 1969 年，全国统一高考招生被停止达四年之久。

虽然招收新生的工作被停止，但是，由于“文革”前在 1963 至 1965 年先后入学的学生还在学校学习，并且 1966 年应该毕业的学生也有一部分尚未及时分配工作，因此在“文革”开始后，我国在校大学生 1966 年有 53.4 万人，1967 年有 40.9 万人，1968 年有 25.9 万人，1969 年有 10.9 万人，1970 年还有 4.8 万人。这些依然在校“复课闹革命”的学生还需要生活，故而，不论政治运动所导致的教育工作秩序如何混乱，学生资助工作一刻都不能停止，亦无法停止。

对于“文革”开始以后仍然在校学习的高等学校本专科在校生和研究生，依然按照“文革”前实施的人民助学金的发放办法发给相应数额的人民助学金。

2. 工农兵学员的“伙食费＋津贴”制度

1970 年，“文革”前期的混乱场面逐渐平息，恢复大学招生便成为当时社会日益关注的焦点之一。5 月 27 日，北大、清华联合提交《北京大学、清华大学招生（试点）具体意见（修改稿）》。在集中各大学意见的基础上，中共中央国务院形成了大学恢复办学的总体思路：大学恢复招生，但学制要缩短，招生录取方式要变革。要改革以往通行的高考招生办法，直接从工农兵中选拔、推荐优秀对象免试入学，即按照“自愿报名、群众推荐、领导审批、学校复审”的招生程序录取新生。据统计，全国共招收工农兵学员达94万人。

工农兵学员来源极其复杂，遍布各行各业。在这种情况下，国家调整了工农兵学员的人民助学金发放办法。工农兵学员的资助由“文革”前的比例资助（一部分人享受级别不等的人民助学金）转变为全面资助（所有工农兵学员均享受伙食费资助），并且资助方式也有了一些差异。

在1970年6月27日中共中央《关于北京大学、清华大学招生（试点）的请示报告的批示》的“附件二”中，明确规定学生待遇：“来自工厂的学生学习期间每人每月由学校发给19.5元的伙食费和津贴费，其中十年以上工龄的老工人工资由原单位照发，但要扣除学校发的19.5元；来自农村的学生由学校发给19.5元的伙食费和津贴费；解放军学生由部队负责供给，供给关系由原部队转到总后勤部，由学校统一领取；学生家庭生活困难者，仍由原单位根据具体情况适当予以解决。”①

根据1973年4月3日《国务院批转国务院科教组关于高等学校1973年招生工作的意见》，入学时满5年工龄和入1年左右进修班的国家职工，工资由原单位照发，学校不再发给伙食费和津贴费。其他学生（解放军学员除外）发伙食费与津贴费（北京地区每人每月平均标准为19.5元）。其中，伙食费（北京地区每人每月15.5元）普遍发放；津贴费用于学生在校期间学习和生活上的困难补助，分定期补助和临时补助两种，由学校根据学生家庭经济情况评定。对家庭经济条件较好的学生，可以不发放津贴费；学生家庭生活有困难的，仍由原单位给以适当补助②。

1956年全国各地的工资收入被划为十一类不同的工资区，因此，不同地区高等学校的工农兵学员，资助标准也有所差异。据河北农业大学校志记载：“1973年工农兵学员中在职职工由原单位照发工资，其他学员每人每月发14.5元伙食费，另发津贴每人每月4元（由学校统一掌握）。”③ 上海地区的华东化工学院（今华东理工大学）的学员，资助标准则与北京地

① 何东昌. 中华人民共和国重要教育文献 1949—1975 [M]. 海口：海南出版社，1998：1462.

② 何东昌. 中华人民共和国重要教育文献 1949—1975 [M]. 海口：海南出版社，1998：1497.

③ 张璞，苏润之. 河北农业大学校志（1902—1988）[M]. 北京：社会科学文献出版社，1992：415.

区相同，为 19.5 元（详见案例 2-2）；地处武汉的原华中师范学院（今华中师范大学）的学员资助标准为 17.5 元。据档案记载，该校 1977 年度享受人民助学金的工农兵学员，每生每月 13.5 元伙食费，另外有每生每月 3～5 元不等的津贴。各系有不同数额的学员享受职工带薪上学待遇，也有少数学员没有享受到津贴补助。

案例 2-2 华东理工大学工农兵学生资助情况①

1970 年 5 月 27 日，中央批转《北京大学、清华大学关于招生（试点）的请示报告》后，根据上级要求，我校也贯彻“自愿报名、群众推荐、领导批准和学校复审”相结合的招生办法，举办了化学肥料专业试点班，有来自本市各条战线的 36 名工人、7 名农民、3 名解放军，共 46 名学员于 1970 年 12 月 10 日报到开学。此谓 1966 年我校停止招生后的“首届工农兵学员（大学生）”。

这批学员入校后，大部分人享受 19.5 元的“生活费”（实际上就是“文革”前普通大学生的“人民助学金”，且标准亦相当）。另外，按规定个别入学前工龄超过 10 年的学员（如来自上海吴泾化工厂的朱鹤峰等），系“带薪学习”，即由原单位发给他们工资（无奖金）；5 年以上工龄的学员（如来自红旗化工厂的诸荣祺等），起先享受 19.5 元的“生活费”，但 1971 年 4 月国务院召开全国教育工作会议后，按规定也可以享受“带薪学习”待遇，即 19.5 元（生活费）以外的工资部分由原单位（工厂、国营农场、部队等）补足。

1972—1976 年间，我校连续招收 5 届工农兵学员共计 3 437 名（其中包括 218 名进修班学员），以及列入我校建制的四川分院（办学经费都由上海本部计划和下拨）招收的 4 届工农兵学员（1973—1976 年）共计 557 名，除工龄超过 5 年者（农村插队落户的务农年限不在其列），全部享受 19.5 元标准的“生活费”（伙食、津贴费）。

据四川分院 40 班赵开城校友回忆（1974 年 9 月入学），他们当时的伙食费是 15 元，零用钱（津贴）分几档，数额在 2～5 元不等；另外，家庭特别困难的学员，寒假可以申请一次性补助 10～20 元，外埠学员寒暑假凭学生证可享受半价车船票，个别的还可以补助一点。

① 陆宪良．我校人民助学金制度演变史［EB/OL］．http://dag.ecust.edu.cn/2018/0509/c6871a75720/page.htm.

3. 学工学农学军活动共同负担制度

“文革”期间的教育革命中，大学生参加三大革命运动、开门办学、教育与生产劳动相结合等一系列指导思想和具体政策，都要求学生或深入学校的校办工厂、农场，或到相关的工厂、农村或部队，参加学工、学农、学军以及野营、短期军政训练等活动。这就为大学生的学习生活带来了额外的经济负担。为了解决这些活动的后勤保障，必须形成一种合理的成本分担机制。在校内的校办工厂、农场或者校园开展的上述活动，学生的伙食费等自然在助学金范围内由个人解决，而外出的差旅、伙食费等超出部分，就必须由院校另外经费解决。短暂的尤其是有收益的生产劳动，则由接收单位解决。1974 年 7 月 11 日，中央军委转发《总参谋部、总政治部、总后勤部关于地方大专院校学生到部队学军问题的请示报告》，指出：“学生在学军中，根据任务所需的训练器材由部队提供，必须开支的训练经费由地方院校负担；旅差费和医疗费凭单据由地方院校报销；公杂费、水电费、烤火费等按部队战士标准由地方院校支付。师生的伙食费，按所在部队的战士标准，本人按陆军一类灶标准缴纳，差额部分，由地方院校解决。上述在部队垫支的经费，由接受单位直接与地方院校结算。粮食按军队标准，交足本人定量。差额部分，由部队列价购粮报销。学生在部队学军期间，不穿军服，个人服装由本人自理，专业所需用的工作服，由院校解决。有困难时，部队可予临时借用。”①

（二）中专（技校）的人民助学金制度

中等专业学校和技校是“文革”时期学生资助的重要领域。在高等教育仍然处在精英阶段之时，中等专业学校和技校所培养的人才在国家经济建设中的重要地位便不言而喻。基于此，国家在“文革”时期非常重视中等专业学校和技校的学生资助。

1. 毕业不离校的学生保留待遇

1967 年 5 月 14 日，中共中央、国务院、中央军委、中央“文革”小组发出通知，中等专业学校、技工学校、半工半读学校以及职业学校的 1966 年应届毕业生（1965 年毕业生尚未分配工作的包括在内），“根据自愿原则，现在即可按原有的分配办法分配工作”。“分配工作后，应到新单

---

① 何东昌. 中华人民共和国重要教育文献 1949—1975 [M]. 海口：海南出版社，1998：1524.

位参加文化大革命，并参加生产和工作；愿意留校参加文化大革命运动的，可以继续留校，原来享受的生活待遇，在分配工作之前，暂不变动。”①

2. 新型技校的学生资助办法探索

1969年8月7日的《人民日报》发表题为《搞好中等技术学校的教育革命》的调查报告。驻北京电力学校工人解放军毛泽东思想宣传队、北京电力学校革命委员会调查组，经过对北京、天津和唐山等地的调查，提出了“新型中等技校如何办”等一系列意见。其中关于学生资助问题，他们提出：“工厂来的学员，在学习期间待遇不变，由原单位负责（个别同志认为，青年工人在学习期间待遇应酌情减少，以利培养艰苦朴素的作风）；中技班从农民中选拔的学员，应由国家经费和学校办工厂的收入来解决他们的待遇问题；农电班学员的待遇，由大队负责，保留基本工分。困难者酌情补助。”②

3. 中专（技校）生的人民助学金制度

1973年7月3日，国务院批转国家计委、国务院科教组《关于中等专业学校、技工学校办学几个问题的意见》，指出中等专业学校、技工学校的学生入学时满5年工龄的国家职工，在校期间的工资由原单位照发；工龄未满5年的国家职工（包括徒工）、退伍回乡军人、民办小学教师等，由学校发给伙食费和津贴；应届初中毕业生入学，家庭经济困难的，可享受人民助学金③。

（三）普通中小学生资助制度

在教育革命的浪潮中，多渠道筹措经费，充分调动厂矿企业、事业单位和农村集体经济组织的办学积极性，成为“文革”时期解决基础教育发展的基本战略。在此期间，由于受国家经济发展水平和财政收入能力的限制，中小学收取一定学费，也就成为必然选择。与此同时，普通老百姓子

① 何东昌. 中华人民共和国重要教育文献1949—1975［M］. 海口：海南出版社，1998：1415.

② 何东昌. 中华人民共和国重要教育文献1949—1975［M］. 海口：海南出版社，1998：1415.

③ 何东昌. 中华人民共和国重要教育文献1949—1975［M］. 海口：海南出版社，1998：1502.

女多、收入低，95%以上处于贫困状态。因此，实施中小学学生人民助学金制度或学费减免政策，则是“文革”时期中小学学生资助制度一个重要特点。

1. 收取学费

“文革”时期，我国中小学并非免费义务教育。公办和民办“两条腿走路”的办学方针，使民办公助或民办中小学的经费来源主要由国家补助、集体负担、学费收入和勤工俭学收入等共同组成。因此，缴费入学是城乡通用的基础教育成本分担机制。

在“文革”十年中，基本上保持了学费总水平的整体稳定。但是，因各地经济发展和收入水平存在一定差异，故在中小学学费收取标准上，也略有差异。据一些亲历者回忆，一般而言，农村的小学低年级学生，每人每学期学杂费 0.8～1 元，高年级 1～1.5 元不等，初中生每人每学期学杂费 3.5～5 元，高中生学杂费 7.5～8.5 元不等。城市中小学的学费稍高，如上海小学生的学费 3 元，另外还收 3 元的书本费，初中则收取学费 6 元、书本费 6 元，一些厂矿企业则收取小学学费 2.5 元、初中学费 5 元。

根据江西省人民政府批转省物价局、教育厅、财政厅《关于恢复“文革”前全日制中小学学费收缴标准和整顿教育收费的请示报告》（赣府发 1984〔6〕号）中所提及，该省的中小学学杂费收取标准，在“文革”期间被省革委会文办教育组、省财政局作了较大调整，降低了 50%。依据文中提及的新收费标准，城市（不含县级市）高中、初中、小学每生每学期分别为 5 元、4 元、3 元，农村每生每月 4.5 元、3.5 元和 2.5 元的标准来推论，在“文革”期间，江西省的城市中小学收费分别为高中 2.5 元、初中 2 元和小学 1.5 元，农村为高中 2 元、初中 1.5 元和小学 1 元。相较而言，“文革”期间收取的学杂费算不上高，并且各地的学费政策一经确定，则可以多年保持不变。可是，这看似不多的几元钱，对当时大多数农村人来说，仍然很难拿出来。换言之，若无额外的资助来源，学生辍学就在所难免。

2. 设立助学金

1973 年 9 月 27 日至 10 月 25 日，国务院科教组、卫生部、财政部在北京召开座谈会，研究讨论教育、卫生财务管理问题。其间提出教育、卫生事业的发展，应当统筹安排，列入国家计划。发展民办教育，国家财政补助是主要的。国家财政对农村民办教师的补助，要适当安排。对少数民族地区和边境地区的一些特殊困难，要注意补助解决①。1974 年 1 月 17 日，国务院科教组、卫生部、财政部共同印发了这次座谈会纪要和三个财务管理制度。其中，《关于中小学财务管理若干问题的意见》规定，中学助学金，暂定城市每生每年 2 元，县镇和农村每生每年 3 元②。

3．贫困家庭学生减免学费

在“文革”十年间，我国人均 GDP（当时为 GNP）一直徘徊在 223～318 元人民币。在家庭经济收入有限和家庭受教育孩子较多的背景下，无论是城市还是农村，中小学都将面临许多因家庭困难交不起学费的学生。对于他们，各个学校依据自身财力，因校制宜地实施了学费减免政策。由于当时我国对统计工作重视不够，缺乏系统完备的统计资料，以致今日很难确切地了解我国中小学学生在“文革”时期各年度的减免学费的总量。但是，据一些在“文革”时期上过小学和中学的“50 后”“60 后”的口述回忆，以及如图 2-1、图 2-2 所反映的历史情形，贫困家庭学生学费减免在当时实乃常见的事实。

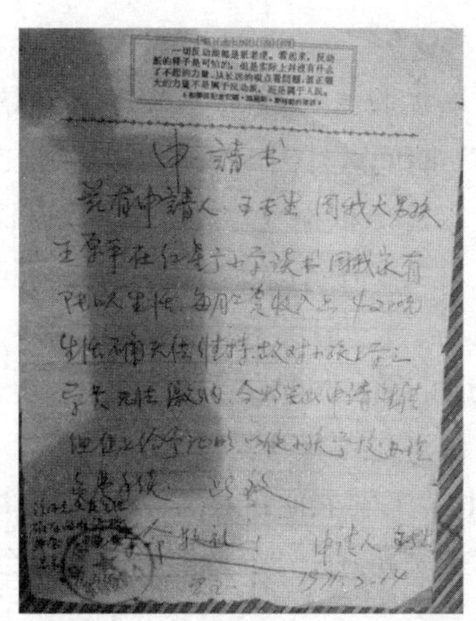

申請书

图 2-1　“文革”时期贫困家庭小学生家长关于申请免除学费的申请书（之一）

资料来源：人大经济论坛（https://bbs.pinggu.org/forum.php?mod=viewthread&tid=5899657&page=1）。

---

① 何东昌．中华人民共和国重要教育文献 1949—1975［M］．海口：海南出版社，1998：1401.

② 刘英杰．中国教育大事典（1949—1990）（上）［M］．杭州：浙江教育出版社，1993：102.

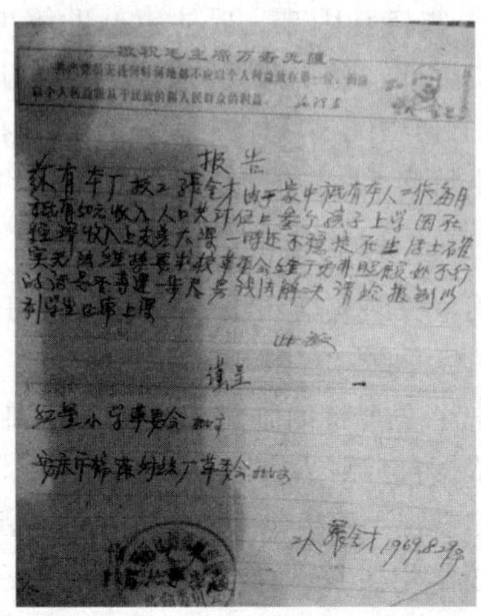

敬祝毛主席万寿无疆

报告

谨呈

图 2-2 “文革”时期贫困家庭小学生家长关于申请免除学费的申请书（之二）

资料来源：人大经济论坛（https://bbs.pinggu.org/forum.php? mod=viewthread&tid=5899657&page=1）。

4. 勤工俭学

勤工俭学，是学校增加收入、改善办学条件和培养学生劳动态度及能力的有效手段。“文革”期间，中小学坚持开展勤工俭学，为改进学校的学生资助，提供了很大支持。根据 1974 年 1 月 17 日国务院科教组、卫生部、财政部联合发布的《关于中小学财务管理若干问题的意见》，“为了巩固和发展校办工厂、农场，在办厂（场）初期，在一定时期内可给予减免税收的照顾。中小学校勤工俭学的收益（包括校办工厂的收入），按专项资金管理，不缴纳所得税，也不向财政上缴利润”，“其开支范围按以下原则掌握……2. 用于学生学工学农时的困难补助和解决学生的学习费用”①。由此可见，勤工俭学在扶贫济困、保障学生学习机会方面，发挥了极为重要的作用。

（四）留学生资助制度

资助我国公民出国留学与资助国际留学生来华留学，是我国学生资助体系的重要组成部分。相比于其他类型的教育，留学生的留学成本显得十分昂贵。这也是“文革”时期我国派遣留学生规模较少的主要缘故。

---

① 何东昌. 中华人民共和国重要教育文献 1949—1975［M］. 海口：海南出版社，1998：1500.

1972 年，由于外交工作的迫切需要，我国恢复了停顿长达 6 年之久的公费派遣出国留学生工作。12 月，“文革”期间首批出国留学生终于成行。人数很少，只有 36 名，拟分别准备派往英国、法国学习语言。1972 年至 1976 年间的出国留学总人数，也只有 1 629 人。其时派遣出国留学生的待遇，因目的国的经济发展水平差异而非常不同。因为我国经济发展水平低，且外汇匮乏，所以，尽管政府做了很大努力，包括置装费、旅费、学费和生活费都考虑得很周到，但相比于留学目的国的生活水平，留学生的生活依然相当窘迫。

表 2-3 1972—1976 国家公派出国留学人员人数统计表 （单位：人）

年份	派出国的留学生数	毕业回国的留学生数
1972	36	
1973	259	
1974	180	70
1975	245	186
1976	277	189
总计	997	445

资料来源：刘英杰. 中国教育大事典（1949—1990）（下）[M]. 杭州：浙江教育出版社，1993：1653.

三、“文革”时期学生资助的成效和教训

习近平总书记 2013 年 1 月 5 日在新进中央委员会委员、候补委员学习党的十八大精神研讨班的讲话中明确指出：“不能用改革开放后的历史时期否定改革开放前的历史时期，也不能用改革开放前的历史时期否定改革开放后的历史时期。”这一重要论述，为评价“文革”时期的学生资助，提供了科学的方法论指导。

（一）成效

“文革”时期的学生资助，是在国家历经劫难、经济发展受阻、民众极其困难、教育备受摧残的背景下实施的。经过党和政府以及全体人民的共同努力，此期学生资助工作，也取得了十分显著的成效，具体表现在以下四个方面：

1. 基本达成了学生资助鹄的

学生资助的初衷有三：一为济困，即帮助家庭经济困难学生度过学习

期间的生活难关，顺利完成学业；二为助学，即帮助学生树立远大志向，克服学习困难，高效完成学业；三是育人，即帮助学生养成良好人格，知恩图报，反哺社会，圆满完成学业。

“文革”时期，基本上继承了此前17年的人民助学金制度，并且在一定程度上还拓展了人民助学金的享受面，使工农兵学员由最初满10年到后来满5年工龄就可以领到职工助学金，保障了一些年龄偏大的工农兵学员不用为家庭生活负担所连累而影响自己在校学习；同时将普通助学金一分为二（伙食费＋津贴），并且还对特别困难的学员进行一次性的临时补助，更是将济困和助学之网结得十分牢固。虽然“文革”初期的高校停止招生，让数以十万计的青年失去升学梦，以及取消职业教育和民族地区的民族学生免费入学，都是“文革”摧残和损毁教育的不可遮掩的过错，但是，就资助的具体实施过程而言，它保障了评审过程的公正性、民主性和规范性，使资助的功能得以全面实现。

再从中小学和新型的中等专业学校（技校）的学生资助发展历程看，无论是鼓励多渠道筹资办学，形成政府与社会办学主体共同分担教育成本之机制，还是通过发展勤工俭学、降低学费水平以及对家庭困难学生减免学费，都是在当时经济不够发达、家庭经济负担较重情况下，降低学生辍学率、帮助多子女城乡贫困家庭的子女完成学业、实现个人发展的有效策略。尽管时代局限导致城乡家庭子弟没能接受合适而优质的教育，但是就保障入学机会而言，当时学生资助体系提供的助力功不可没（见表2-4）。

表2-4 “文革”十年全国各级各类学校在校学生数 （单位：万人）

年份	普通高等学校	普通中学	高中	初中	职业中学	普通小学	特殊教育学校	幼儿园
1965	67.4	933.8	130.8	803.0	443.3	11 620.9	2.3	171.3
1966	53.4	1 249.8	137.3	1 112.5		10 341.7		
1967	40.9	1 223.7	126.5	1 097.2		10 244.3		
1968	25.9	1 392.3	140.8	1 251.5		10 036.3		
1969	10.9	2 021.5	189.1	1 832.4		10 066.8		
1970	4.8	2 641.9	349.7	2 292.2		115 280.0		
1971	8.3	3 127.6	558.7	2 568.9		11 211.2		
1972	19.4	3 582.5	858.1	2 724.4		12 549.2		

续表

年份	普通高等学校	普通中学	高中	初中	职业中学	普通小学	特殊教育学校	幼儿园
1973	31.4	3 446.5	923.3	2 523.2		13 570.4	2.5	245.0
1974	43.0	3 650.3	1 002.7	2 647.6		14 481.4	2.6	263.8
1975	50.1	4 466.1	1 163.7	3 302.4		15 094.1	2.7	620.0
1976	56.5	5 836.5	1 483.6	4 352.9		15 005.5	2.9	1 395.5

资料来源：国家统计局国民经济综合统计司．新中国60年统计资料汇编（汉英对照）[M]．北京：中国统计出版社，2009：72.

2. 初步促进了城乡教育公平

出身于农村的毛泽东，以自己对工农群众深厚的阶级感情，在治国理政上始终将农民的知识化和农业农村现代化作为重点，将消除“三大差别”当作根本目标之一，这是任何政治家都不曾也难以做到的事情，实属难能可贵。没有毛泽东的教育革命理想，就没有成千上万的知识青年上山下乡，没有农村基础教育规模的迅速发展壮大，就没有农村文盲的大幅度减少和农村基础教育的普及与提高。长期以来，人们对“文革”时期的教育缺乏一个相对客观的评析。其实，正如杨东平所言，毛泽东在1958年和60年代两度发起的“教育革命”，包括许多复杂的层面，其中之一，是对教育公平原则的强调和坚持。他关注的重心始终是面向大多数人的教育和普及基础教育，尤其是农村教育①。如果换位思考一下“文革”时期的教育普及，就不难认识到：毛泽东一辈子都关注广大劳动人民子弟是否普遍享有受教育权，希望教育是一种向工农化教育而非离工农化教育。他批判旧的精英教育制度，认为其存在脱离无产阶级政治、脱离实际、脱离工农群众的问题，把建立民族的、科学的和大众的教育作为社会主义新教育的总目标。因此，他到晚年还希望：一方面，彻底废除唯分数论的全国统一高考制度，消除分数杠杠对基层劳动人民子弟的各种束缚；另一方面，通过缩短学制，下放教育管理权，采取多渠道筹资、多元化办学来迅速发展教育。所有这些，无疑让我国教育落后、文盲充斥的广大农村，不仅普及

① 杨东平．对建国以来我国教育公平的回顾与反思[J]．北京理工大学学报（社会科学版），2000（4）：68-71.

了小学教育，而且在经济发展较好的地方，还普及了中学教育。这就使得许多没有机会进入大学的农民子弟，有了独立自学和继续深造的基础，也由于中学教育的普及，不但满足了建设社会主义新农村的需要，也为“文革”结束后迅速实现工作重心的转移、推进改革开放和社会主义现代化建设，提供了稳定可靠的人力资源支撑。“文革”时期的学制改革，基础教育从12年缩短为9年，大学从4～5年缩短为2～3年，使得一个大学生可以至少提前3～4年完成学业，进入工作岗位。在劳动生产率较低的当时，不仅可以大力节约教育投资，减少学生资助的总负担，又可让青年人尽快投入国家建设，加快社会发展进程。难怪美国历史学家、汉学家、哈佛大学东亚研究中心创始人费正清（John King Fairbank）教授早有断言：不管毛泽东的声名毁誉如何，他的丰碑是建立在农村的！

3. 有效传导了“代际阻断效应”

习近平总书记谈到“三农”问题时曾反复强调：“要提高农民素质，培养造就新型农民队伍，把培养青年农民纳入国家实用人才培养计划，确保农业后继有人”；扶贫工作有三件事要做实：“一是发展生产要实事求是，二是要有基本公共保障，三是下一代要接受教育。”[①] 这就说明，扶贫先治愚，治愚先兴教。“文革”时期的学生资助，让广大农家子弟受到了最基础的教育哪怕仅仅是脱盲，就不仅可以有效地阻断社会分层处境不利学生的代际传递，而且有利于一个村庄、一个地区摆脱“马尔萨斯陷阱”，实现经济发展、社会进步与民族和谐。1998年诺贝尔经济学家得主阿玛蒂亚·森，在论述中国和印度的发展区别时，经常强调，“印度不如中国的地方，一个是没有很好的基础教育系统，另一个是没有基层医疗卫生系统”，“而中国这两大基础是在毛泽东时代打下的，否则这30年中国经济不可能有这么大的飞跃”[②]。

（二）教训

当然，“文革”时期的学生资助也存在很大不足，甚至可以说是足够引以为戒的深刻教训。其中最突出和值得记取的有如下两个方面：

---

① 习近平. 2013年11月3日在考察湖南湘西十八洞村时的讲话［EB/OL］. http://www.xinhuanet.com/politics/2014-12/23/c_1113741756.htm.

② 李宗陶，沈从乐. 裴宜理：破解“造反的密码”［J］. 南方人物周刊，2010(26)：70-75.

1. 普惠型学生资助很难持续

"文革"时期的学生资助，本质上是此前已经广泛实施的人民助学金制度的继续，它彻底体现出了公平优先的价值追求，是与高度集中的社会主义计划经济相配套的一种学生资助模式。然而，这种覆盖绝大多数、纵跨大、中、小学的人民助学金制度，因存在如下自身难以克服的先天缺陷而难以持续：

首先，普惠型学生资助无法满足所有人的受教育需求。国家投入教育的财力总是有限的，因而无论过去、现在或者将来一段时期内，就中国既有的经济发展水平而言，都难以保证所有适龄青少年和儿童可以获得全程免费进入各级各类学校去接受理想教育的机会。即便可以获得免费入学的机会，也因为每个人对教育的需求不同而难以获得令人满意的结果。20 世纪 80 年代中期我国高校学生资助方式的改弦易辙，从某种程度上讲，可以认为是普惠型学生资助难以为继的必然选择。

其次，普惠型学生资助难以达到预期的资助效率。"文革"时期的学生资助，虽然有来自政府的财政拨款，也有社会办学主体的自筹经费及学校勤工俭学收益，但由于普遍采取无偿资助方式，很容易被受助者视为"天上掉馅饼"式的社会福利。由是难以使资助产生"倍增式"的积极效应，即达到超过预期的育人效果。

最后，普惠型学生资助难以促进教育自身的健康发展。教育有其自身定律，有些是人力不可违背的。"文革"时期出现了一系列有悖教育常理的奇葩之举，如取消高考、单纯以群众推荐意见作为选拔大学新生之依据等。这直接导致了一些工农兵学员进入大学后听不懂课、做不了笔记。可见，"工农兵学员上大学，是我国高教之树上的一朵'另类之花'，它悖常理、常规而开放，其寿命注定是不会长久的。如今的它虽早已凋零，但它留给人们的思考却是不尽的"①。

2. "阶级"界限损害部分学生公平资助权

在坚持以阶级斗争为纲的极左思想指导下，人们有意或无意地将家庭成分当成评价学生是否具备资助资格的重要标准。这种唯成分论或单一政治挂帅的极左思想意识，让许多被"文革"政治运动错误定为不好成分家庭的子弟，丧失了平等享有学生资助的合法权利。这既有悖于以济困助学

① 李荣欣. 工农兵学员入北大 [J]. 文史月刊，2006 (8)：14-18.

为己任的学生资助初衷，又违背了以公平正义为追求的资助核心价值。

总之，就“文化大革命”而言，它不是也不可能是任何意义上的革命或社会进步，而是一场新中国成立以来使我们党、国家和人民遭受最严重损失的政治灾难。而就“文革”时期的学生资助而言，却是功大于过。其中某些方面，甚至可以为今天或未来的学生资助所镜鉴。

第三章　改革开放初期的学生资助（1977—1992）

1977年至1992年的十五年，是我国探索实施改革开放的起始阶段。这一历史阶段是对"文革"十年的政治、经济、文化、科技、教育等全面进行解放思想大讨论的转折期，也是后续全面深入推进改革开放的重要政治思想准备期。1978年提出"实践是检验真理的唯一标准"后，依循新时期党的政治思想路线，我国政府相继在财政体制、教育体制方面进行了全面而系统的改革，受政治、经济与教育等改革影响较大的学生资助政策及制度，在高等教育、职业教育、基础教育、留学生资助和社会资助等方面也随之不断地发展演进。

一、改革开放初期的政治、经济与教育

学生资助政策的方向、对象、规模，不是孤立的存在，而是特定历史阶段政治、经济、教育影响下的历史产物。改革开放之初的中国，必须经历一个对"文革"十年的政治、经济、教育等方面拨乱反正、正本清源、凝神聚力的社会变化过程，以便为各级各类学校学生资助政策工作的科学、合理、有效开展，做好思想启蒙、组织准备和制度设计。

（一）政治思想领域的拨乱反正

"文化大革命"结束后，由于受到"两个凡是"错误方针的影响，党和国家的各项工作思路、政策、路线都在徘徊中前进。在此背景下，1978年5月11日，《光明日报》发表的《实践是检验真理的唯一标准》一文，引发了全国范围的真理标准问题的讨论。正是这场思想意识的辨析与论争，使得长期以来禁锢人们思想的僵局开始出现松动。1978年12月18日至22日中国共产党召开的十一届三中全会，最终实现了对"两个凡是"方针的彻底否定，以邓小平为核心的党中央领导集体，重新确立"解放思想、实事求是"的指导思想，实现了政治思想路线的"拨乱反正"。这场真理问题的讨论及政治思想领域的拨乱反正，不仅蕴含了对知识、科技、教育、人才的价值与作用的全新论断与深入阐释，也对人们应该如何看待

知识、发展教育、培养人才，逐渐形成了基本共识。

1. 尊重知识，尊重人才

“文革”期间，林彪、江青反革命集团肆意曲解毛泽东关于政治业务、“红”与“专”关系的论述，把两者形而上学地对立起来，甚至把钻研业务和科学文化知识的人批判为“唯生产力论”“白专道路”“智育第一”，造成了严重的学习荒废、“知识无用”、人才匮乏、科技发展停滞以及教师地位低下等一系列问题。针对这种情况，1977 年 5 月 24 日，邓小平与中央两位同志谈话时指出：“我们要实现现代化，关键是科学技术要能上去。发展科学技术，不抓教育不行。靠空讲不能实现现代化，必须有知识，有人才。”① 为此，他在《尊重知识，尊重人才》这篇谈话中奠定了教育战略地位的理论基础，为当时教育、科技战线的拨乱反正指明方向，开始扭转党内长期存在的轻视教育、知识和知识分子的不正常现象，使“尊重知识，尊重人才”逐渐成为全党的共识。从此，“尊重知识”“尊重人才”，以及重申“知识分子是工人阶级的一部分”，成了新时期表述党的知识分子政策的代表性口号。作为知识分子的一部分，人民教师的政治地位与社会地位的提高，也成为党和国家尊重知识、重视教育的重要表现。1980 年 5 月 5 日，《人民日报》发表社论《全社会都要尊师爱生》，提出“尊师爱生是社会主义社会应有的公德，我们党历史历来就是这样主张的”，“在整个社会造成尊师爱生的风气，才能办好我们的教育，培养一代又一代的社会主义新人”②。由此社论可以看出，党和政府转变了教师的阶级定位，重视并提高教师的政治和社会地位。

2. 重视教育的战略地位

在现代化进程中，知识、人才的价值毋庸置疑，而传播科学文化知识、培养社会所需人才自然就成为改革开放初期迫不及待的重要政治任务。在我国四个现代化建设进程中，逐步确定了“科学是关键，教育是基础”的时代主题。针对国际上许多国家把教育看成生产部门，把教育投资视为生产投资的观点，我国展开了一场空前的有关教育本质问题的讨论。这场讨论不仅深化了人们对教育在社会主义现代化建设中重要地位的认知，也进一步明确了教育对发展社会生产力的巨大功用。与此同时，对后

① 邓小平年谱（1975—1997）上册［M］. 北京：中央文献出版社，2004：160.

② 全社会都要尊师爱生［N］. 人民日报，1980-05-05（1）.

来明确教育在经济社会发展中的战略地位，也做了很好的舆论准备。事实上，1978 年 4 月 22 日至 5 月 16 日全国教育工作会议召开，邓小平同志就对教育的重要性和如何培养社会主义的人才进行了以下四个方面的论述：①“提高教育质量，提高科学文化的教学水平，更好地为社会主义建设服务”；②“要大力加强学校革命秩序和革命纪律，造就具有社会主义觉悟的一代新人，促进整个社会风气的革命化”；③“要引导教育事业必须同国民经济发展的要求相适应”；④“要尊重教师的劳动，提高教师的质量”①。1982 年 9 月召开的党的第十二次全国代表大会，第一次在党的历史上把教育提高到全党战略重点之一的地位，确立了教育在党和国家的重要政治地位，从而为社会主义现代化建设所需人才的培养奠定了基础。

综上可知，党和国家在尊重知识、尊重人才的思想指引下，不仅重新审视了作为传播知识、培养人才的教育本质及其地位，更是强调了要调动一切力量办好学校、办好教育，在全社会树立起尊重知识、尊重人才的风气，勇于创新，敢于试验，加快教育改革的步伐，力求通过各行各业所需人才的培养，助推社会主义现代化目标的实现。

（二）经济财政体制的改革进步

改革开放之初的十余年间，我国以经济建设为中心的工作开展，始终伴随着对经济体制改革的目标、方向的持续探索，经济体制改革工作重心的调整，以及相应的分配收入制度变革。与此同时，以平衡中央与地方财政关系、发挥两个方面的积极性为主线索的财政体制改革，也在渐进式地分步展开：从 1977 至 1979 年试点财政包干制，到 1980 至 1984 年实行“分灶吃饭”财政体制，再到 1985 至 1993 年确立“分级包干”财政体制。在上述经济体制、财政体制的改革探索过程中，我国城乡居民收入在持续增长中形成差距变化，国家的教育经费投入、城乡居民收入的教育支出与负担，也相应发生着显著改变。

1. 经济体制改革推进居民收入增长

1978 至 1992 年的十五年，我国的经济发展逐渐得以复苏，并呈现快速增长之势，取得了年均 15.5%的高速增长率，经济总量由 1978 年的 3 645 亿元增长到了 1992 年的 26 924 亿元，人均 GDP 也由 1978 年的 381 元增长到 1992 年的 2 311 元。与此同时，我国人民群众的生活水平也有了

① 邓小平. 在全国教育工作会议上的讲话［N］. 人民日报，1978-04-22（1）.

大幅提高，其中城镇居民人均可支配收入由 1978 年的 343 元增加到 1992 年的 799 元，年均增长 13.64%；农村居民人均纯收入由 1978 年的 134 元增加到 1992 年的 358 元，年均增长 13.59%（见表 3-1）。

表 3-1 1978—1992 年我国经济发展与城乡居民收入变化情况

年份	国内生产总值/亿元	人均GDP/元	城镇居民可支配收入		农村居民人均纯收入		城乡实际收入之差（比）	基尼系数
			实际收入/元	年增长率/%	实际收入/元	年增长率/%		
1978	3 645	381	343		134		209（2.6）	0.161
1979	4 063	419	400	17.9	157	19.9	243（2.5）	0.163
1980	4 546	463	436	17.9	180	19.4	256（2.4）	0.164
1981	4 892	492	439	4.8	205	16.8	234（2.1）	0.288
1982	5 323	528	463	7.0	244	20.9	219（1.9）	0.249
1983	5 963	583	483	5.5	277	14.7	206（1.7）	0.264
1984	7 208	695	543	15.5	308	14.7	235（1.8）	0.297
1985	9 016	858	564	13.3	321	11.9	244（1.8）	0.266
1986	10 275	953	579	21.9	322	6.6	257（1.8）	0.297
1987	12 059	1 112	588	11.2	331	9.2	257（1.8）	0.305
1988	15 043	1 366	593	17.8	332	17.8	262（1.8）	0.383
1989	16 992	1 519	627	16.4	307	10.4	320（2.0）	0.349
1990	18 668	1 644	680	9.9	335	14.1	344（2.0）	0.343
1991	21 782	1 893	728	12.6	338	3.3	390（2.2）	0.324
1992	26 924	2 311	799	19.2	358	10.6	441（2.2）	0.376

资料来源：中国统计年鉴（2007）[M]．北京：中国统计出版社，2007；中国统计年鉴（2013）[M]．北京：中国统计出版社，2013.

伴随我国人均 GDP 的快速增长，我国城乡居民收入差距呈现出先缩小再扩大的变动趋势：

（1）1978—1985 年的 8 年间，农村居民收入增长率大大高于城市，城乡实际收入比由 1978 年的 2.6∶1 变为 1985 年的 1.8∶1。这是因为我国改革最早从农村开始，实施的家庭联产承包责任制极大提高了农民的生产积极性，农业生产快速发展，农村居民收入有所增加。而这一时期，城镇生产经营活动仍采用计划经济时期的做法，城镇居民收入增速低于农村，城乡收入差距开始缩小。

（2）1986—1992 年的 7 年，城市居民收入增长率大大高于农村，城乡收入之比逐渐扩大，城乡实际收入比由 1978 年的 1.8∶1 变为 1992 年的 2.2∶1。这是由于我国经济体制改革从 1985 开始将重心转移到城市，尤其是国有企业改革等极大地冲击了计划经济时代的分配制度，调动了城镇职工的生产热情与积极性，城镇居民收入差距开始拉大。此外，1978—1992 年，我国基尼系数演变也呈现波动上升趋势，即 1978—1980 年平均基尼系数为 0.16，1981—1986 年平均基尼系数为 0.25，1987—1992 年平均基尼系数为 0.35，这说明我国人均收入差距开始逐渐增大。总之，改革开放之初我国城乡居民人均收入不断增长，由于非均衡经济体制改革，城乡居民收入差距逐渐发生变化。这种变化给城乡居民家庭教育支出带来了重要影响，尤其是对农村低收入居民家庭教育支出提出了挑战。

2. 财政体制改革拓宽教育筹资渠道

1980 年 2 月，国家实行的是中央与地方财政分权、“划分收支、分级包干”的办法，即人们常说的“分灶吃饭”财政体制。与之相适应的教育经费投入体制变革也具有以下两个阶段性特征：

（1）“两条腿走路”的教育经费投入体制（1980—1984 年）。1980 年 4 月 3 日，教育部下发了《关于实行新财政体制后教育经费安排问题的建议》，提出对教育经费实行中央和地方两级财政拨款（俗称“两条腿走路”），各省、市、自治区负责所属的高校及中小学的经费，中央则负责中央各部委所属的高校和中等专科学校经费，义务教育阶段的经费主要由地方负责和管理。中央和地方“划分收支”的财政体制的实行，确定由各级地方政府各自负担所属区域内的学校教育经费。然而，在这一体制影响下，我国区域、城乡、校际之间教育经费投入和教育机会获得存在巨大差距，特别是在一些财力比较薄弱、教育投入水平较低的省、市、自治区，各级各类学校办学条件差、经费普遍短缺，教师工资低、学生失学率高等问题尤为突出，高等教育和有质量的基础教育机会严重不足。譬如，1978 年全国预算内教育经费 76.2 亿元，普通小学、中学的生均事业费分别只有 17 元和 40 元，高等教育毛入学率只有 1.6%①。

---

① 数据均直接或间接来自国家统计局、教育部、财政部出版或公布的《中国教育经费基本数据分析 1978—1990》，历年《中国教育统计年鉴》《中国教育经费统计年鉴》《全国教育经费执行情况统计公告》《中国统计年鉴》，以及国家统计局、教育部、财政部等部委官方网站公布的资料。

（2）“多条腿走路”的筹资体制（1985—1992 年），即以政府财政拨款为主，“财、税、费、产、社、基”等多种渠道筹资的教育经费投入体制。在这一阶段，我国各级政府出台了一系列增加教育经费的改革举措。譬如，为了增加农村普及小学教育的经费来源，国务院于 1984 年 12 月 13 日发出《关于筹措农村学校办学经费的通知》，规定在农村征收教育事业费附加，征收的对象是农民收入与乡镇企业收入。1985 年 5 月 27 日，中共中央发布《关于教育体制改革的决定》，将教育费附加扩展到城市，在产品税、增值税和营业税的纳税额基础上计征，征收率为 3%。除通过征收扩展政府投入之外，国家还进一步扩展学杂费收入，将其作为义务教育学校除国家财政拨款之外的最为重要而稳定的经费来源。此外，在普及义务教育过程中，教育集资作为改善办学条件的主要方式，也受到了政府的鼓励和提倡。据原国家教委 1992 年的公告，1981 年至 1991 年，改善中小学办学条件投入经费共 1 066 亿元，其中国家财政拨款 357.5 亿元，社会集资、捐资 708.5 亿元，集资、捐资占 66%①。政府通过建立和完善学杂费制度、教育费附加制度和非政府教育投入“四个增长”“两个比例提高”制度，形成了比较合理的政府、社会和家庭共同分担的多种渠道教育投入体制，为教育事业的稳步发展提供了更多的经费支持，但从教育发展总体需求来看，我国的教育经费总量供给仍然不足。

（三）学校教育事业的恢复发展

改革开放初期，我国教育体制发生重大改变，促进学校教育事业的迅速恢复与发展。其主要表现为：一方面是 1977 年恢复已经中断了十年的高等学校统一考试招生制度，促使学校教育逐渐走向正常发展的轨道；另一方面是建设重点学校，在牵引教育质量提升的同时也带来了优秀人才培养数量的快速增长。

1. 恢复高考制度引领高等教育走上正轨

在邓小平同志的直接关心和领导下，1977 年 10 月 12 日，国务院转批教育部《关于 1977 年高等学校招生工作的意见》，规定了高等学校新的招生政策，即废除推荐制度，恢复文化考试，择优录取。这一年，中国关闭

① 国家教委关于多渠道筹措教育经费改善办学条件的公告［DB/OL］. http://www. chinalawedu. com/news/1200/22598/22625/22807/2006/4/zh878881325112460028172-0. htm.

了11年的高考考场再次打开大门，全国共有570万名考生从山村、渔乡、牧场、工厂、矿山、营房、课堂、军营和机关奔向考场，共计招收27.3万人①。1978年，高等学校招生更是取消了对于应届毕业生比例的限定，采用“分段择优录取”的办法，春、秋两季，各开一科，从610万名考生中录取了40.2万人。高等学校招生统一考试制度的恢复，一方面再次实现了“小学—中学—大学”一体化的高级人才培养模式的回归，为社会各个阶层、各个职业的广大青少年接受高等教育提供了机会与通道。据统计，在1978—1992年的十五年间，每年接受高等教育的本专科人数从最初的40.1万，增长到1992年的75.41万，增长到1.88倍，研究生招生人数也从1.070 8万，增长到3.343 9万②。另一方面，也为高等院校自身科学、合理而有序的发展提供了科学制度上的保证。“文革”期间遭到撤销、停办、合并的高等院校陆续得到恢复、调整与重建，据统计，1978—1985年，我国普通高校数获得了快速的增长，由598所增加到1 016所，增加了418所，增加0.7倍，之后保持稳定发展态势，到1992年普通高校的数量为 1 053所③。总之，高考制度的恢复，实现了基础教育与高等教育人才培养体系的有效衔接，彰显高等院校的高级人才培养功能不仅预示着高等教育开始走上快速发展的轨道，也需要高等教育经费投入的增量跟进。

2. 建设重点学校促进知识人才快速成长

1977年5月，邓小平同志提出“要办重点小学、重点中学、重点大学。要经过严格考试，把最优秀的人才集中在重点中学和大学”④。在此思想指引下，国家陆续出台了一系列相关的重要政策文件，譬如，《关于办好一批重点中小学试行方案》（1978）、《关于恢复和办好全国重点高等学校的报告的通知》（1978）、《关于分期分批办好重点中学的决定》（1980）等。这些重点建设学校教育政策一再强调集中力量办好一批条件较好的重点中小学，教育经费投入增量，在统筹安排下，要保证重点学校的需要。在重点中小学建设方面，1978年1月11日，国务院转发《关于办好一批

① 关于1977年高等学校招生工作的意见［N］. 中国档案报，2014-10-16（4）.

② 数据来源于1978—1992年度的《中国教育统计年鉴》。

③ 数据来源于国家统计局网站（http://data.stats.gov.cn）。

④ 邓小平. 尊重知识，尊重人才（1977-05-24）［M］//中共中央文献编辑委员会. 邓小平文选（1975—1982）. 北京：人民出版社，1983：97.

重点中小学试行方案》提出："建构中小学'小金字塔'结构，重点高中及完全中学、重点初中和重点小学分别达到 6 000 所、12 000 所和 50 000 多所，形成国家级、部委级、省市级、地市级、县市区级的重点学校系列，几乎所有中小学，都设有重点班级和重点对象，形成'层层重点'的格局。"① 在重点高等院校建设方面，1978 年 2 月 17 日，国务院转发教育部《关于恢复和办好全国重点高等学校的报告的通知》，明确重点支持建设北京大学、清华大学等 88 所重点高等学校，所占当时全国高校总数的 23%，这些高校也成为后续"211""985"重点建设高校的中坚力量。毋庸置疑，上述纳入重点建设的学校，其在优先发展、经费倾斜、基础设施、师资配备等方面，都受到了政策照顾，得到了快速发展。较之于重点学校的重点投入，区域内其他大部分的普通中小学、高校的教育经费投入相对不足，导致区域内校际的基础设施、办学经费、师资配备等方面存在较大困难。尤其是在我国经济发展水平较低、区位处于劣势、优质教育资源缺乏的中西部地区，这一点在这些地域的城乡各级各类学校表现得尤为明显。加之接受普通学校教育的广大青少年学生自身家庭收入条件的影响，而时时发生各级各类学校学生辍学、退学的现象。

二、变轨对接的学生资助制度

改革开放之后，伴随教育管理权限逐步从中央下放到地方，我国的教育财政体制也随之从政府"统收统支"转向"分级包干"，再到多种渠道筹资的财政体制。在此时代背景下，我国高等教育、职业教育、基础教育的学生资助制度，也逐渐从人民助学金发展到奖学金与助学金并存、再到奖学金与贷学金并行的格局。与此同时，这一时期的公派留学资助和社会资助，也在探索中逐步走向成熟。

（一）高等教育的学生资助

改革开放之初，高等教育逐步得到恢复、调整与发展，并被视为经济社会发展所需高级人才的重要通道。依据这一历史时期的高等教育发展目标、学生工资地区来源及其生活学习状态，我国高教的学生资助也逐渐从

① 张健. 中国教育年鉴（1949—1981）［M］. 北京：中国大百科全书出版社，1984：169.

人民助学金为主转向奖学金和助学金并存，再到奖学金和贷学金并存的三个时期。

1. 人民助学金时期（1977—1983）

这一时期，高等教育资助依然延续了新中国成立以来的人民助学金制度，即高校不收取学生的学杂费、住宿费，国家定期发放人民助学金。但是，对于不同类别、不同地区的高校大学生、研究生的人民助学金发放标准和要求，有着相对明确的规定，部分规定也在后续的政策意见中进行了适当调整。

1977 年 12 月 17 日，教育部、财政部根据国务院批转教育部《关于 1977 年高等学校招生工作的意见》的要求，又印发了《普通高等学校、中等学校和技工学校学生实行人民助学金制度的办法》。后者规定："研究生、高等师范、体育和民族学院学生，以及中等师范、护士、助产、艺术、体育和采煤等专业学生一律享受人民助学金，享受比例按 100％计算。其他高等院校、中等专业学校和技工学校的学生，其助学金的享受比例按 75％计算。"[①] 显然，该文件制定的人民助学金制度，基本遵循了"文革"前的思路，即通过人民助学金的发放，国家几乎承担了高校大学生的全部教育费用。导致这一现象的主要原因，在于当时国家教育财政体制尚未进行"两级财政、分级包干"的体制改革，依然实行的是中央政府"统收统支"体制。当然，对于不同工资地区的高校大学生、研究生人民助学金标准也有所不同。以 1977 年各工资地区的统计数据（见表 3-2）为例，高等学校研究生从第 3 类工资地区到第 11 类工资地区的助学金标准，依次从 36 元逐步增加到 44 元，相邻工资地区的助学金的差别均为 1 元。在高等学校一般学生的助学金方面，从第 3 类工资地区到第 7 类工资地区，依次从 18 元逐渐递增到 20 元，相邻工资地区差额为 0.5 元；而从第 7 类工资地区到第 11 类工资地区，则从 20 元逐渐递增到 24 元，相邻工资地区差额为 1 元。高校研究生和一般学生的伙食费，则从第 3 类工资地区的 14 元逐渐递增到第 7 类工资地区的 16 元，从第 7 类工资地区到第 11 类工资地区则是从 16 元逐渐递增到 20 元。

① 张健. 关于普通高等学校、中等专业学校和技工学校学生实行人民助学金制度的办法（教育部、财政部 1977 年 12 月 17 日印发）［M］//中国教育年鉴（1949—1981）. 北京：中国大百科全书出版社，1984.

表 3-2 1977 年各工资地区普通高等学校学生人民助学金 （单位：元）

助学金标准 \ 工资地区类别	3	4	5	6	7	8	9	10	11
高等学校研究生	36	37	38	39	40	41	42	43	44
高等学校学生	18	18.5	19	19.5	20	21	22	23	24
其中：伙食费	14	14.5	15	15.5	16	17	18	19	20

资料来源：关于高等学校学生人民助学金、人民奖学金的问题解答 [J]. 财政，1983（9）：48-49.

除了上述规定外，该文件还规定，国家职工被录取为研究生和满 5 年工龄的国家职工进入普通高等学校、中等专业学校或技工学校学习的学生，在校学习期间，工资由原单位照发，一切费用自理，不实行人民助学金制度。国家职工被录取为研究生后，如原工资低于研究生人民助学金标准时，经原工作单位证明，可按人民助学金标准，由学校补发其差额。应届大学毕业生中工龄不满 5 年的国家职工，在校期间不由原单位发给工资（由学校发给生活费或人民助学金）的毕业生被录取研究生后，仍实行人民助学金。

对于国家职工考入高校，一般学生的助学金的规定，教育部等部门又在后续的相关规定和通知中作了一些修订。譬如，1979 年 8 月 4 日，教育部、财政部、国家劳动总局颁发实行职工助学金的规定，进一步指出：连续工龄满 5 年的国家职工考入高校后，将一律实行职工助学金制度，不再享受原工资和原单位其他待遇；一般学生实行人民助学金制度，除高等师范、体育、民族学生全部享受人民助学金外，其他学生的人民助学金享受面按 75%计算。1981 年 12 月 10 日，教育部提出，自 1982 年 1 月 1 日起，国家职工被录取为研究生后，不再享受原单位发放的工资待遇，一律实行人民助学金制度。

2. 助学金奖学金共存时期（1983—1986）

1983 年 5 月 7 日到 19 日，在武汉召开的全国高等教育工作会议中，教育部讨论并初步拟定了扩大地方、部门和学校的管理权限，以及试行人民奖学金制度等 5 个条例（草稿）。这标志着我国学生资助开始从单一的人民助学金制度转向人民助学金和人民奖学金并存的制度格局。之所以作出这样的变革转向，其主要原因有二。一方面，改革开放以来人民群众生活水平不断提高，负担教育费用的能力也相应有所提高。1982 年每一位农民平均收入为 270 元，比 1978 年的 134 元增加了 136 元，扣除不可比的因素，平均每年增长 17.8%；1982 年职工家庭平均每人每年可用于生活费的收入，扣除物价上涨因素，比 1978 年实际增长 38.3%，平均每年增长 8.4%。另一方面，1977 年制定实施办法时所依据的现实情况已经发生变化，且原来的办法本身也存在一些不足，如国家包揽太多、评定奖学金的标准太死、助学金的发放没有同学生在校表现挂钩等。因此，原来的人民助学金实施办法需要加以改革，故先实行人民助学金和人民奖学金并存的办法，再过渡到以人民奖学金为主、以人民助学金为辅的制度①。综上可知，如何有效地实现人民助学金向人民助学金和人民奖学金共存转变，如何有效且有针对性地让人民奖学金资助和激励品学兼优的贫困学生，是 20 世纪 80 年代我国教育体制改革的重要内容之一。

1983 年 7 月 11 日，教育部、财政部对 1977 年制定的人民助学金制度实行了初步改革，即继续实行人民助学金制度的同时，增加人民奖学金制度，颁发了《普通高等学校、专科学校人民助学金暂行办法》和《普通高等学校本、专科学生人民奖学金试行办法》。新制定的《普通高等学校、专科学校人民助学金暂行办法》具有以下特点：一是将资助形式分为职工学生人民助学金和一般学生人民助学金两种。凡连续工龄满 5 年以上的国家职工被录取到高等学校后，全部享受职工学生人民助学金；连续工龄不满 5 年的国家职工和应届高中毕业生及其他社会青年被录取到高等学校后，生活困难而又符合条件的，也可以申请享受一般学生人民助学金。二是缩减了原有人民助学金的资助比例。除高等师范、体育（含体育专业）和民族学院的学生仍按 100%享受人民助学金，煤炭、矿业、地质、石油院校（含单设专业）按学生人数的 80%享受人民助学金外，其他各类院校发放人民助学金的比例由 75%降至 60%。三是对部分专业的学生发放伙食补助。对于高等学校中的体育、航海、舞蹈、戏曲、管乐专业，水产院校中的海洋捕捞、轮机业和刑警院校的学生，不论是否享受人民助学金，加发 40%以内的专业伙食补助，由学校集中掌握并保证用于这些专业学生的伙食之中。

由于我国不同区域经济发展水平和学校学生规模存在较大差距，对于

① 关于高等学校学生人民助学金、人民奖学金的问题解答［J］．财政，1983（9）：48-49．

人民助学金和奖学金的具体分等和每个等级的资助标准等实施细则，各地规定也有不同。从北京市的人民助学金规定的内容来看，也具有六类工资区的特点。如案例 3-1 所示。

案例 3-1 北京地区（六类工资区）的人民助学金①

凡工龄满五年不满七年的职工学生人民助学金为每人每月 35 元；工龄满七年以上的职工学生人民助学金为每人每月 40 元。另外，为解决享受职工学生人民助学金学生本人在校学习期间的特殊困难，另按每人每月 4 元的标准编列“特殊困难补助费”预算，由学校集中掌握使用。北京地区（六类工资区）一般学生人民助学金全额标准每人每月为 22 元。其中，用于生活补助费 20 元，困难补助费 2 元。少数民族学生每人每月另加 4 元（服装补助费和困难补助费各 2 元）。困难补助费 2 元和少数民族学生另加的 4 元款额，均由学校集中掌握，用于学生的特殊困难。

除以上形式外，人民助学金还包括给学生的奖学金、出国留学生生活费、由培训机构提供的学员助学金、少年运动伙食补助费和生活费补贴按照协定由中国方面负担的来华留学生生活费等。人民助学金的具体实施细则由各省、市、自治区的高教（教育）和财政厅（局）根据具体情况拟订、颁布和实施。

在人民奖学金的评选条件和覆盖范围方面，1983 年 7 月 11 日发布的《普通高等学校本、专科学生人民奖学金试行办法》，对参评人民奖学金的条件和奖学金的覆盖面作了相关规定：“高等学校学生连续学习时间满一年以上，热爱社会主义祖国，拥护中国共产党的领导，立志为社会主义事业服务，认真执行大学生守则，勤奋学习，刻苦钻研，学习成绩优秀，积极参加文娱体育活动的学生，可以评发人民奖学金。在近一两年内，评发人民奖学金暂按学生总人数的 10%～15%范围内掌握；每生享受奖学金的最高金额每年以不超过 150 元为宜。具体分等和每个等级的奖学金标准，由各省、市、自治区高教（教育）、财政厅（局）确定。”② 在此思想指导下，我国各省、市、自治区也分别依据自身经济发展水平和学校、学生实际情况，及时制定了关于人民助学金和奖学金的具体分等与每个等级的资

① 陆宪良．我校人民助学金制度“演变史”［DB/OL］．http://dag.ecust.edu.cn/2018/0509/c6871a75720/page.htm.

② 中华人民共和国国务院公报［Z］．1983（16）：767-768.

助标准等实施细则，并迅速运用到学生资助工作中。其中上海市的人民助学金、奖学金的实施细则，华东理工大学奖学金的试行办法及实施细则具有一定的代表性。如案例 3-2、3-3 所示。

案例 3-2　上海市人民助学金、奖学金实施细则部分内容

上海市高等教育局、财政局于 1983 年 8 月 22 日转发了相关文件，并下发了《上海市普通高等学校本、专科学生人民助学金实施细则》和《上海市普通高等学校本、专科学生人民奖学金实施细则》。文件规定，1983 年秋季入学的新生开始实行助学金和奖学金“双轨制”，老生仍然实行原助学金发放办法。新生的助学金等级分甲、乙、丙、丁，比原来多了一档，标准略低，除了可以同时享受助学金、奖学金外，规定对违反校纪校规、学习不努力成绩不及格，经教育帮助后仍无改进的，可取消其所享受的部分或全部助学金。奖学金是针对品学兼优的学生的，占比 20%～25%，奖励分 3 个等级，一等 150 元（17%）、二等 100 元（33%）、三等 60 元（50%），每年评定一次，每学期发一半。

案例 3-3　华东理工大学人民奖学金实行办法及实施细则的主要精神[①]

根据上级文件精神，华东理工大学也于 1983 年 12 月 5 日颁发了《本、专科学生人民奖学金试行办法及实施细则》（院通〔83〕第 92 号）。主要精神为：一等奖，热爱祖国、通过体锻标准、各课程每学期平均成绩超过 90 分（三好学生）；二等奖，各课程每学期平均成绩超过 80 分，且一半课程成绩达到 90 分以上（三好学生、三好积极分子）；三等奖，各课程每学期平均成绩超过 80 分。享受比例大致在 24%，一等奖 150 元 4%，二等奖 100 元 8%，三等奖 60 元 12%。每年 10 月评选，分 2 次在开学时发放。发放学校印制的人民奖学金证书；有三次获得一等奖的，报上海市高教局授予优秀毕业生奖章和证书。

此外，在资金来源上，师范、体育（含体育专业）、农林和民族院校的学生因全部享受人民助学金，这些院校试行人民奖学金所需款额，从寒暑假期间学生停发的助学金中解决；其他各类院校试行人民奖学金所需款额，均在人民助学金经费预算总额中解决。

---

① 陆宪良. 我校人民助学金制度“演变史”［DB/OL］. http://dag.ecust.edu.cn/2018/0509/c6871a75720/page.htm.

这一阶段的高校学生资助制度缩小了人民助学金的资助范围，打破了国家一刀切的资助惯例和单一的学生资助模式，增设了人民奖学金，这对促进人们思想观念的转变、促进我国高等教育学生资助制度的变迁具有重要意义。

3. 奖学金贷学金并行时期（1986—1992）

人民助学金制度基本上是沿用了新中国成立初期“供给制”的办法，适用于家庭经济困难学生较多、急需培养大批建设人才的时期，在历史上曾经起过积极作用。但党的十一届三中全会以来，我国科学、教育事业发生了巨大变化，新形势下人民助学金制度的弊端日益突出。这些弊端在《关于改革现行普通高等学校人民助学金制度的报告》（1986 年）中被归纳为三种：“一是国家对高等学校学生包得过多。二是不利于鼓励先进和调动广大学生奋发向上、刻苦学习的积极性。三是不利于促进学生思想、品德健康成长。”① 由此可见，“大锅饭”式的人民助学金资助，不仅难以鼓励先进、鞭策后进，也不利于培养学生勤俭节约、艰苦奋斗、自立自强的精神。与此同时，助学金的发放以学生家庭经济状况为唯一标准，而在实际操作中，学生家庭经济状况难以衡量。此外，我国高等教育发展规模不断扩大，在校生人数已由新中国成立初期的 13 万发展到 190 多万，在这种情况下继续实行人民助学金制度，国家财政难以负担。因此，人民助学金制度亟须改革。

1986 年 7 月 8 日，国务院批转国家教委、财政部《关于改革现行普通高等学校人民助学金制度的报告》，对人民助学金制度的改革进行了比较详细的设计，为各个省、市、自治区的相关实施细则的制定，乃至学校的具体实施办法出台提供了依据。具体而言，该报告提出，将人民助学金制度改为奖学金制度和学生贷款制度。新的奖学金制度将奖学金分为优秀学生奖学金、专业奖学金、定向奖学金三类。优秀学生奖学金用于奖励德、智、体全面发展的优秀学生，共分三个等级：一等优秀学生奖学金，按学生人数的 5％评定，每人每年 350 元；二等优秀学生奖学金，按学生人数的 10％评定，每人每年 250 元；三等优秀学生奖学金，按学生人数的 10％评定，每人每年 150 元。专业奖学金用于考入师范、农林、体育、民族、

① 王振川. 国务院批转国家教委　财政部《关于改革现行普通高等学校人民助学金制度的报告》［M］//中国改革开放新时期年鉴（1986 年），北京：中国民主法制出版社，2015：550.

航海等专业的学生，亦分三个等级：入学第一年，一律享受三等专业奖学金，每人每年 300 元；从第二学年开始，按学生人数的 5%评定一等专业奖学金，每人每年 400 元；按学生人数的 10%评定二等专业奖学金，每人每年 350 元；其余 85%仍享受三等专业奖学金。定向奖学金用于立志毕业后到边疆地区、经济贫困地区和艰苦行业工作的学生，具体金额由有关部门和有关地区根据计划确定的名额设立，从有关地区和部门的预算外资金或自有资金中开支。定向奖学金的标准和办法，可参照专业奖学金的规定拟定，并报经上级教育、财政部门审查同意后执行。所有奖学金均采用直接资助的方式，按月平均发放到个人。同年，国家教委在全国 85 所普通高等学校进行奖、贷学金试点。经过一年的实践，这一改革受到普遍欢迎，达到了预想的效果。

1987 年 7 月 31 日，国家教委、财政部联合颁发了《普通高等学校本、专科学生实行奖学金制度的办法》和《普通高等学校本、专科学生实行贷款制度的办法》，奖学金制度和学生贷款制度正式确立，在 1987 年入学的本科普通高等院校的新生中全面实行。专科学校是否于当年实行奖学金和学生贷款制度，由各省、自治区、直辖市人民政府和中央主管部门决定。在西藏、新疆、内蒙古、宁夏、广西、云南、贵州、青海、甘肃所属的地方院校，奖学金和学生贷款制度的具体实行由省、自治区人民政府研究决定。同时要求学校建立奖学金和学生贷款基金，其来源应从主管部门拨给高等院校的经费中，按原助学金标准计算总额的 80%～85%转入奖贷基金账户。

高等院校在实行了奖学金与贷学金并存制度后，奖贷基金仍来源于主管部门拨给高等院校的经费，来源单一，且仍旧以国家核拨的人民助学金标准为蓝本，只是在支付结构上有所调整。譬如，案例 3-4 中，华东理工大学在《本、专科学生贷款实施办法》中就对人民助学金的用途比例进行了原则性的约定。

案例 3-4　华东理工大学学生贷款原则[①]

在上海市财政局、高教局的统一部署下，华东理工大学制定了《本、专科学生贷款实施办法》（院通〔87〕第 161 号），主要原则为：

在国家下拨的人民助学金中，40%用作奖学金，34%用作困难补助，

① 冯洁，陈何芳．我国公派留学政策的历史演变及其启示［J］．教育与职业，2011（24）：22-25.

26％用作贷款基金；无息贷款，有借有还；贷款限额每年不超过300元；并对贷款的申请、发放和还款作了详细规定。

（二）职业教育的学生资助

改革开放初期的十五年间，随着国家政策的调整和社会发展的需要，中等职业教育的招生人数总体呈上升趋势，中等职业教育规模迅速扩大（见表3-3）。与之相伴的是，中等职业教育的学生资助政策也以计划经济时期的高等教育学生资助政策作参考，到进入市场经济后走向收费，体现了我国中等教育学生资助制度从以人民助学金为主的时期，到奖学金和助学金并行的时期，再到奖学金和贷学金并行的不断演进过程。

表3-3 1980—1992年中等职业学校招生数 （单位：万人）

年份	1980	1990	1992
在校生人数	226.3	286.06	344.87

资料来源：1980—1992年度《中国教育统计年鉴》。

1. 以人民助学金为主时期（1977—1983）

改革开放后，我国在学生资助上继续实行人民助学金制度。1977年12月，教育部、财政部发布了《关于普通高等学校、中等专业学校和技工学校学生实行人民助学金制度的办法》，规定："一般学生实行人民助学金制度"；"高等师范、体育（含体育专业）和民族学院的学生，以及中等专业学校中的师范、护士、助产、艺术、体育和采煤等专业的全部学生享受人民助学金，其他学生的人民助学金享受面按75％计算"。

该文件还指出，中等专业学校和技工学校人民助学金的标准，六类地区每人每月17元。少数民族学生可再增加2元。人民助学金中的伙食费标准，六类地区中等专业学校和技工学校每人每月14元。发给学生伙食费多少，要根据学生家庭经济情况酌情评定，一般可分成三个等级，具体等级标准由省、市、自治区有关部门作出规定。人民助学金中的困难补助费，中等专业学校和技工学校每人每月3元。少数民族学生每人每月再增加2元。中等专业学校和技工学校中的体育、航海、舞蹈、戏曲、杂技和管乐专业的学生伙食费，不论国家职工和其他学生可在一般学生伙食费标准的基础上加发40％的伙食费，加发的具体幅度由省、市、自治区有关部门作出规定。学校对上述加发的伙食费，一律拨给食堂，不发给学生本人。不同工资地区的助学金标准可参见表3-4。

表 3-4　1977 年中等专业学校和技工学校学生人民助学金标准表

（单位：元）

助学金标准＼工资地区类别	3	4	5	6	7	8	9	10	11
中等专业学校、技工学校学生	15	16	16.5	17	18	19	20	21	22
其中：伙食费	12	13	13.5	14	15	16	17	18	19

资料来源：刘红．我国百年中等职业教育学生资助制度述评［J］．职教论坛，2011（22）：85-96.

注：(1) 有地区生活费补贴的地区，不再增加地区生活费补贴。(2) 四类半工资地区人民助学金标准，中等专业学校、技工学校学生 16.3 元（其中：伙食费 13.3 元）。

从上述工资地区的中等专业学校、技工学校的助学金标准来看，此文件的制定基本上是遵循“文革”前的思路。换言之，这一制度设计是对“文革”前人民助学金制度的延续，缺少必要的变革与调整，直到 1983 年教育部才开始对 1977 年制定的人民助学金制度进行改革。

2．助学金奖学金共存时期（1983—1986）

20 世纪 80 年代以后，中等职业教育经历了结构改革。1980 年 10 月，国务院批转教育部、国家劳动总局《关于中等教育结构改革的报告》，对职业高中、技工学校、中等专业学校这三种职业技术学校的性质和培养目标作了明确规定。这是改革开放后第一份对调整中等教育结构和发展职业教育全面而系统地作出规定的国家政策性文件，中等职业教育的调整也由此展开。在此阶段，中等职业教育仍然属于“精英教育”，其培养目标仍然是以各行各业的熟练劳动者、社会所需的各类技术人员和管理人员为主。这一阶段中等职业教育中三类学生的补助政策并不完全相同，中专学校的学生 75％享受助学金，技工学校学生 100％享受助学金，而职业中学由于实行自费走读，学生基本上没有助学金。因此，这一阶段的中职教育的资助政策主要对象是中等专业学校和技工学校的学生。而这两类学校的资助政策，又基本上是参照当时普通高等学校本、专科的相关资助政策进行的。

1983 年，我国学生资助制度的方向和思路发生了重要变化。当年，教育部、财政部对 1977 年制定的人民助学金制度进行改革，在继续实行人民助学金制度的同时增加人民奖学金制度，并颁发《普通高等学校本、专科学生人民助学金暂行办法》和《普通高等学校本、专科学生人民奖学金试行办法》，提出了将人民助学金改为人民助学金、人民奖学金并存的办法。在新的奖助学金并存的制度下，人民助学金的资助范围有所缩减并逐渐退出，奖学金的影响范围逐渐增大。

1985 年，在中等职业教育的资助制度由人民助学金制度为主向以奖学金为主的助学制度过渡中，进一步改革人民助学金制度。同年 5 月，国务院发布《中共中央关于教育体制改革的决定》，指出："师范生和一些毕业后工作环境特别艰苦的专业的学生，国家供给膳宿并免收学杂费。对学习成绩优异的学生实行奖学金制度，对确有经济困难的学生给予必要的补助。现已在校的学生，仍按原来的规定办理。"① 此时，中等职业教育的资助制度处于由人民助学金制度为主向以奖学金为主的助学制度过渡阶段。

关于中职学生的具体资助方式和标准也在不断被明确。教育部在《关于一九八二年中等专业学校招生工作的意见》中规定："在校学习期间的生活待遇，实行人民助学金制度。"但从 1983 年以后，1984 年、1985 年的全日制中等专业学校招考新生规定里谈到学生的待遇时，都表述为"在校学习期间的生活待遇与其他学生相同"。1986 年劳动人事部、国家教育委员会《关于颁发技工学校工作条例的通知》规定：技工学校按国家计划招收的学生，实行助学金和奖学金相结合的办法。同年，国务院批转国家教育委员会、财政部《关于改革现行普通高等学校人民助学金制度报告的通知》，指出现行人民助学金制度的三种弊端："一是国家对高等学校学生包得过多。二是不利于鼓励先进和调动广大学生奋发向上、刻苦学习的积极性。三是不利于促进学生思想、品德健康成长。""经多次反复研究讨论，拟将人民助学金改为奖学金制度和学生贷款制度。"② 至此，自新中国成立初期延续了 30 多年的人民助学金制度完全退出历史舞台，以奖学金制度与贷学金制度为主的资助制度渐渐形成。

这一阶段，中等职业教育学生资助制度从免费并发放人民助学金转变成了免费并有机会获得奖学金、助学金。奖学金和助学金制度改变了以往的平均主义，在人才引导和激励上起到了重要作用。

---

① 中共中央关于教育体制改革的决定（1985 年 5 月 27 日发布）［DB/OL］. http://old.moe.gov.cn/publicfiles/business/htmlfiles/moe/moe_177/200407/2482.html.

② 王振川. 国务院批转国家教委　财政部《关于改革现行普通高等学校人民助学金制度的报告》［M］//中国改革开放新时期年鉴（1986 年），北京：中国民主法制出版社，2015：550.

3. 奖学金贷学金并行时期（1987—1992）

1987年7月31日，国家教委、财政部发布《普通高等学校本、专科学生实行奖学金制度的办法》，规定："学校应当设立三种奖学金：一是优秀学生奖学金：用于奖励德、智、体全面发展的优秀学生。分三个等级：一等优秀学生奖学金，按学生人数的5%评定，每人每年350元；二等优秀学生奖学金，按学生人数的10%评定，每人每年250元；三等优秀学生奖学金，按学生人数的10%评定，每人每年150元。二是专业奖学金：用于考入师范、农林、体育、民族、航海等专业的学生。分三个等级：入学第一年，一律享受三等专业奖学金，每人每年300元。从第二学年开始，按学生人数的5%评定一等专业奖学金，每人每年400元；按学生人数的10%评定二等专业奖学金，每人每年350元；其余85%仍享受三等专业奖学金。三是定向奖学金：用于立志毕业后到边疆地区、经济贫困地区和艰苦行业工作的学生。定向奖学金由有关部门和有关地区根据计划确定的名额设立，一律从有关地区和部门的预算外资金或自有资金中开支。定向奖学金的标准和办法，可参照专业奖学金的规定拟定，并报经上级教育、财政部门审查同意后执行。为了便于学生有计划地安排生活，各类奖学金按月平均发放到个人。"

1989年，我国开始改革免费上大学的政策，中等职业教育主要是中专和技校也相应地进行了改革。其间，国家颁布了一系列法律法规和重要文件，收费逐渐走向规范。

1990年7月，国家教委、人事部、国家计委、商业部联合发布《普通高等学校招收自费生暂行规定》（教学〔1990〕010号），同年10月，国家教委就颁布了《国家教委办公厅关于普通中等专业学校招收自费生参照教学〔1990〕010号文件执行的通知》，指出普通中等专业学校招收自费生，"原则上可参照国家教委、国家人事部、国家计委、商业部联合发的教学〔1990〕010号文件执行"，各省、自治区、直辖市，各部委可根据该文件的精神，结合具体情况和中等专业教育的特点，"制定普通中等专业学校招收自费生的具体规定"。

1991年，国家教委、国家物价局、财政部、劳动部下发了《关于中等职业技术学校收取学费的暂行规定的通知》，指出中等职业技术教育属非义务教育，"自1991学年起，对中等专业学校（不含中师）、技工学校和职业高中新入学的学生适当收取学费"，但对工作条件艰苦或者国家重点扶持的专业，则可以"免收或减收学费"。

（三）基础教育的学生资助

改革开放初期，随着基础教育管理体制与财政体制的改革，基础教育的学生资助也逐渐实行以政府为主的人民助学金制度，并考虑各个地方的客观实际情况，进行了类型、标准的细分，尤其是关注家庭经济贫困学生、少数民族地区、边远贫困地区学生的奖助学金的类型标准划分。不过，在具体实施细则上则显得较为笼统，有待进一步改进。

1. 以政府为主的人民助学金

1975 年以后，随着国家把基础教育的管理权从中央下放到地方，基础教育的财政支出也随之从国家财政统一支出转向由地方政府财政安排。这一时期，从教育成本负担方面来看，基本上是国家和受教育者个人负担教育成本，并且教育的直接成本由政府负责绝大部分，个人承担的比例很少。

1986 年实施的《中华人民共和国义务教育法》（后亦简称《义务教育法》）规定“国家对接受义务教育的学生免收学费”，但对学杂费没有作出相应规定。一些地区学校由于办学经费的不足，免收学费的规定在实际操作中无法实行。因而，很长一段时间，我国施行的是一种收费的义务教育制度，大量贫困学生因为负担不起学费与学杂费而失学，产生了贫困学生的资助教育问题。同年 9 月 11 日，国务院办公厅转发国家教委等部门《关于实施〈义务教育法〉若干问题意见的通知》指出：“国家在初级中等学校和部分小学（主要是有困难的少数民族地区、其他贫困地区和需要寄宿就读的地区）实行助学金制度，具体办学和标准由各地自定。”① 根据中央的一系列指示精神，有关省、市、自治区结合当地实际情况，进行了不同的制度设计。以西藏自治区为例，其对于不同类型对象的奖助学金进行了较为细致的分类（见表 3-5）。

表 3-5 西藏自治区民族学生奖助学金情况

序号	对象	类型	标准/（元/月·人）		
			甲等	乙等	丙等
1	初中少数民族农牧民子女住校生全部享受助学金，走读生按 80％	助学金	21	18	15

① 资料来源：国务院办公厅转发国家教育委员会等部门关于实施《义务教育法》若干问题意见的通知（1986 年 9 月 11 日国办发〔1986〕69 号）。

续表

序号	对象	类型	标准/（元/月·人）		
			甲等	乙等	丙等
2	初中生中的藏、汉族职工子女；城镇居民子女高中生	奖学金	21	18	15
3	区以上公办小学农牧民子女住校生全部享受，高年级走读生按60%计算	助学金	18	15	13

资料来源：刘英杰．中国教育大事典（1949—1990）（下）［M］．杭州：浙江教育出版社，1993：2057.

这一时期，中国农村基础教育的状况没有得到明显的改善，相当一部分地区仍未普及小学教育，许多适龄儿童尤其是女童甚至不能接受最低水平的基础教育。教育筹资渠道由单一的中央政府财政渠道变为中央政府与地方政府财政两种渠道，多渠道筹资教育经费也初现端倪。1992 年 3 月 14 日教育部发布的《义务教育法实施细则》又专门针对贫困学生的资助政策进行了强调："对家庭经济困难的学生，应当酌情减免杂费。依照义务教育法第十条第二款规定，享受助学金的贫困学生是指初级中等学校、特殊教育学校的家庭经济困难的学生，少数民族聚居地区、经济困难地区、边远地区的小学及其他寄宿小学的家庭经济困难的学生。实行助学金制度的具体办法，由省级人民政府规定。"① 总体来看，国家对贫困学生提出了各种优惠政策，但是并没有得到具体的落实。

2. 资助制度设计较为笼统

1986 年 7 月 1 日开始实施的《中华人民共和国义务教育法》，对贫困学生的资助政策作了原则性的规定："义务教育事业，在国务院领导下，实行地方负责，分级管理。"② 但对不同层级的政府如何分担义务教育经费，没有作出具体规定，各级政府的权责不明确，制度体系没有从宏观上作出具体的建构，显得笼统和空泛。

---

① 中华人民共和国义务教育法实施细则［DB/OL］. http://www.moe.gov.cn/srcsite/A02/s5911/moe_621/201511/t20151119_220032.html.

② 中华人民共和国义务教育法［DB/OL］. http://old.moe.gov.cn/publicfiles/business/htmlfiles/moe/moe_619/200606/15687.html.

1992年的《义务教育法实施细则》对贫困家庭减免杂费的规定是："对家庭经济困难的学生，应当酌情减免杂费。"对享受助学金学生的范围限定很严格："依照义务教育法第十条第二款规定，享受助学金的贫困学生是指：初级中等学校、特殊教育学校的家庭经济困难的学生，少数民族聚居地区、经济困难地区、边远地区的小学及其他寄宿小学的家庭经济困难的学生。"① 上述规定把非少数民族聚居地区、非经济困难地区、非边远地区的贫困小学生排除在享受助学金的范围。这一细则实际上仍比较空泛，例如，没有规定享受助学金的贫困标准，没有规定助学金标准，甚至没有规定助学金的资金来源，而且把中央政府的责任完全推脱："实行助学金制度的具体办法，由省级人民政府规定。"②

在实施《中华人民共和国义务教育法》的地方性法规中，对贫困儿童资助的规定，也多是原则性要求，缺少具体实施细则。例如，《河北省实施〈中华人民共和国义务教育法〉办法》对贫困儿童资助只提到："对烈士子女或家庭经济有特殊困难的学生可以酌情减收或免收杂费。"至于如何确定"家庭经济有特殊困难"，资金由谁承担，谁负责实施，都没有提及，是一个在实践中无法操作的规定。在《宁夏回族自治区义务教育条例》中提出，对由自治区政府批准设立的寄宿制回民中小学接受义务教育的学生、家庭经济特别困难的学生和残疾学生减收或免收杂费，但对经费来源和如何实施，也没有提出具体措施。同样，1992年出台的《青海省实施〈中华人民共和国义务教育法〉办法》，虽然其中规定了"鼓励各种社会力量和个人自愿捐资助学。按照国家规定设立助学金，帮助贫困学生和少数民族地区的学生就学"，但这些内容只是提出对义务教育阶段贫困学生和少数民族地区的学生进行资助，并没有提出具体的实施办法和措施。

（四）社会资助

经费不足是我国教育发展的制约因素，也是教育工作的一个瓶颈，完全依靠政府大幅度增加教育投资来发展教育有一定难度，因此需要动员全社会的力量，引导社会各界关注教育、关心教育、支持教育。20世纪80年代末以来，在政府学生资助层面外，社会力量对国家教育事业和学生学习的资

① 中华人民共和国义务教育法实施细则［DB/OL］. http://www.moe.gov.cn/srcsite/A02/s5911/moe_621/201511/t20151119_220032.html.

② 中华人民共和国义务教育法实施细则［DB/OL］. http://www.moe.gov.cn/srcsite/A02/s5911/moe_621/201511/t20151119_220032.html.

助也发挥了重要作用，“希望工程”“春蕾计划”是其中的典型代表。

1. 希望工程

改革开放以来，党和国家一直采取措施发展教育事业。截至 20 世纪 80 年代末，全国学龄儿童入学率已达 97.1%，农村适龄儿童入学率也已上升到 95%，全国 66.8%的县已普及了初等教育。但总体来看，我国的基础教育还非常落后，贫困地区的基础教育状况更令人担忧。其主要表现在以下方面：一是全国人民平均受教育程度较低，不足 5 年。团中央调查显示，我国有 2.2 亿文盲，约占全世界文盲总量的四分之一。二是失学现象严重。我国有 2.2 亿学生，其中只有三分之一左右能读到小学，三分之一能读到初中，能读到高中者不足三分之一；1980 年到 1988 年，全国有 3700 多万中、小学生失学，失学数量呈逐年增加趋势。三是生均教育经费严重不足①。我国在校学生总数超过美、苏、英、法、日等国在校生的总和，由于绝对值大，尽管政府已经在逐年增加教育投资，人均教育经费依然较低。以 1988 年为例，国家教育财政拨款 321 亿元人民币，加上其他渠道筹资 102 亿元，共计 423 亿元，人均不足 40 元。到 1990 年，人均教育经费仍只有 52 元，约合 10 美元，位列世界倒数。四是尚有学生因贫失学②。我国 679 个贫困县中有 195 个县 5 700 多万人年均收入不足 200 元，尚未解决温饱问题，许多学龄儿童因贫失学。解决这些问题，不能单靠政府，还要借助于其他关心国家教育事业发展的社会力量。

为争取海内外关心中国青少年事业的团体、人士的支持和赞助，促进中国青少年工作、社会教育、科技、文化和福利事业的发展，推动现代化建设和祖国统一，促进国际间青少年的友好关系，维护世界和平，1989 年 3 月，经中国人民银行和民政部批准，中国青少年发展基金会正式成立。时任团中央书记处书记刘延东担任基金会理事长，时任团中央书记处书记张宝顺、李克强、刘奇葆担任副理事长。

1989 年 10 月 30 日，基金会推出第一项重大救助活动，即设立“希望工程”，用于救援贫困地区失学少年。具体资助方式包括三类：一是设立助学金，长期资助我国贫困地区品学兼优而又因家庭困难失学的孩子重返校园；二是为一些贫困乡村新盖、修缮小学校舍；三是为一些贫困乡村小

① 袁建达. 希望工程“诞生记”[J]. 民主，1990（1）：37-39.

② 徐永光. “希望工程”：救助贫困地区失学的孩子们 [J]. 中国青年研究，1991（5）：3-5.

学购置教具、文具和书籍。

“希望工程”是我国社会参与最广泛、最富影响的民间公益事业。截至2017年，全国希望工程累计接受捐款140.4亿元，资助困难学生574.8万名，援建希望小学19 814所，捐建希望厨房5 861个，援建希望工程图书室29 170套，培训教师106 558名。同期还资助建设希望工程音乐教室、体育教室、美术教室，开展远程支教、科学文体、夏令营等各种活动，积极进行教育扶贫，促进贫困地区基础教育全面发展①。希望工程作为一项救助贫困地区失学少年的公益活动，尽管杯水车薪，不可能在短期内彻底改变我国基础教育的落后面貌，但在团结海内外关注我国教育事业的人士和团体、引导社会各界关注教育事业上，具有相当重要的积极意义。

2. 春蕾计划

在全国妇联领导下，中国儿童少年基金会于1989年发起并组织实施了“春蕾计划”儿童公益项目。这一项目专门针对女童，致力于资助贫困地区失辍学女童继续学业，改善贫困地区办学条件，辅助国家发展儿童少年教育福利事业②。

一方面，受自然条件的限制和社会经济、文化特别是重男轻女传统封建思想的影响，中国尚有一定数量的文盲存在，且女性文盲居多。20世纪80年代末，女性文盲占文盲总数的2/3以上。另一方面，在失学儿童中，女童失学比例更高，约占2/3。此外，从长远来看，今天的女童，是未来的母亲，母亲的素质直接影响未来全民族的素质。要提高全民族素质，必然要从提高妇女素质开始；要提高妇女素质，必须从女童教育抓起。

与同类资助项目相比，“春蕾计划”的资助额度相对较高、资助年限相对较长，切实减轻了女童家庭的经济负担，帮助女童顺利完成学业；此外，“春蕾计划”还为受助女童开设了“春蕾计划实用技术培训”项目。该项目结合当地实际需求，通过实用技术培训，使女童掌握一技之长。

实施“春蕾计划”，扶持女童入学，是提高民族素质、造福子孙后代的一项基础工程，也是中国实现和巩固普及九年义务教育、扫除青壮年文盲的关键一步。截至2019年4月，“春蕾计划”已资助女童369万人次，捐

① 中国青少年发展基金会简介［DB/OL］. (2019-04-08). http://www.cydf.org.cn/Abouts/2019-04-08.

② 春蕾计划项目介绍［DB/OL］. http://www.cctf.org.cn/zt/cljh/?v=2. 2019-04-09.

建春蕾学校 1 811 所，对 52.7 万人次女童进行职业教育培训，编写发放护蕾手册 217 万套，已经有一大批春蕾生成长成才，并在工作岗位上表现出色①。

（五）公派留学资助

公派出国留学，是指由国家派遣学生出国学习，并资助其留学费用，被派遣的学生有义务学成归国服务。20 世纪 70 年代以来，随着中日、中美相继建交，我国外交形势得到改善，与中国建交的国家迅速增加，改革开放以后，党和政府的工作重心转移到经济建设上，公派出国留学作为我国学习国外先进技术、缩小与发达国家差距的重要手段，是我国改革开放的重要组成部分。总体上看，这一时期，我国公派出国留学经历了从探索向成熟转变的过程。

改革开放初期，我国留学生派遣工作刚刚恢复，还处于探索阶段，仅有公派出国留学项目，尚无自费出国留学项目；公派出国留学“按国家统一计划，面向全国招生，统一选拔、派出，执行统一经费开支规定”；派出留学生以进修人员、研究生为主，主要目的是培养高等教育师资；在学科上，坚持以自然科学为主，以技术科学为主，兼顾其他方面的需要。

1981 至 1985 年间，公派留学资助继续平稳发展。1981 年 7 月，国务院批转了教育部等六个部门《关于出国留学人员管理工作会议情况报告的通知》，第一次明确提出单位也可派出留学人员，自费留学的通道也于同年放开。教育部在《关于 1982 年试行选拔出国攻读博士学位研究生的通知》中指出，派出人员的结构转向以研究生为主，特别是着重增加选派出国攻读博士学位的研究生，并加快了派出速度。随后几年，我国公派留学以出国攻读学位为主。为加强管理，同年，国务院批转了教育部等六部门《关于出国留学人员国外经费开支若干问题的意见》和《出国留学人员管理教育工作条例》。

1986 至 1992 年间，公派留学资助根据实际情况进行了部分调整和规范。1986 年 12 月 13 日，国务院批转国家教委《关于出国留学人员工作的若干暂行规定》。此为中国第一份公开发表的关于出国留学工作的法规性文件，提出了“按需派遣，保证质量，学用一致”的留学工作指导方针，并开始强调“学成及时回国，为祖国建设做贡献”。同时，逐步实行出国

---

① 春蕾计划项目介绍［DB/OL］. http://www.cctf.org.cn/zt/cljh/?v=2. 2019-04-09.

留学人员经费包干使用的办法，由派出单位掌握。此外，将公派出国留学人员分为国家公派和单位公派两类，对“单位公派”的概念和选派办法作了进一步的明确和规范，要求对申请自费出国留学的“专业技术骨干人员”采取自费公派的办法，同时要求公派出国人员出国前要与选派单位签订“出国留学协议书”，明确双方的权利、义务和责任等。

1987年12月30日，国家教委发布了《关于进一步贯彻中央出国留学人员工作的通知》，将派出人员的结构重新调整为以进修人员和访问学者为主，并提出派出留学人员的结构要向高层次发展：一方面，要提高访问学者的派出比例；另一方面，原则上不派遣本科生，出国研究生的派遣也坚持少而精的原则，这一规定有助于提高公派留学的效益①。

1991年底，国家教委决定改变国家公派、单位公派、自费出国留学的划分办法，将出国留学分为“公费出国留学”和“自费出国留学”两类。公费出国留学人员是指使用中央、地方财政拨款派出的留学人员，以国家和政府机构的名义及地方政府的名义，与外国政府（政府机构）及地方政府（或基金会）签订协议派出的留学人员，按照主管部门批准的双边交流项目（校、所际交流等）派出的留学人员。各部门、地方公费选派留学人员的计划均须报国家教委审批。

1992年8月17日，国务院办公厅发布《关于在外留学人员有关问题的通知》，随后提出“支持留学，鼓励回国，来去自由”的出国留学方针，我国留学政策逐渐走向成熟，国家对出国留学的资助也随之开始进行重大改革。

三、改革开放初期学生资助的成效与不足

在改革开放初期，尽管学生资助在资助类型、对象、制度上相比此前有了较大的改进，受惠学生对象和规模有了很大的扩展，对于这一时期的基础教育、职业教育和高等教育的学生发展提供了比较稳定的经济支持，但此期的资助在类型、渠道、效果等方面，仍然存在一些有待改进之处。

（一）成效

1. 高教资助重效率兼及公平

随着高等教育的发展与扩增，国家已无力对所有大学生实施既往统一

① 马德秀. 走出中国自己的大学之路［N］. 光明日报，2012-03-12（14）.

包干的普遍性资助政策，伴随社会主义市场经济的建立和教育领域内的市场化改革，普遍性资助逐渐被选择性资助所替代：高等教育在普遍收费的同时，教育资助面向满足一些特殊条件的群体，如优秀生、贫困生。事实上，从政策选择的价值观来看，这一教育资助对象的转变，实际上实现了由片面注重公平转变成了“效率优先，兼顾公平与激励”的发展战略。在经济和教育都很落后的情况下，享受免费教育的人实际很少，免费的高等教育实质上是使社会中上层人士获益更多，是把公共财富慷慨地送给了富人，也影响国家对基础教育的投资，以奖学金制度代替免费加人民助学金制度实属明智之举。此外，设立优秀学生奖学金、专业奖学金和定向奖学金，以及建立学生贷款制度，不仅具有助困的目的，而且具有明显的激励作用。

2. 职教资助重视激励和引导

改革开放之初，各级教育各类学生需要政府大力的扶持，人民助学金制度得以启用，有利于促进学生提高受教育水平，满足当时的教育需求，但此类资助重在资助面广泛，未考虑个体差异以及教育激励事项。再到后期，人民助学金与人民奖学金并存、学生奖贷制度的形成，开始有着鲜明的人才激励和引导特征，改变了以往的平均主义，弥补了人民助学金资助制度下难以激励学生的不足，鼓励优秀与先进，有利于学生的成长与教育的发展。

3. 基教资助多渠道初现端倪

如前所述，在 1977 年到 1992 年的十五年间，基础教育的学生资助主体主要由政府来扮演，主要表现为从前期的中央财政与地方财政的教育支出，逐渐发展到以政府财政为主，“财、税、费、产、社、基”等多种渠道筹资的体制，并且这一多渠道筹资体制在《中华人民共和国义务教育法》及其实施细则中也予以明确。譬如，《中华人民共和国义务教育法》第十二条规定“实施义务教育所需事业费和基本建设投资，由国务院和地方各级人民政府负责筹措，予以保证。鼓励各种社会力量和个人自愿捐资助学”。在实施《中华人民共和国义务教育法》的地方性法规中，1992 年《甘肃省实施〈中华人民共和国义务教育法〉办法》中规定，“鼓励各种社会力量和个人资源捐资助学。按照国家规定设立助学金，帮助贫困学生和少数民族地区的学生就学”。不过，这些内容没有提出对义务教育贫困学生和少数民族地区学生进行资助的实施办法和措施。由此可知，尽管义务教育资助制度有待细化与完善，但它表明了国家和各级人民政府对义务教育阶段贫困儿童资助的积极态度和主要责任。总体来说，1978 年到 1992 年这一时期，义务教育制度还不完善，随着国家的重视和经济、社会的不断发展，将会越来越完善义务教育资助政策。此期国家对普及义务教育的努力，必将促成整个教育事业的重大转变。

（二）不足

1. 高教资助有待形成多元体系

从资助经费的筹措与分担来看，除了少量社会资助的专项奖学金之外，在实行人民助学金，以及此后的专业奖学金、定向奖学金、优秀学生奖学金、无息贷款等时，都主要是中央政府承担，缺乏高校资助和社会捐赠等。因此，拓宽学生资助资金来源的渠道，探索实行中央与地方政府奖学金为主体，以高校自身利用国家拨付给高校的教育经费、学费、预算外收入等承担的资助经费为辅助，同时也可以鼓励社会各界人士对高校贫困生进行资助，从而形成确立以政府为主导的大学生资助政策多元体系。

从资助内容来看，我国政府向贫困生提供的贷款与向优秀生提供的奖学金，以及对贫困学生实行的减免学费政策，都属于直接的经济资助范畴，而缺乏其他多种类型、多种形式的资助，譬如制定出勤工助学、绿色通道、学费减免等资助政策来给予困难学生以帮助。因此，采取多种形式的非经济资助的方式，不仅能够减轻直接经济资助负担，而且还能够为困难学生提供实践、锻炼自己的成长机会。

2. 中职资助尚待彰显教育公平

在 1977 至 1990 年期间，中等职业教育仍然属于“精英教育”，此期的中等职业教育仍然是参照高等教育来执行资助政策。进入 20 世纪 90 年代后，我国的中等职业教育发生了一些变化。随着经济社会的发展，人民受教育水平的提高，中等职业教育出现了向“平民教育”转变的迹象。1991 年的有关文件也指出，中等职业技术教育属非义务教育，自 1991 学年起，对中等专业学校（不含中师，下同）、技工学校和职业高中新入学的学生适当收取学费，但对“工作条件艰苦或者国家重点扶持的专业，如为农牧业服务的专业等，可以免收或减收学费”，最后导致不少中等职业学校学生因为得不到有效资助而不能顺利入学或者完成学业。因此，这一阶段的职业教育依然是实现教育公平的一个重大难题，依然是我国教育事业的薄弱环节，是制约教育总体发展目标的一块短板。

为培养一批高素质技能型人才，各级人民政府都要下大力气，加大对职业教育的投入力度，进一步增加公共财政在职业教育上的投入。同时，应在我国建立起适合我国国情的职业教育贫困家庭学生的资助制度，用来帮助那些农村困难家庭和城镇低收入家庭学生能顺利接受中等职业教育。各中等职业学校可从学校当年事业收入中安排一定比例金额用于学校奖学金、助学金发放和学费减免。再者，国家可以支持企业、事业组织、社会团体、其他社会组织及公民个人，按照国家有关规定，设立职业教育奖学金、贷学金，奖励学习成绩优秀的学生或者资助经济困难的学生，采取多种形式来解决贫困学生求学的后顾之忧。

3. 基教资助亟须出台系列政策

首先，《义务教育法实施细则》默许了收费的义务教育，这也为“乱收费”留下了隐患。20 世纪 90 年代以后，在“教育产业化”不当口号影响下，小学“高收费”“乱收费”屡禁不止，儿童因家庭贫困而失学的问题更加突出，致使我国的义务教育走向萎缩，收费教育膨胀，看不到实施免费义务教育的曙光。《义务教育法实施细则》虽制度严格且限定了受资助学生的范围，实际上仍比较空泛，没有规定享受助学金的贫困标准，也没有给贫困学生带来多少实际的资助项目。

其次，受我国社会、经济体制的制约，地区之间教育的发展很不平衡。农村基础教育的状况没有得到明显的改善，相当一部分地区仍未普及小学教育，许多适龄儿童特别是女童甚至不能接受最低水平的基础教育，致使青壮年中的文盲、半文盲仍逐年增加。因此，在国家全面普及义务教育政策背景下，需要在进一步强调义务教育的公益性、统一性与强制性原则基础上，将均衡发展作为义务教育发展的方向和原则，明确将义务教育全面纳入财政保障范围，以解决农村贫困地区家庭学生的学杂费、住宿费和生活补贴。

第四章 经济转型时期的学生资助（1993—2006）

20 世纪 90 年代以后，经济全球化、文化多元化以及以信息化为核心的技术革命逐步推进，世界联系日趋紧密，中国面临重大发展机遇。这一时期，是中国经济社会发生重大变革时期，是教育事业随之不断改革和快速发展的时期，也是学生资助迎接挑战不断摸索前进的时期。

一、经济转型时期的政治、经济与教育

在此时期内，国家进一步强化经济建设，在分配制度上主张“效率优先，兼顾公平”。政治上“科教兴国”战略为社会主义市场经济提供了发展动力。改革开放政策推进了市场经济体制的初步建立，实现了经济的快速发展，市场对人力资源提出更高的要求。教育领域在短期内实现了自身的改革，逐渐适应了市场对人才的规模化和多样化需求，非义务教育阶段的收费制度全面铺开，家庭经济困难学生“上学难”现象成为各方需要共同面对的新课题。

（一）政治上确立科教兴国战略

1995 年 5 月 6 日，中共中央、国务院发布了《关于加速科学技术进步的决定》，首次提出：“科教兴国，是指全面落实科技是第一生产力的思想，坚持教育为本，把科技和教育摆在经济、社会发展的重要位置，增强国家的科技实力及向现实生产力转化的能力，提高全民族的科技文化素质，把经济建设转移到依靠科技进步和提高劳动者素质的轨道上来，加速实现国家的繁荣富强。”① 同年 9 月 28 日，党的十四届五中全会通过《关于制定国民经济和社会发展“九五”计划和 2010 年远景目标的建议》，把实施科教兴国战略作为今后 15 年必须贯彻的九条重要方针之一。这是科教兴国战略第一次进入中央文件。科教兴国战略的提出，既是对“科学技术

① 王振川. 中国改革开放新时期年鉴（1995 年）[M]. 北京：中国民主法制出版社，2014：362-367.

是第一生产力”的贯彻和落实，同时也是肯定教育对促进科技和经济社会发展的基础性作用，由此确立了“教育优先发展战略”。1997 年 9 月 12 日，党的十五大进一步明确要“实施科教兴国战略”。2002 年 11 月 8 日，党的十六大再次强调要“大力实施科教兴国战略”。

1. 科学技术是第一生产力

在 1988 年邓小平提出科学技术是第一生产力的基础上，1992 年 10 月 12 日，党的十四大进一步明确“科学技术是第一生产力”；强调“振兴经济首先要振兴科技，只有坚定地推进科技进步，才能在激烈的竞争中取得主动”①。1993 年 5 月 12 日至 14 日，全国科技工作会议在京召开，朱镕基副总理作了题为《加快经济发展关键要依靠科技进步》的讲话。1993 年 11 月 14 日，党的十四届三中全会通过的《关于建立社会主义市场经济若干问题的决定》，再次强调要“大力推进科技进步，实现科技经济一体化”。随着市场经济体制的确立，为科技进步提供了更为有利的环境，也提出了更高的要求。

1995 年 5 月 6 日，中共中央、国务院发布了《关于加速科学技术进步的决定》，同年还召开了全国科技大会，向全党全国人民发出了实施科教兴国战略的号召。

1997 年 9 月 12 日，党的十五大指出：“科技进步是经济发展的决定性因素。要充分估量未来科学技术特别是高技术发展对综合国力、社会经济结构和人民生活的巨大影响，把加速科技进步放在经济社会发展的关键地位，使经济建设真正转到依靠科技进步和提高劳动者素质的轨道上来。”② 1998 年 5 月 4 日，江泽民在庆祝北京大学建校 100 周年大会上指出：“当今世界，科学技术突飞猛进，知识经济已见端倪，国力竞争日趋激烈。全党和全社会都要高度重视知识创新、人才开发对经济发展和社会进步的重大作用。”③ 这一重要讲话无疑是党中央迎接知识经济挑战、实施科教兴国战略新的动员令。

---

① 江泽民. 在中国共产党第十四次全国代表大会上的报告 [J]. 党的建设，1992 (Z1)：4-21.

② 江泽民. 在中国共产党第十五次全国代表大会上的报告 [J]. 党员之友，1997 (10)：2-13.

③ 江泽民. 在庆祝北京大学建校一百周年大会上的讲话 [N]. 人民日报，1998-05-05 (1).

2002年11月8日，党的十六大指出，要“推进国家创新体系建设”，为此必须“深化科技和教育体制改革，加强科技教育同经济的结合，完善科技服务体系，加速科技成果向现实生产力转化”①。

2. 科教兴国战略成效卓著

科教兴国战略实施以来，我国经济与社会各方面取得长足的发展，综合国力显著提高，人民生活基本达到了小康水平，提前达到了现代化“三步走”战略中的第二步目标，为21世纪中叶基本实现现代化奠定了坚实的基础。其实施成效尤其表现在以下几个方面。

一是经济功能日益强大，科技成果转化为生产力的能力增强。农业方面，超级杂交水稻解决了世界性的粮食增产难题，农业领域重大科技专项以及农业科技园的发展促进了农民增收。工业方面，交通技术领域和能源领域得到快速发展，三峡工程、秦山核电站二期等工程攻克了一批关键技术，掌握了若干重大共性技术的推广应用，大幅度增强了企业的技术创新能力。社会发展方面，在重大疾病防治（如SARS）、创新药物和医疗设备与医学材料研发、生态环境改善、资源开发与利用以及食品安全、生产安全等各种社会事业领域均取得了显著成效。

二是高新技术及其产业化进展突出。在超大规模集成电路和软件、高性能计算机、电动汽车、磁悬浮列车、清洁能源等领域取得突破，并掌握了一批关键技术，形成了具有我国自主知识产权并具有国际竞争力的高新产品和先导性产业，培育出了新的经济增长点。在信息产业方面实现了规模化发展，跃居世界前列；亿万次计算机研制成功，打破了国外对中国高性能计算机市场的垄断。在航天研究领域，中国自行研制的“神舟”五号和“神舟”六号载人飞船先后成功发射升空。2004年以来，我国高新技术产业继续保持快增长，仅2004年上半年高新技术产业产品销售收入累计16 304.9亿元，同比增长36.2%；高技术产品出口974.4亿美元，同比增长57%，高新技术产业已成为推动我国经济增长和提高技术水平的战略性力量。

三是在基础科学研究领域实现重大突破。人类基因组、植物基因组、微生物基因组和家蚕基因组等测序方面取得重大成果；虹膜识别身份认证

① 江泽民. 在中国共产党第十六次全国代表大会上的报告［J］. 党建，2002（12）：3-18.

自动取款机、数学机械化研究、澄江动物群脊椎动物起源研究等成就，得到了举世公认；纳米材料、量子信息、生物学等创新性研究成果，为引领未来高技术发展奠定了基础……我国基础科学研究领域所获得的重大成就，为我国经济与社会发展提供了强大的科学原动力。

四是教育领域实现跨越式发展。农村教育和义务教育成效显著，到2005年，全国普及九年义务教育的人口地区覆盖率超过95%，比2000年提高了近10个百分点；小学学龄儿童入学率达99.15%，比2000年提高了0.05个百分点；初中阶段毛入学率超过95%，比2000年提高了6个百分点以上。“十五”期间全国共扫除文盲971.73万人，青壮年文盲率控制在4%左右[①]。高等教育发展迅速，“985工程”“211工程”等一系列工程计划的实施，在高校中集聚了一大批高层次人才，取得了丰硕的科研成果，仅2004年就获专利授权6 400件，科技产业产值超过800亿元；高等教育逐步由精英教育发展到大众化教育，人们对高等教育的需求基本得到满足。中等职业教育在调整中进一步发展，高中阶段教育规模显著扩大，多种形式的继续教育和培训得到进一步发展。

（二）市场经济体制初步建立

发展市场经济，必须激发各个经济主体自身的活力。国有企业在国民经济中占据主体地位，国有企业改革破除了阻碍其发展的体制机制，对国有企业抓大放小，进一步增强了市场经济活力。面对亚洲金融危机冲击下的外贸出口不畅局面，提出“扩大内需战略”，大力开发国内市场资源，进一步推动了经济增长。改革国家税费制度，尤其是分税制和财政转移支付制度的实施，改变了中央财政亏空和地方经济割据的局面，促进中央和地方经济快速发展，也为教育事业的发展奠定了基础。

1. 国企改革增强经济活力

1992年10月12日，党的十四大明确90年代改革和建设的主要任务是：“坚持党的基本路线，加快改革开放，集中精力把经济建设搞上去。同时，要围绕经济建设这个中心，加强社会主义民主法制和精神文明建设，促进社会全面进步。”“我国经济体制改革的目标是建立社会主义市场经济体制。”而这一目标的实现，就需要“转换国有企业特别是大中型企

---

① 李东．“十五”期间全国共扫除文盲971.73万人［EB/OL］．http://www.china.com.cn/zhuanti/115/sw/txt/2006-02/28/content_6137386.htm.

业的经营机制，把企业推向市场，增强它们的活力，提高它们的素质”①。面对1997年亚洲金融危机，党和国家加快了经济体制改革的部署，将增强企业竞争力作为工作重点。1997年9月12日，党的十五大报告明确提出：“公有制为主体、多种所有制经济共同发展，是中国社会主义初级阶段的一项基本经济制度”；“非公有制经济是中国社会主义市场经济的重要组成部分”；并强调“要用三年左右的时间，通过改革、改组、改造和加强管理，使大多数国有大中型亏损企业摆脱困境”②。1999年9月22日，党的十五届四中全会通过了《中共中央国有企业改革和发展的有关重大问题的决定》，提出从战略上调整国有经济布局，推进国有企业的战略性改组，建立和完善现代企业制度，加强和改善企业管理等一系列重大决定。通过改革，国有企业规模得到压缩，效益得到提高，控制力增强。“九五”后两年，工业企业实现利润大幅度增长，国有大中型企业改革与脱困的阶段性目标基本实现。到2000年底，国家重点监测的14个行业，已有12个行业实现了整体转亏为盈或继续增盈，国有及国有控股工业企业实现利润大幅度增长；大多数国有大中型骨干企业初步建立现代企业制度，国有企业改革与脱困三年目标基本实现。

与此同时，我国的非公有制经济得到快速发展，已成为社会主义市场经济的重要组成部分。据国家工商行政管理总局统计，1994至2006年，个体户数由2 187万户增至2 756万户，私营企业由43万户增至495万户，港澳台商和外商投资企业由20.6万户增至28万户。非公有制经济已经成为促进增长、扩大就业、繁荣市场的重要力量。其间，我国1/3的GDP和4/5的新增就业岗位是由非公有制经济提供的③。

竞争效率的提升，同时也带来大量的失业人口，城镇登记人口失业率成逐年上涨的趋势：1993年，城镇登记失业率为2.6%，失业人数420.1万人；1996年失业率突破3%，达到552.8万人；2002年，失业率突破4%；到了2006年，失业人口达到847万人，是1993年的两倍。

---

① 江泽民. 在中国共产党第十四次全国代表大会上的报告［J］. 党的建设，1992（Z1）：4-21.

② 江泽民. 在中国共产党第十五次全国代表大会上的报告［J］. 党员之友，1997（10）：2-13.

③ 马凯. 改革开放中出现的问题都不是方向问题［EB/OL］. http://www.cnr.cn/caijing/gcyl/200604/t20060406_504190203.html.

2. 扩大内需推动经济增长

1997年7月，亚洲金融危机首先在东南亚爆发，1998年危机进一步加深，其时我国在商品出口和利用外资等方面都受到不同程度的影响。1998年2月20日，中共中央、国务院发出《关于转发〈国家计划委员会关于应对东南亚金融危机，保持国民经济持续快速健康发展的意见〉的通知》，明确提出应对危机的指导方针和若干重大政策措施，强调要“立足扩大国内需求，加强基础设施建设”。1998年2月25日至26日，党的十五届二中全会在北京召开，江泽民在会上讲话指出，应对亚洲金融危机，“最根本的是要做好我们国内的经济工作，以增强我们承受和抵御风险的能力”，因此“要努力扩大内需，发挥国内市场的巨大潜力”①。2001年3月15日，九届全国人大四次会议通过的《中华人民共和国国民经济和社会发展第十个五年计划纲要》要求：“把扩大国内需求作为经济发展的基本立足点和长期战略方针。”2002年11月8日，党的十六大报告在强调坚持扩大内需方针的同时指出：“扩大内需是我国经济发展长期的、基本的立足点”，要求“坚持扩大国内需求的方针，根据形势需要实施相应的宏观经济政策”，“调整投资和消费关系，逐步提高消费在国内生产总值中的比重”，“完善国家计划和财政政策、货币政策等相互配合的宏观调控体系，发挥经济杠杆的调节作用”②。

围绕“扩大内需”的指导方针，一系列的政策措施相继出台，以刺激经济增长。根据政策举措导向不同，分为旨在扩大投资需求的政策措施和旨在扩大消费需求的政策措施。

旨在扩大投资需求的政策措施主要包括：积极的财政政策和稳健的货币政策。积极的财政政策通过“减少财政收入尤其是税收，以增加企业和居民的可支配收入，从而增强其投资和消费能力；或者增加财政支出，尤其是通过发行国债来增加财政支出”，1998至2004年间，我国共发行长期建设国债9 100亿元，用于大规模的基本建设投资支出。稳健的货币政策主要包括：降低存贷款利率，扩大利率浮动区间；取消贷款限额控制，调整贷款结构；改革存款准备金制度，下调法定准备金率。

---

① 中共中央．中国共产党第十五届中央委员会第二次全体会议公报［J］．党建，1998（4）：1.

② 江泽民．在中国共产党第十六次全国代表大会上的报告［J］．党建，2002（12）：3-18.

旨在扩大消费需求的政策措施主要包括：税收政策、收入政策、耐用消费品消费政策、消费信贷政策、教育消费政策、休假政策等。税收政策的重大变革是取消了农业税，2006 年 1 月 1 日，我国废止了《农业税条例》，这标志着农业税的全面废除，对解决“三农”问题意义重大。收入政策主要是增加居民工资以及其他形式收入，1999 年 9 月出台了调整城镇中低收入居民收入水平的新政策，涉及职工约 8 000 万人，人均工资增加 120 元。1999 至 2003 年，行政事业单位职工工资标准经过三次调整，人均月基本工资由 400 元提高到 877 元，并在 12 月份发双份工资①。为鼓励商品房等耐用消费品消费，财政部、国家税务总局于 1999 年 7 月 29 日下发了《关于调整房地产市场若干税收政策的通知》（财税字〔1999〕210 号），其中规定：“对个人购买并居住超过一年的普通住宅，销售时免征营业税；个人购买并居住不足一年的普通住宅，销售时营业税按销售价减去购入原价后的差额计征；个人自建自用住房，销售时免征营业税；个人购买自用普通住宅，暂减半征收契税。”② 消费信贷政策方面，1998 年 5 月 9 日，中国人民银行颁布了《个人住房贷款管理办法》，允许经其批准设立的商业银行和住房储蓄银行开展个人住房贷款业务，随后扩展至汽车贷款业务；1999 年 2 月 23 日，中国人民银行发布《关于开展个人消费信贷的指导意见》，对境内中资商业银行开展个人消费信贷的重要意义、业务领域、职能机构、期限利率和相关服务管理工作第一次进行了全面阐述，明确提出从 1999 年起，“允许所有中资商业银行开办消费信贷业务”。教育消费政策主要指通过高等教育规模化发展（后涵盖中等职业教育）而衍生的教育领域消费。

这一时期，虽然亚洲金融危机、1998 年洪涝灾害和 2003 年的“非典”都对我国经济发展造成重大障碍，但由于改革举措得力，我国经济实现了“软着陆”，经济实力也实现大幅提升：2000 年，我国国内生产总值首次突破 1 万亿元，到 2006 年，我国国内生产总值已经跃居世界第四，仅次于美国、日本和德国。经济实现快速发展的同时，居民可支配收入也稳步增加（见表 4-1）。

① 韩克勇. 中国居民消费问题研究 [J]. 经济评论，2001 (1)：54-56.

② 财政部，国家税务总局. 关于调整房地产市场若干税收政策的通知 [J]. 税收与企业，1999 (11)：59.

表 4-1　1993—2006 年我国经济发展与城乡居民收入变化情况

年份	国内生产总值/亿元	国内生产总值增幅/%	人均GDP/元	城镇居民可支配收入		农村居民人均纯收入		城乡实际收入之差（比）
				实际收入/元	年增长率/%	实际收入/元	年增长率/%	
1993	35 673.2	31.18	3 027	2 577.4	27.18	921.6	17.55	1 655.80(2.80)
1994	48 637.5	36.34	4 081	3 496.2	35.65	1 221	32.49	2 275.20(2.86)
1995	61 339.9	26.12	5 091	4 283	22.50	1 577.7	29.21	2 705.30(2.71)
1996	71 813.6	17.07	5 898	4 838.9	12.98	1 926.1	22.08	2 912.80(2.51)
1997	79 715	11.00	6 481	5 160.3	6.64	2 090.1	8.51	3 070.20(2.47)
1998	85 195.5	6.88	6 860	5 425.1	5.13	2 162	3.44	3 263.10(2.51)
1999	90 564.4	6.30	7 229	5 854	7.91	2 210.3	2.23	3 643.70(2.65)
2000	100 280.1	10.73	7 942	6 255.7	6.86	2 282.1	3.25	3 973.60(2.74)
2001	110 863.1	10.55	8 717	6 824	9.08	2 406.9	5.47	4 417.10(2.84)
2002	121 717.4	9.79	9 506	7 652.4	12.14	2 528.9	5.07	5 123.50(3.03)
2003	137 422	12.90	10 666	8 405.5	9.84	2 690.3	6.38	5 715.20(3.12)
2004	161 840.2	17.77	12 487	9 334.8	11.06	3 026.6	12.50	6 308.20(3.08)
2005	187 318.9	15.74	14 368	10 382.3	11.22	3 370.2	11.35	7 012.10(3.08)
2006	219 438.5	17.15	16 738	11 619.7	11.92	3 731	10.71	7 888.70(3.11)

资料来源：中华人民共和国国家统计局网站（http://data.stats.gov.cn/）。

经济增长、居民增收的同时，也造成收入差距的拉大：从表 4-1 可以看出，城乡居民的收入比呈“先缩小后拉大”的态势：1993 至 1997 年，城乡居民人均实际收入比由 2.80 降至 2.47；1997 年以后，收入差距拉大，到 2002 年，城乡居民人均实际收入比达到 3.03，随后一直维持在 3.10 左右的水平。城乡居民实际收入的差距也由 1993 年的 1 655 元，上升至 2006 年的 7 888 元。通过基尼系数①对比，发现我国基尼系数在这一时期呈现逐步上涨的趋势：1998 年为 0.378 4，2000 年为 0.408 9，2002 年为 0.432 6，

① 1943 年美国经济学家阿尔伯特·赫希曼根据洛伦兹曲线所定义的判断收入分配公平程度的指标。基尼系数是比例数值，在 0 和 1 之间，是国际上用来综合考察居民内部收入分配差异状况的一个重要分析指标。基尼指数通常把 0.4 作为收入分配差距的“警戒线”，根据黄金分割律，其准确值应为 0.382。

2005 年为 0.449 4，2006 年为 0.469 1。而居于 0.4～0.5 属于收入差距过大，2000 年以后我国进入收入差距过大的时期，我国贫富差距状况相当严重。

3. 财税改革强化统筹协调

从 1979 年到 1992 年，我国累计财政赤字已达到 4 168 亿元，中央财政入不敷出，宏观调控能力严重弱化，地方盲目投资和重复建设现象严重，造成经济过热和通货膨胀。1993 年 11 月 14 日，党的十四届三中全会通过的《中共中央关于建立社会主义市场经济体制若干问题的决定》，正式确立我国财政管理体制由“地方包干制”改为“分税制”。1993 年 12 月 15 日，国务院发布《关于实行分税制财政管理体制的决定》，从 1994 年 1 月 1 日起改革现行地方财政包干体制，对各省、自治区、直辖市以及计划单列市实行分税制财政管理体制。至此，分税制财政管理体制改革正式出台。

分税制财政管理体制改革的确立，使我国由“放权让利”转向制度创新，初步建立起适应社会主义市场经济体制的财政体制基本框架。改革的成效显著：一是形成了财政收入稳定增长的机制，提高了中央财政收入比重，增强了中央的宏观调控能力。1993 至 2007 年，全国财政收入由 4 349 亿元增加到 51 304 亿元，增长了 10.8 倍，年均增速高达 19.3%；财政收入占 GDP 的比重从 1993 年的 12.3%提高到 2007 年的 20.6%，中央财政收入占全国财政收入比重由 1993 年的 22%提高到 2007 年的 54.1%。二是理顺中央和地方的财政分配关系，调动了中央和地方的积极性。1994 年到 2007 年，中央财政收入年均增长 18.9%，地方财政收入年均增长 19.6%，实现了双赢。三是促进了全国统一开放市场体系的形成。实行分税制改革，打破了地区封锁、市场分割的格局；在一定程度上遏制了盲目投资、重复建设情况的发生，促进了全国统一开放的市场体系的形成。同时，中央财政对地方的返还和转移支付制度的实行，也缩小了地区间的财力差异，促进了区域经济的协调发展。

分税制财政管理体制改革的实施，也为教育财政提供了经济基础，这一时期，各级教育的办学条件得到改善，教育改革发展的步伐逐步加快，教育事业也得到较大程度的发展。

（三）教育改革逐步适应经济变革

社会主义市场经济的确立和发展，迫切需要教育为其输送能满足市场需求的大批量知识人才。计划经济时期的教育管理体制和教育规模严重制约着教育的发展，为解决供需矛盾，教育领域逐步引入了市场机制，并开启了自上而下的全面的、规模空前的改革。

1. 教育法律体系逐步构建

1992 年 10 月，党的十四大召开，党中央确立“教育优先发展的战略地位”。随之于 1993 年 2 月 13 日，中共中央、国务院印发了《中国教育改革和发展纲要》，提出了 90 年代乃至 21 世纪初我国教育发展的战略目标、战略思想、战略选择和一系列重大政策措施；随后，国务院出台《关于〈中国教育改革和发展纲要〉的实施意见》这一配套文件，以推进工作落实。为了保证教育优先发展战略目标的实现，进入 90 年代后，我国教育法制建设取得了重大突破，教育法律法规和教育领域各类行政规章先后颁布，我国教育法律法规体系框架基本建立。

其一，教育基本法律的订立实施。1995 年 3 月 18 日，八届全国人大三次会议审议通过了《中华人民共和国教育法》，并于当年 9 月 1 日实施。这是我国教育工作的根本大法，是协调教育部门内部以及教育部门与其他社会部门相互关系的基本准则。它的出台，为全面规范和发展中国教育事业提供了基本的法律依据。其二，教育单行法律的陆续出台。1993 年以后，《中华人民共和国教师法》《中华人民共和国职业教育法》《中华人民共和国高等教育法》《中华人民共和国民办教育促进法》陆续问世；2006 年 6 月 29 日，十届全国人大常委会二十二次会议又对《中华人民共和国义务教育法》（1986 年 7 月 1 日颁布实施）进行了修订。这些法律的出台，基本搭建了我国教育法律的框架，对指导教育领域工作开展，维护各主体权益，均具有积极意义。其三，教育法规制度的逐步完善。为保证教育法律的实施，国家陆续出台了《中华人民共和国义务教育法实施细则》《教师资格条例》《中华人民共和国民办教育促进法实施条例》等多部教育行政法规，以及《县级扫除青壮年文盲单位检查评估办法（试行）》《普及义务教育评估验收暂行办法》等二百余件规章。加之自 1980 年《中华人民共和国学位条例》出台后历年来制定并实施的各项教育法律法规，从此我国教育事业的发展真正做到了有法可依。

教育法律法规的颁行，强化了教育经费保障。《中华人民共和国教育法》第五十四条和第五十五条分别规定，“国家财政性教育经费支出占国家生产总值的比例应当随着国民经济的发展和财政收入增长逐步提高”，

“全国各级财政支出总额中教育经费所占比例应当随着国民经济的发展逐步提高”；“各级人民政府教育财政拨款的增长应当高于财政经常性收入的增长，并使按在校学生人数平均的教育费用逐步增长，保证教师工资和学生人均公用经费逐步增长”。《中华人民共和国职业教育法》第二十七条规定，“职业学校举办者应当按照学生人数平均经费标准足额拨付职业教育经费”，“各级人民政府、国务院有关部门用于举办职业学校和职业培训机构的财政性经费应当逐步增长”。《中华人民共和国高等教育法》第六十条规定，“国家建立以财政拨款为主、其他多种渠道筹措高等教育经费为辅的体制，使高等教育事业的发展同经济、社会发展的水平相适应”，“国家鼓励企业事业组织、社会团体及其他社会组织和个人向高等教育投入”；第六十一条规定：“高等学校的举办者应当保证稳定的办学经费来源，不得抽回其投入的办学资金”。这些规定既为各类规章制定提供了参照，同时又为教育事业发展提供了经费保障。

2. 高等教育规模快速扩大

为贯彻和落实《中国教育改革和发展纲要》和《关于〈中国教育改革和发展纲要〉的实施意见》，1995 年 7 月 19 日，国务院办公厅转发国家教委《关于深化高等教育体制改革若干意见》的通知，对深化高等教育体制改革提出了明确的指导意见，高等教育随着改革的深入有了快速的发展。

(1) 招生由“双轨”到“并轨”。“并轨”从总体上来讲，是解决高等教育如何根据教育规律适应社会主义市场经济发展需要的问题，是一个系统工程。其主要内容包括：高招录取由双轨制转向单轨制，取消计划外招生，实现统一招生；教育费用由公费转向自费，实现权责对等；学生就业由国家统包统分转向自由择业，适应市场经济需求。1994 年，经国家教委批准，40 所高校进行了“并轨”试点；1996 年，660 余所高校实现了“并轨”；1997 年，全国范围内实现了“并轨”招生。“并轨”是用市场机制缓解教育经费问题的有效尝试，全面“并轨”以后，高等教育的市场化程度提高，办学资金来源出现困难，一些高校的运行经费甚至都难以得到保障，只能通过提高收费标准来补偿办学经费的不足：据有关学者研究统计，1993 年至 1997 年我国高校学费增长率为 27.65%，1999 年全国普通高等学校生年均学费增长至 2 769 元，比 1998 年增长了 40.3%，学费也占到了当年全国公立普通高等教育经费的 13%左右。至 2000 年生年均学费达到了 5 000 元上下，年均住宿费也涨到了 1 000 元左右[①]。同时期内，中等职业技术院校的收费标准也大幅提高，有些甚至超过了同类专业的高等教育收费水平。

（2）高校逐步扩大招生规模。为满足社会需求，解决经济困境，打破“应试教育”怪圈，1999 年，中央作出扩大高等教育规模的决定，全国各类高等学校实际招生 280 万人，高考录取率达到 49%，高等教育毛入学率达到 10.5%。此后 8 年间，高校招生规模逐年增加，高等教育开始由“精英教育”跨入“大众教育”时代。高等教育规模化发展，拉近了我国高等教育与发达国家的差距，既促进了国民素质的整体提升，同时也满足了一大批青年学子的就学需求。但与之相应的是，高等教育的各项收费制度以及其他开支也成为家庭经济困难学生顺利完成学业的一道鸿沟，“上学贵、上学难”就成为这一时期社会关注的焦点。

表 4-2 1998—2006 年普通高等学校学生数（万人）统计

指标	1998	1999	2000	2001	2002	2003	2004	2005	2006
招生数	108.4	159.7	220.6	268.3	320.5	382.2	447.3	504.5	546.1
在校生数	340.9	413.4	556.1	719.1	903.4	1 108.6	1 333.5	1 561.8	1 738.8

资料来源：教育部. 1998—2006 年全国教育事业发展统计公报［EB/OL］. http://www.moe.gov.cn/s78/A03/ghs_left/s182/.

（3）高校后勤社会化改革。高校大规模扩招给高校后勤工作带来严峻考验，后勤供需严重不足。为此，国务院牵头于 1999—2002 年分别在上海、武汉、西安和北京，召开了四次全国高校后勤社会化改革工作会议，部署落实高校后勤社会化改革各项工作。2000 年 1 月 14 日，国务院办公厅转发教育部等六部门联合出台的《关于进一步加快高等学校后勤社会化改革的意见》，对全国高校后勤社会化改革工作进行指导和部署。经过 2000 年和 2001 年两次会议的督办，后勤社会化改革进展迅速，学校的办学条件也得到较大程度的优化，学生的学习和生活条件基本得到保障。截至 2002 年底，高校新建学生公寓 3 800 万平方米、改造 1 000 万平方米，新建学生食堂约 500 万平方米、改造 130 万平方米，超过了新中国成立后 50 年建设面积的总和。

---

① 王善迈. 论高等教育的学费［J］. 北京师范大学学报（人文社会科学版），2000（6）：24-32.

3. 职业教育得到大力发展

职业教育是人力资源市场的最大供给方，其人才培养质量直接决定着社会主义市场经济的发展。经济社会的快速发展，对生产、服务一线高素质劳动者和技能型人才提出了新的迫切要求。大力发展中等职业教育，已经成为这一时期教育工作的一项重要战略任务。

1991 年出台的《关于大力发展职业技术教育的决定》，明确了职业教育的地位、发展目标和任务，要求各级政府“要高度重视职业技术教育的战略地位和作用，积极贯彻大力发展职业技术教育的方针”。1996 年 5 月 15 日出台的《中华人民共和国职业教育法》进一步从法律层面保障了职业教育的地位。1997 年 7 月 31 日《社会力量办学条例》出台，肯定了“社会力量办学事业是社会主义教育事业的组成部分”，“社会力量应当以举办实施职业教育、成人教育、高级中等教育和学前教育的教育机构为重点”。国家首次以条例形式肯定了民办教育的地位和作用，明确其定位，这标志着民办教育进入相对规范发展的时期。1998 年出台的《面向 21 世纪教育振兴行动计划》正式提出：“今后 3～5 年，基本形成以政府办学为主体、社会力量共同参与、公办和民办学校共同发展的办学体制。”

发展公办中等职业教育的同时，大力发展民办中等职业教育，对于更新教育观念，深化学校办学体制和运行机制改革，扩大职业教育规模，满足经济社会发展和人民群众对职业教育的多样化需求，具有十分重要的意义。20 世纪 90 年代，公办和民办职业教育得到较大程度的重视，职业教育实现了规模化发展。但受 1999 年高等教育扩招影响，接下来的三年，职业教育尤其是中等职业教育跌入低谷。

2002 年 7 月，国务院召开全国职教会，8 月 24 日出台《关于大力推进职业教育改革与发展的决定》，强调要建立并完善职业教育管理体制、办学体制和投入体制，加快农村和西部地区职业教育的发展。这为职业教育的改革和发展提供了方向和指导。同年出台的《2003—2007 年教育振兴行动计划》，启动了“职业教育与培训创新工程”，有效推进了职业教育改革的落实。2004 年和 2005 年，国务院又先后召开了全国职业教育工作会议，教育部等七部门出台了《关于进一步加强职业教育工作的若干意见》，国务院发布了《关于大力发展职业教育的决定》，建立了职业教育部际联席会议制度，推出职业教育快速持续健康发展的政策措施和阶段发展目标。

上述变革和调整，尤其是进入新世纪后的三次会议，对职业教育的改革和发展产生重大影响。职业教育在调整中得到不断发展。其一，职业教育的地位逐步提升。职业教育地位由1991年的“基础建设”，到2002年的“重要基础”，再到2005年的“战略重点”；其意义也由“促进经济社会发展”，上升到“实施科教兴国战略重要途径”，再上升到“落实科教兴国、人才强国战略的重大举措”。其二，职业教育经费投入以及人才培养规模逐步加大。2002年起，国家对职业教育的经费投入大幅提高，“十一五”期间中央财政投入100亿元，重点用于支持职业教育基础能力建设，职业院校的办学条件逐步得到改善，招生规模也在不断扩大：从改革开放到2006年，中职教育培养了近8 000万毕业生，高职教育培养了近2 000万毕业生，共为国家输送了近1亿高素质劳动者和技能型专门人才。其三，职业教育办学质量和办学效益逐步提高。在改革中，职业教育实现了从计划培养转向市场驱动，从政府直接管理转向宏观引导，从传统的升学导向转向就业导向，从学科本位转向职业能力本位。“政府主导、面向市场、多元办学”的体制机制逐步形成，办学模式逐步实现集团化、连锁化和规模化。多年来，中等职业学校毕业生的就业率保持在95%以上，高等职业学校毕业生就业率也在逐年提高。

4. 义务教育转向财政买单

20世纪90年代以来，城镇义务教育得到较快的普及和发展，农村义务教育却因为多种原因导致发展滞后。从某种程度上讲，农村义务教育的发展程度影响着全国义务教育的发展水平。这一阶段，义务教育管理体制特别是费用承担主体逐步发生变化，农民关于义务教育经费的负担逐步减轻，义务教育本身也随之不断发展。

一是“以乡为主”阶段（2000年以前）。1985年，中共中央颁布了《关于教育体制改革的决定》，确立了“分级办学”的教育制度；1986年《中华人民共和国义务教育法》强化了“地方负责，分级管理”的原则，促成实践中形成“县办高中、乡办初中、村办小学”的模式。“以乡为主”体制的主要弊端为：农村义务教育经费严重缺乏，举办的重任主要落在农民身上，农民负担重；教师队伍素质不高；乱收费问题突出。虽然该体制存在诸多问题，但由于行政推动和农民对教育预期的双重作用，该项政策还是发挥了一定的积极作用。2000年底，全国“普九”地区人口覆盖率达到85%以上，基本实现了“双基”目标。2000年第五次全国人口普查结果显示，我国文盲人口为8 507万人，比1990年第四次人口普查减少了近1亿。

二是“以县为主”阶段（2001—2004年）。2000年，我国推进农村税费改革，取消“三提五统”和教育附加、教育集资费，以减轻农民负担。但由于对农村义务教育经费组成比例分析不足，税改后农村义务教育经费投入更加不足，乱收费现象继续蔓延。2001年5月29日，国务院出台《关于基础教育改革与发展的决定》，明确农村义务教育实行“在国务院领导下，由地方政府负责，分级管理、以县为主的管理体制”，做到“两个改变”：把主要向农民收费集资办学改变为主要由政府财政出资办学，管理主体由“以乡为主”改变为“以县为主”。2003年9月，第一次全国农村教育工作会议召开，9月17日，国务院出台《关于进一步加强农村教育工作的决定》，自此“以县为主”的管理体制形成。此后，中央政府加强了对农村义务教育的转移支付力度，改善农村寄宿制学校条件，推行“一费制”收费办法，减轻了农民的经济负担，促进了义务教育的发展。2004年底，全国实现“普九”目标的县（市、区）达到2 765个，实现“两基”目标的人口覆盖率达到93.6%。农村小学适龄儿童入学率达到98.6%，初中毛入学率达到94.1%。当然，由于中西部贫困地区多数为赤字财政，加之财政转移支付资金管理不善，导致义务教育经费仍显不足，一些贫困地区义务教育状况没有太大改善。

三是“公共财政”阶段（2005年以后）。2005年12月24日，国务院颁布《关于深化农村义务教育经费保障机制改革的通知》，决定今后按照“明确各级责任、中央地方共担、加大财政投入、提高保障水平、分步组织实施”的原则，逐步将农村义务教育全面纳入公共财政保障范围，建立中央和地方分项目、按比例分担的农村义务教育经费保障机制。这标志着义务教育向主要依靠政府财政投入转变，收费义务教育向免费义务教育转变。2006年6月，新《中华人民共和国义务教育法》颁布，义务教育以县级管理为主，经费投入实施省级统筹，免学杂费政策以法律的形式固定下来，农村义务教育被纳入公共财政的范围，实现“义务教育国家办”。2006年，我国学龄儿童净入学率达到99.3%，小学升学率达到100%；其中西部地区变化尤为显著，由2003年的77%提高到98%，提高了21个百分点。

二、经济转型时期混合式学生资助

教育改革实现了规模化扩张，缓解了知识人才的供需矛盾。在政府财政相对紧张的情况下，教育收费制度为教育改革提供了财力支持，缓解了办学主体经费紧张的难题。但教育收费制度又带来了新的问题——大量家庭经济困难的学生“交不起钱读书”。从维护社会公平正义和体现社会主义制度优越性的角度来讲，国家理应提供合理的解决方案。

高校扩招当年，国家便采取举措，随后又逐步加大学生资助改革力度，减缓了学生资助供给不足的矛盾。一是成立了专门管理机构。1999年，国家成立全国助学贷款部际协调小组，在教育部设立全国学生贷款管理中心，在各省（区、市）设立相应的协调组织和管理中心。2006年，“全国学生贷款管理中心”更名为“全国学生资助管理中心”，统筹管理全国各级各类学生资助工作；省、市、县三级学生资助机构随后陆续成立，全国形成中央、省、市、县四级学生资助行政管理体制；各高校也完成相应机构设置和人员配置。二是完善了制度保障。在义务教育、中等职业教育、高等教育阶段以及留学生教育方面，出台一系列资助政策文件，调动地方、学校、社会多方的积极性，推进了学生资助工作的开展。三是逐步落实了资金保障。初步明确了中央政府、地方政府、学校及社会在学生资助中的权责关系，逐步落实了资金保障。通过这些改革，使得此期学生资助举措开始增多，资助主体走向多元，资助理念逐步明确，资助规模逐步扩大。与之相应，学生资助的作用得到一定的发挥，其地位也有了较大提升，混合资助是这一阶段的典型特征。

（一）高等教育学生资助

受扩招和学杂费逐年走高等因素影响，高等教育阶段学生资助供需矛盾显得最为突出。为此，国家采取多项举措：引入市场机制，建立并初步完善了国家助学贷款制度；优化了国家奖助学金制度，调动了地方资助的积极性；规范了勤工助学活动；吸引了社会投资。资助规模逐步扩大，资助效果得到提升，资助供需矛盾得到一定缓解。

1. 国家助学贷款

高等教育收费制度和扩招的实施，给高校和学生带来新的难题：一是高校为改善办学条件和扩大办学空间，急需大量办学经费，提高学杂费标准成了弥补资金缺口的重要渠道之一，大幅增加的学杂费给学生带来经济负担。二是随着大规模扩招，有机会接受高等教育的家庭经济困难学生数量大幅上升，高昂的学杂费成为低收入群体难以逾越的障碍，寒门学子渴求平等的教育机会。加之国内经济增速放缓，城镇失业人口数量增加，国家财政无力加大教育投入，急需通过市场机制来解决经费难题。在借鉴他国经验基础上，经过试点、推行和调整，我国初步形成了符合国情的国家助学贷款制度。

一是试点阶段（1999 年 9 月—2000 年 8 月）。1999 年 6 月 17 日，国务院办公厅批转了《关于国家助学贷款管理的规定（试行）通知》和《中国工商银行国家助学贷款试行办法》，教育部也于 8 月 17 日发布《国家助学贷款管理操作规程（试行）》，决定从当年 9 月 1 日开始，在北京、上海、武汉等 8 个城市试点，由中国人民银行指定中国工商银行办理贷款业务，帮助高校经济困难学生支付在校期间的学费和日常生活费。为减轻学生还贷负担，财政部门对贷款学生给予利息补贴，学生所贷款利息的 50%由财政贴息①，国家助学贷款利率按中国人民银行公布的法定贷款利率执行②。由于对担保条件和发生呆账③的偿还责任有严格的规定，虽然当年财政部核定贴息经费为 900 万元，但到 1999 年底，实际发放国家助学贷款仅 400 多万元。2000 年 2 月，国务院办公厅转发中国人民银行、教育部、财政部《关于助学贷款管理若干意见的通知》，进一步明确：增加信用助学贷款方式，即贷款学生本人签字并经介绍人、见证人确认后即可贷款；学生毕业后如还款有困难，贷款期限可以适当延期；要求银行简化手续；扩大国家助学贷款开办范围；建立借款人个人信用登记制度。该政策提高了家庭经济贫困学生贷款的积极性，但由于信用贷款仅依靠学生的个人信用和毕业后的收入能力，经办银行业务风险提升，影响其积极性；同时，介绍人和见证人的确定问题又成为新的难题。到 2000 年 6 月底，国家助学贷款仅发放了 800 多万元。

二是推行阶段（2000 年 8 月—2001 年 7 月）。2000 年 8 月，国务院办公厅转发了中国人民银行等部门出台的《关于助学贷款管理补充意见》。其主要内容为：贷款范围扩大到全国，经办银行由 1 家扩大到 4 家，将研究生也列为贷款对象；贷款学生继续攻读研究生或第二学士学位的，在读期间贷款期限延长，贷款本息在研究生及第二学士学位毕业后四年内还清；停止执行“对不履行职责的介绍人、见证人公布其姓名”的规定，并

① 贴息是政府为贷款者偿还贷款利息的补贴方式，它是学生贷款公益性的体现。

② 即国家助学贷款利率不得高于央行基准利率，这使得国家助学贷款的利率远低于市场利率，并将利益隐蔽地补贴给了学生。

③ 呆账是一个经济领域术语，是指已过偿付期限，经催讨尚不能收回，长期处于呆滞状态，有可能成为坏账的应收款项。

对见证人及其职责作明确界定；简化了申请助学贷款的条件，模糊了学习成绩的限定；实行国家助学贷款呆账坏账税前核销[①]。《关于助学贷款管理补充意见》的出台，在一定程度上推进了国家助学贷款进程。截至 2001 年 5 月底，全国有 17 万学生办理了贷款，贷款合同金额 12.6 亿元，发放金额 6.33 亿元。全国已签订贷款合同的学生人数占申请人数的 32%，已签贷款合同金额占申请金额的 38%。

三是调整阶段（2001 年 7 月—2004 年 6 月）。2001 年 7 月 27 日，中国人民银行、财政部、教育部、国家税务总局联合发布《关于进一步推进国家助学贷款业务发展的通知》。2002 年 2 月，中国人民银行、教育部、财政部又联合发布《关于切实推行国家助学贷款工作有关问题的通知》，对推进助学贷款工作进行部署。其主要内容有：第一，免征国家助学贷款利息收入营业税；第二，取消“一校一行”的规定，允许一校多行开办国家助学贷款业务；第三，扩大政策宣传，高校要在招生简章和录取通知中加入国家助学贷款政策；第四，实行“四定”（定学校、定范围、定额度、定银行）和“三考核”[②]；第五，调整财政贴息办法，财政部门对国家助学贷款在贷款期内贴息 50%，剩余由借款学生负担；第六，调整还款方式，增强还款的灵活性；第七，强化信用意识，要求逐步建立学生个人信用征询系统，公安部门加快换发第二代居民身份证，实现身份证号码终身唯一化等。以上两个文件的出台，在一定程度上促进了国家助学贷款工作的推进。截至 2002 年 11 月底，全国累计申请贷款学生 132.84 万人，申请贷款金额 94.80 亿元；银行已审批贷款学生数 55.68 万人，审批贷款合同金额 42.68 亿元；实际发放贷款学生数 44.82 万人，发放贷款金额 27.20 亿元。

随着学生还款期的到来，出现了高违约率现象，绝大部分高校贷款学生的违约率及违约人数超过文件限定。2003 年秋，银行出于风险防范考虑，停止或基本停止了新贷业务。此举致使全国范围内许多新生没有得到贷款。

四是初步完善阶段（2004 年 6 月—2006 年底）。2004 年 6 月 8 日，国务院批转了由教育部、财政部等部门发布的《关于进一步完善国家助学贷

① 此处是指减小助学贷款所得税税基的补贴形式。各商业银行发放助学贷款，发生呆坏账，按实际发生额在所得税前按规定核销。坏账税前核销缩小了银行所得税税基，增加了银行收入，激励了贷款供给。

② 中国人民银行及各分支行与教育行政部门按月考核经办银行国家助学贷款的申请人数和申请金额，考核已审批贷款人数和贷款合同金额，考核实际发放贷款人数和发放金额。

款工作的若干意见》，本着坚持“方便贷款、防范风险”的原则，理顺国家、高校、学生、银行之间的经济关系，健全国家助学贷款管理体制，改革贷款审批和发放办法，强化普通高校和银行的管理职责，完善还贷约束机制和风险防范机制，最大限度地降低国家助学贷款风险。其重大调整内容有：第一，通过招标选择贷款经办银行；第二，规定学生在校期间利息由财政承担，毕业后利息由学生承担；第三，还贷期限延长至 6 年，同时试行基层就业贷款代偿①；第四，加大还款监管力度，违约借款学生的名单将曝光；第五，建立国家助学贷款风险补偿专项资金②，给予经办银行适当补偿。

表 4-3　各阶段国家助学贷款政策一览表

	试点阶段	推行阶段	调整阶段	初步完善阶段
时间	1999.9—2000.8	2000.8—2001.7	2001.7—2004.6	2004.6—
颁布文件	《关于国家助学贷款管理规定（试行）》《关于助学贷款管理的若干意见的通知》	《关于助学贷款管理的补充意见的通知》《中国人民银行助学贷款管理办法》	《关于进一步推进国家助学贷款业务发展的通知》《关于切实推进国家助学贷款工作有关问题的通知》	《关于进一步完善国家助学贷款工作的若干意见》
出资机构	工行	工行、建行、农行、中行	工行、建行、农行、中行	由招标确定中标银行
发放对象	高等学校中经济确实困难的全日制本专科学生	高等学校中经济确实困难的全日制本专科学生、研究生	高等学校中经济确实困难的全日制本专科学生、研究生	高等学校中经济确实困难的全日制本专科学生、研究生

① 政府为符合条件的学生偿还助学贷款本息的补贴形式。2006 年 9 月出台的《高等学校毕业生国家助学贷款代偿资助暂行办法》规定：“高校毕业生到西部地区和艰苦地区基层单位就业，服务期 3 年以上的，其助学贷款本金及其利息由国家代为偿还。”“代偿对象为部属高校学生”，“代偿资金由中央财政安排”。

② 按学生贷款发生额的一定比例，给予贷款机构的风险补贴。2004 年 6 月出台的《关于进一步完善国家助学贷款工作的若干意见》规定：“为鼓励银行积极开展国家助学贷款业务，按照风险分担原则，建立国家助学贷款风险补偿机制。按隶属关系，由财政和普通高校按贷款当年发生额的一定比例建立风险补偿专项资金，给予经办银行适当补偿，具体比例在招投标时确定。”

续表

	试点阶段	推行阶段	调整阶段	初步完善阶段
发放方式	先担保贷款，后信用助学贷款，提供介绍人和见证人	信用贷款，提供介绍人和见证人	信用贷款，提供介绍人和见证人	信用贷款，提供介绍人和见证人
发放额度	经办银行具体负责额度，不超过学校的收费标准和基本生活费标准	助学贷款的最高限额不超过学生在读期间所在学校的学费与生活费	申请贷款的比例不超过全日制在校生人数的20%，每人每年最高不超过6 000元贷款额度	高校实行借款总额包干，借款比例为在校生人数的20%，以每人每年6 000元计算
贴息方式	借款期财政贴息50%	借款期财政贴息50%	借款期财政贴息50%	在校期间财政贴息100%
偿还期限	毕业后四年内还清，经贷款银行同意，可按有关规定展期，偿还宽限0～1年	毕业后四年内还清，本科毕业后继续读研究生及第二学士学位的，可相应延长。偿还宽限0～1年	毕业后四年内还清，本科毕业后继续读研究生及第二学士学位的，可相应延长。偿还宽限0～1年	毕业后六年内还清，偿还宽限0～2年
偿还方式	还本付息方式由贷款银行根据学校学制和学生情况等因素确定	可提前还贷，或利随本清，或分次偿还（按年、季或月），具体方式由贷款人和借款人商定并载入合同	可以在学习期间偿还贷款本息，也可以在毕业后第一年开始偿还贷款本息，由借款学生与经办银行协商确定	贷款还本付息可以采取多种方式，可以一次或分次提前还贷
偿还减免	无偿还减免规定	无偿还减免规定	无偿还减免规定	自愿到国家需要的地区、行业工作，服务达到一定年限的借款学生实行还贷减免

续表

	试点阶段	推行阶段	调整阶段	初步完善阶段
补偿机制	特困生贷款到期无法收回部分，由提出建议的学校和学生贷款管理中心共同负责偿还	各商业银行发放助学贷款，发生呆坏账，分别由各商业银行总行核实后，实际发生额在所得税前按规定核销	免征国家助学贷款利息收入营业税。对国家助学贷款业务单立台账，单设科目，单独统计，单独核算和考核	按贷款当年发生额的一定比例，由财政和普通高校各承担50%，建立国家助学贷款风险补偿专项资金，给予经办银行适当补偿
信用约束机制	建立借款人个人信用登记制度，媒体曝光借款学生的违约，追究其法律责任，并公布其担保人和不履行职责的介绍人和见证人的姓名	借款人要恪守信用，如因各种原因离开学校后，应主动告知贷款人其最新通信方式和工作单位，按期偿还贷款本息	增强学生信用意识，逐步建立学生个人信用征询系统和个人信用档案，将其纳入电子化系统管理。实现身份证号码终身唯一化，媒体曝光借款学生的违约	加快建设全国个人资信征询系统和学生的信息查询管理系统，为高校学生换发第二代居民身份证，媒体曝光借款学生的违约

资料来源：根据《关于国家助学贷款管理规定（试行）》（1999.6.17）、《关于助学贷款管理的若干意见的通知》（1999.6.17）、《中国人民银行助学贷款管理办法》（2000.8.24）、《关于助学贷款管理的补充意见的通知》（2000.8.26）、《关于进一步推进国家助学贷款业务发展的通知》（2001.7.27）、《关于切实推进国家助学贷款工作有关问题的通知》（2002.2.7）、《关于进一步完善国家助学贷款工作的若干意见》（2004.6.8）等文件整理。

此次政策调整，是国家助学贷款实施以来调整力度最大的一次，它对以前的政策有很大的完善和补充，实施成效显著：2004 年 6 月—2006 年 6 月，全国申请贷款 211.1 万人，银行审批人数 154.3 万人，申请贷款金额 171.8 亿元，银行审批金额 131.7 亿元，实现历史性突破（如图 4-1 所示）。

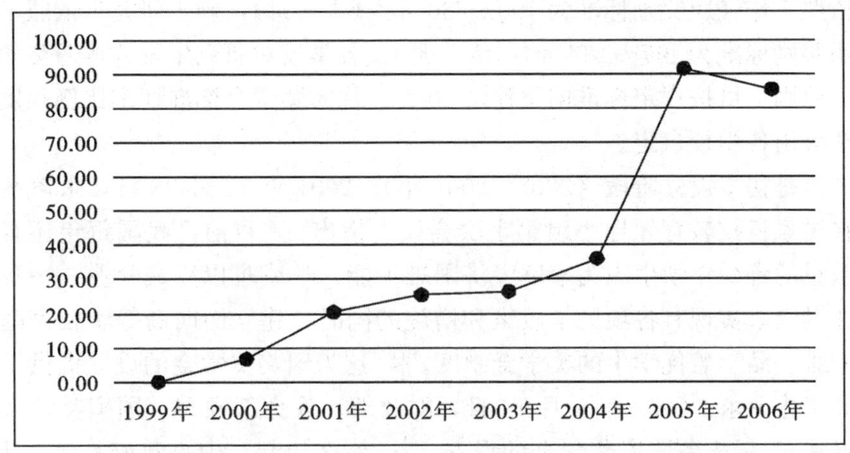

图 4-1　1999—2006 年国家助学贷款发放人数（万人）折线图

2. 政府奖助学金

按照出资主体不同，政府奖助学金分为中央政府奖助学金（国家奖助学金）和地方政府奖助学金。

（1）中央政府奖助学金（以下称为“国家奖助学金”）。

国家奖学金政策出台之前，已经存在由国家财政出资设立的奖学金。奖学金虽然没有以“国家”冠名，但由国家教委统一下发文件，统筹设置，规范管理；从资金来源来看，政府财政资金占绝对比重，可将其视为国家奖学金的前身。随后，2002 年和 2005 年先后两次出台并实施了国家奖助学金政策。

一是未冠名阶段（2001 年之前）。首先是本专科学生奖学金。这一阶段沿用 1987 年国家教委、财政部制定的《普通高等学校本、专科学生实行奖学金制度的办法》，分为优秀学生奖学金、专业奖学金和定向奖学金进行奖励。1994 年 9 月 19 日，国家教委、财政部发出《关于提高普通高等学校专业奖学金标准的通知》，提高了专业奖学金的标准。提高后的标准为：按学生人数平均计算，民族专业奖学金提高到每生每年 700 元，其他类专业奖学金提高到每生每年 500 元；除专业奖学金外，上述专业学生同时享受学校所在地政府规定的高等学校学生的粮、油、副食品价格补贴。其次是研究生奖学金。1994 年 9 月 26 日，国家教委、财政部颁布《关于印发〈普通高等学校研究生奖学金办法〉的通知》，将研究生奖学金分为普通奖学金和优秀奖学金，研究生同时享受学校所在地政府规定的高等院校学生的粮、油、副食品价格补贴。普通奖学金依照标准如下：博士研究生依照工作经历奖励标准为190～230元/（人·月），硕士研究生依照工作经历奖励标准为147～187元/（人·月）。各学校对研究生发放普通奖学金时，原则上可按规定标准向下浮动40元。优秀奖学金标准评定比例和发放办法等由各学校自定。

二是初步设立阶段（2002—2004年）。2001年12月28日，朱镕基总理在国家科技教育领导小组第十次会议上指出："目前，我国每年还有一定数量的青少年学生因为家庭经济困难不能入学或难以完成学业……我们要在继续落实现有各项助学政策和措施的同时，建立面向高等学校家庭经济困难、品学兼优学生的奖学金制度。"① 这为国奖奖学金的设立提供了指导和工作要求。2002年4月16日，财政部、教育部颁布《国家奖学金管理办法》，标志着国家奖学金的设立。从2002年起，中央政府每年拨出2亿元，资助高校家庭经济困难而又品学兼优的4.5万名学生。国家奖学金分两个档次：一等每人每年6 000元，二等每人每年4 000元。国家奖学金获得者，其所在学校减免当年的全部学费。国家奖学金主要申报条件包括：家庭经济困难、身体健康、成绩优秀（在校期间学习成绩优秀或参加全国统一高考成绩优秀）。同时，要求高等学校可按照国家奖学金基本申请条件制定相应的综合测评办法，并根据学生家庭经济状况、思想品德、学习成绩、体育锻炼、校规校纪等具体指标对学生进行考核。在名额分配问题上，强调对重点高校和师范、农林、民族、体育、航海、水利、地质、矿产、石油等专业的学生占在校生比例较大的高校适当倾斜。

三是调整阶段（2005—2006年）。2005年，财政部、教育部联合发布《关于印发〈国家助学奖学金管理办法〉的通知》，"国家助学奖学金"由中央政府出资10亿元设立，分为国家奖学金和国家助学金两种形式。国家奖学金的资助对象为高校中家庭经济困难、品学兼优的全日制本专科学生；国家奖学金额度为每人每年4 000元，每年资助5万名学生。国家助学金的资助对象为高校中家庭经济特别困难的全日制本专科学生；国家助学金以资助家庭经济特别困难学生的生活费为目的，标准为每人每月150元，每年按10个月发放，每年资助约53.3万名学生。

与2002年的文件相比，新文件有以下变化：第一，取消国家二等奖学金，增设国家助学金。虽然取消国家二等奖学金，但国家奖学金资助资金

① 尹鸿祝．国家科技教育领导小组第十次会议召开 朱镕基主持 李岚清等出席会议［N］．人民日报（海外版），2001-12-29（1）．

总额与2002年持平，均为2亿元，资助人数比2002年多了0.5万人；增设的国家助学金标准为每人每年1 500元，每年资助53.3万名学生，资助金额比2002年多了8亿元，增加了53.8万受益学生。第二，国家奖学金条款调整，主要申报条件中取消了“身体健康”的要求和“体育锻炼”板块；在指标分配上增加“对西部地区的高校适当予以倾斜”，取消了“对重点高校的倾斜”；文件规定，“同一学年内不得同时享受国家奖学金和国家助学金”；文件中未出现“国家奖学金获得者，其所在学校减免当年的全部学费”这一规定。

（2）地方政府奖助学金。

2002年4月16日出台的《国家奖学金管理办法》要求，各省、自治区、直辖市及计划单列市由本级财政安排专项资金，“参照国家奖学金管理办法设立本地区的政府奖学金”。全国各地按照文件要求，纷纷设立政府奖学金，有效地扩大了财政资助学生的规模，为财政资助体系提供有力的支撑。

据统计，有广西、湖南、云南、海南、江苏、吉林、上海、福建、浙江、山东、天津和四川这12个省（区、市）设立了政府奖学金。其中，浙江和四川两省还同时设立了政府助学金；奖励标准最高的是上海和天津，达到8 000元/（生·年）；政府奖学金的资助对象绝大部分为全日制普通本专科生中品学兼优的家庭经济困难学生，只有天津、山东和上海三省（市）为纯粹的奖励优秀学生；以上各省的政府奖学金均未涵盖研究生。具体设置时间、资助对象及资助标准可参看表4-4。

表4-4　各地政府奖（助）学金设立情况（1999—2006）

省份	设立时间	名称	内容
广西	1999	“春雨奖学金”，2003年更名为“自治区人民政府奖学金”	1999年起，每年安排200万元，帮助家庭经济特别困难的普通高校学生完成学业。2003年，奖励金额增加到每年500万元，奖励普通高校特困生中品学优良的学生。1999—2006年，累计颁发“春雨奖学金”和“自治区人民政府奖学金”2 800万元，奖励学生2.2万人
湖南	1999	湖南省特困优秀大学生奖学金	主要用于帮助在湘的普通高校本科全日制的家庭特别困难的优秀大学生。奖学金向有条件的各级各类机关、各类经济成分的企业、各类社会团体和个人以及境外社会团体和个人募集

续表

省份	设立时间	名称	内容
云南	2002	云南省政府奖学金	2002 年，云南省政府筹措 400 万元设立政府奖学金，每年资助 1 800 名贫困大学生。2004 年起，每年资助金额增加到 800 万元、资助学生增加到 3 600 人
海南	2003	海南省优秀贫困大学生奖学金	每年奖励家庭经济困难、品学兼优的大学生 750 人，奖励标准为 4 000 元/人
江苏	2003	江苏省政府奖学金	奖励标准为 2 000 元/人，奖励对象为家庭经济困难、品学兼优的全日制普通本专科学生
吉林	2004	吉林省政府奖学金	主要用于资助品学兼优的经济困难学生；并要求各高校设立贫困学生奖学金，激励家庭经济困难学生努力学习，奋发向上
上海	2005	上海市奖学金	奖励高校全日制本专科（含高职、第二学士学位）学生中特别优秀的学生，所需资金纳入市教委部门预算。奖励标准为每人每年 8 000 元。奖励名额为每年 1 000 名（250 个为部属高校名额，750 个为地方高校名额）
福建	2005	福建省政府助学奖学金	对全省高校全日制本专科学生中约 20%的贫困家庭学生实行困难补助，资金来源为财政（60%）和学校（40%）。同时规定："高校从学费收入中提取 20%以上比例资金用于以下方面助学工作：奖学金、勤工助学、特殊困难补助、校内无息借款、学费减免"
浙江	2005	浙江省政府奖学金	资助高校中家庭经济困难、品学兼优的全日制本专科学生。奖励标准为每人每年 2 500 元，每年资助 2 800 名学生
		浙江省政府助学金	资助高校中家庭经济特别困难的全日制本专科学生，以资助其生活费为主要目的，标准为每人每月 150 元，每年按 10 个月发放
山东	—	山东省普通高校省政府奖学金	由省财政安排专项资金设立，用于奖励高校全日制本专科（含高职、第二学士学位）学生中特别优秀的学生。奖学金的名额根据高校本专科学生人数的一定比例分配，奖励标准为每人每年 6 000 元

续表

省份	设立时间	名称	内容
天津	—	天津市人民政府奖学金	每年奖励 800 名成绩优异，在实践创新能力、综合素质方面表现突出的优秀大学生，奖励标准为 8 000 元/人，是资助学生政策体系中面向天津普通高校本专科学生荣誉最高、奖励额最大的奖学金项目
四川	—	四川省政府奖学金	资助高校中家庭经济困难、品学兼优的全日制本专科学生，资助标准为每人每年 3 000 元，资助指标为 2 000 人
		四川省政府助学金	以资助家庭经济特别困难学生的生活费为目的，标准为城镇学生每人每月 90 元、农村学生每人每月 120 元，每年按 10 个月发放，每年资助 2 万名学生

资料来源：根据广西壮族自治区教育厅（http://jyt. gxzf. gov. cn/）、湖南省教育厅（http://jyt. hunan. gov. cn/）、云南省教育厅（https://www. ynjy. cn/web）、海南省教育厅（http://edu. hainan. gov. cn/）、江苏省教育厅（http://jyt. jiangsu. gov. cn/）、吉林省教育厅（http://jyt. jl. gov. cn/）、上海教育网（http://edu. sh. gov. cn/）、福建省教育厅（http://jyt. fujian. gov. cn/）、浙江省教育厅（http://jyt. zj. gov. cn/）、山东省教育厅（http://edu. shandong. gov. cn/）、天津市教育委员会（http://jy. tj. gov. cn/）、四川省教育厅（http://edu. sc. gov. cn/）等网站内容整理。

3. 学生勤工助学

1985 年以后，国家取消高等学校人民助学金，改为奖学金，家庭经济困难学生的基本生活难以保障，学生大规模参加勤工助学活动。但由于对勤工助学活动缺乏统一的管理、指导、资金支持以及法律法规保障，勤工助学乱象纷呈：学生“勤商助学”“弃学勤商”现象普遍，学生权益纠纷事件频发，家庭经济困难学生利益无法保障，甚至连学校教育教学也受到较大影响。

1993 年 8 月 27 日，国家教委、财政部出台《关于进一步做好高等学校勤工助学工作意见的通知》，阐明了高校组织学生开展勤工助学活动的意义，指出“它是国家关于高等学校收费制度改革的一项重要配套措施”，“既有利于学生德智体全面发展，又使学生通过参加劳动取得相应报酬”，“是对广大学生（特别是家庭经济困难学生）的有效资助办法”。同时，就如何做好高等学校勤工助学工作作出部署：对高等学校勤工助学工作的组织领导、机构设置、报酬标准、资金筹措、岗位设置、工作内容、奖励表彰、优先原则等作了明确要求和界定。这为有组织的勤工助学开展提供了方向指导和制度支撑。

1994 年 5 月 10 日，国家教委、财政部发布《关于在普通高等学校设立勤工助学基金的通知》，明确了中央财政将以专款形式对中央部属院校安排勤工助学基金启动经费，各地方人民政府也应按文件要求原则适当安排，并要求各高校要从四个渠道充实勤工助学基金：一是在教育事业费中，根据国家任务学生数，按每生每月 3～5 元标准提取的经费；二是从学杂费收入中划出 5％的经费；三是从学校预算外收入中划出一定比例的经费；四是基金自身的增值。该通知解决了学生勤工助学“钱由谁出”的问题，为勤工助学的可持续发展提供了财力保障。

1994 年，中央财政拨款 1.17 亿元，作为中央部委属高校勤工助学基金启动经费，用于对困难学生参加勤工助学活动支付劳动报酬；1995 年，又拨款 2.17 亿元，用于支持面向全国招生的中央部委院校资助困难学生工作。各地方政府响应国家政策，出资设立勤工助学基金，并要求地方所属高校积极配套，高校勤工助学基金设立工作得到有效推进：北京市从 1994 年起，每年拨款 300 万元资助市属院校困难学生；上海市政府和教育部门仅 1994 年就拨出专款 960 万元到学校用于该项目建设。1997 年高校招生并轨后，浙江省规定高校在收取的学费中，必须提取 20％用于奖学金、勤工助学和困难补助。各高校积极开展勤工助学工作：1994 年，清华大学支出参加勤工助学报酬 179.8 万元；1994—1995 年，上海市高校共建立了 30 多个勤工助学基地和实体，固定资产已达 150 余万元，开发校内外勤工助学岗位 45 000 个，通过滚动增值，勤工助学基金累计已达 1 800 万元，用于支付大学生勤工助学工资超过 970 多万元；1995 年，华中农业大学设勤工助学基金 140 万元；1996 年，湖南师范大学通过辞退临时工等方式，拿出了图书馆服务、宿舍楼管理、卫生绿化、校报发行等方面的 600 余个岗位让贫困生承担，当年发放报酬 90 余万元。1999 年，各部属师范大学陆续在勤工助学领域开展家教服务活动并形成规模，有效拓展学生勤工助学岗位，促进学生增收。

1999 年 6 月 18 日，教育部、财政部又下发了《关于进一步加强高校资助经济困难学生工作的通知》，规定“各学校每年须从学费收入中划出 10％的经费，专门用于勤工助学工作”。新标准的出台，进一步巩固和提升了财力保障水平，推进了勤工助学活动的进一步发展。2001 年，全国高校参加勤工助学学生达到 124 万人次，勤工助学资金发放总额达到 7.68 亿元。2004 年，清华大学当年勤工助学上岗 2 480 人次，提供勤工助学费用约 251 万元；北京科技大学为 600 名贫困家庭学生提供了校内勤工助学岗位，并推荐 1 000 余名学生到校外勤工助学；中国政法大学为 1 500 余名贫困家庭学生安排勤工助学岗位；中央戏剧学院修订《学生勤工助学管理办法》，将勤工助学岗酬金标准提升至每小时 10～12 元。

2004 年 9 月 3 日，国务院发布《国务院办公厅关于切实解决高校贫困家庭学生困难问题的通知》，强调要“建立规范的高等学校勤工助学制度……各高校要积极创造条件，设立相应的勤工助学岗位，组织贫困家庭学生通过勤工助学取得一定的资助报酬，并优先安排经济特别困难的学生参加勤工助学，适当提高其资助报酬”。同年 9 月 9 日，教育部下发《进一步做好资助贫困家庭学生工作的通知》，要求“把资助工作与做好学生思想政治工作有机地结合起来”。这两个通知，进一步突出了勤工助学在解决家庭经济困难学生经济负担中的作用，也进一步体现了对家庭经济困难学生的关爱帮扶。

2005 年 4 月 8 日，教育部、团中央联合下发《关于进一步做好大学生勤工助学工作的意见》。其中规定：“学生从事勤工助学活动，原则上每周参加勤工助学的时间不超过 8 小时”；“报酬原则上不低于 8 元/每小时”。这进一步明确了勤工助学的酬金标准，维护了参加勤工助学学生的基本权益。

此期相关文件的出台，体现出较强的针对性：1993 年，解决了指导思想和顶层构架问题；1994 年，初步解决经费保障问题，1999 年又提高了资金保障标准；2004 和 2005 年，进一步明确了勤工助学的制度规范和学生权益保障问题。这一阶段的勤工助学活动开展，在很大程度上缓解了家庭经济困难学生的生活负担，同时也凸显了实践育人的内涵。1995 年对上海市部分高校学生的抽样调查表明，有 14％的学生正在参加勤工助学，在未参加过勤工助学的学生中，尚有 83.2％的学生表示“想参加”。关于参加勤工助学活动的动因，较为一致的观点是为“增长社会阅历，培养自立能力”和“尽可能减少家庭负担”、“以实际行动证明自己的生存能力”。62.5％的学生认为，勤工助学的功能和作用首先体现在“促进素质锻炼和能力发展”，其次才是“资助学业，解决生活困难”。

4. 新生“绿色通道”

为解决学杂费拖欠问题，受市场机制影响，一部分高校卡着学生入学注册这一关口，采取“先缴费，再上学”的做法，力图强化学杂费的收取效果，这也直接导致了学校和欠费学生的关系紧张。一段时间，因收费造成的极端事件时常见诸报端，“入学难”成为社会关注热点。

1998年，清华大学在全国高校率先开设“绿色通道”[①]，帮助家庭经济困难学生缓解了开学时的经济困难。2000年，为缓解贫困大学生的经济困境，圆贫困家庭考生的大学梦，国家教育部、国家计委、财政部下发了《关于2000年高等学校招生收费工作通知》文件，要求各省、自治区、直辖市人民政府，国务院各部委、各直属机构督促高等学校应建立“绿色通道”制度。据统计，仅当年就有6.5万名特困生通过“绿色通道”上了大学，约占当年入学学生总数的4%。自此，“绿色通道”制度作为高等学校学生资助的一项重要制度被确立下来。

2002年，全国通过“绿色通道”办理入学手续的学生23万人，占在校生总数的2.42%，占经济困难学生数的12.64%。2003年，全国通过“绿色通道”办理入学手续的高校学生约为28万人。

2004年，教育部发布《关于普通高校向新生发放录取通知书时必须附寄资助经济困难学生有关政策介绍材料的紧急通知》，进一步明确“各高校不得以任何理由拒绝经济困难学生入学，如发生此类情况，要追究有关高校主要领导的责任……对由于经济困难原因而不能入学的新生，学校要采取相应措施，让他们顺利入学”。2005年全国公办全日制普通高等学校通过“绿色通道”办理入学手续的学生约为39万人，占高校家庭经济困难学生数的13%，占2005年招生数的9%。

2006年6月，教育部再次发出通知，要求各公办普通高等院校必须开通“绿色通道”，并确保“绿色通道”的畅通，不让每一个家庭贫困的学生因交不上学费而辍学。随后，新生入学“绿色通道”逐步为学生所认可，为高校所接纳，曾经一度尖锐的学校与学生之间的缴费矛盾得到了较大程度的缓解。“不让一个家庭经济困难的学生因贫困而失学”也成为学生资助部门的工作目标。

---

① 即对被录取入学、家庭贫困的新生，一律先办理入学手续，然后根据核实后的情况，分别采取国家助学贷款为主体，辅之以奖学金、勤工助学、特殊困难补助、学费减免等措施予以资助。

（二）中等职业教育资助

中等职业教育是我国教育体系的重要组成部分，它为国家培养了一大批高素质劳动者和技能型专门人才。20 世纪 90 年代到 2005 年以前，国家虽然也持续对中等职业教育给以支持，但资金多以项目建设和行业促进为主；中等职业教育的学生资助工作基本是靠地方政府、学校、企业以及社会团体个人的支持来维系，不同地区不同学校学生的受资助程度差异明显。2002 年以后，中等职业教育在校生规模逐步扩大，2004 年达到 1 174 万人，2005 年达到 1 325 万人，2006 年更是达到 1 489 万人。中等职业学校家庭经济困难学生数量随之大幅增加，之前依靠地方和社会力量进行资助的模式已经不能满足家庭经济困难学生的就学需求。

1994 年，国家教委印发了《关于普通中等专业学校招生和毕业生就业制度改革的意见》，指出要建立收费和奖学金、贷学金相结合的制度。1995 年，《关于做好 1995 年普通中等专业学校招生工作的通知》指出，同一学校实行统一的收费标准并在普通中专学校建立专业奖学金。1996 年开始实施的《中华人民共和国职业教育法》提出，支持企业、事业组织、社会团体、其他社会组织及公民个人按照国家有关规定设立职业教育奖学金、贷学金。1997 年，国家教委、国家计委颁布的《关于普通中等专业学校招生并轨改革的意见》指出，普通中等专业学校学生实行缴费上学，同时各地应逐步建立健全贷学金制度、专项奖学金或定向奖学金制度。以上文件由于财权和事权的不完全对等，加之缺乏必要的监督，导致各地各学校执行标准差异较大，而中央财政用于学生资助的资金几乎为空白。

2005 年 10 月，国务院发布《关于大力发展职业教育的决定》，提出“建立职业教育贫困家庭学生助学制度”：“中央和地方财政要安排经费，资助接受中等职业教育的农村贫困家庭和城镇低收入家庭子女。中等职业学校要从学校收入中安排一定比例用于奖、助学金和学费减免，并把组织学生参加勤工俭学和半工半读作为助学的重要途径。金融机构要为贫困家庭学生接受职业教育提供助学贷款，各地区要把接受职业教育的贫困家庭学生纳入国家助学贷款资助范围。”

2006 年，财政部联合教育部先后印发《中等职业教育国家助学金管理暂行办法》和《关于完善中等职业教育贫困家庭学生资助体系的若干意见》，用以贯彻落实国务院《关于大力发展职业教育的决定》精神。这两份文件指出，要充分发挥各级政府、中等职业学校、金融机构、社会团体等的作用，努力构建中等职业教育学生资助体系。

一是建立助学金制度。由中央和地方各级政府安排资金，设立助学金，对中等职业学校家庭经济困难学生提供资助。

二是建立奖学金制度。在中等职业学校设立政府奖学金、专业奖学金和定向奖学金，主要用于奖励品学兼优的学生。其中，政府奖学金主要由省、市（地）政府安排专项资金设立。专业奖学金和定向奖学金由有关行业企业或地方政府设立。

三是建立以学生参加生产实习为核心的助学制度。中等职业学校要逐步建立和完善半工半读制度，力争做到学生在最后一学年到用人单位顶岗实习，让学生通过顶岗实习，获取一定的报酬，用于支付学习和生活开支。

四是建立学费减免制度。中等职业学校都要建立学费减收和免收制度，每年安排不低于事业收入5%的经费，专项用于贫困家庭学生的学费减免。

五是建立助学贷款或延期支付学费制度。鼓励和引导金融机构为接受中等职业教育的贫困家庭学生提供小额助学贷款，由地方政府贴息。

六是建立社会资助制度。各地要对从事中等职业学校贫困家庭学生资助工作的主体采取激励措施。企事业单位、社会团体和公民个人通过政府部门或非营利组织为资助中等职业学校学生给予的捐赠，比照有关公益性捐赠，准予在缴纳企业所得税和个人所得税前全额扣除。

总之，上述财政部两个文件的出台，一方面填补了中等职业教育学生资助的空白，另一方面也推进了中等职业教育学生资助体系的构建，为中等职业教育学生资助的发展奠定了基础。2006年起，中央财政出资设立了中等职业教育国家助学金，资助家庭经济困难学生，资助标准为每生每学年1 000元，资助总额为每年8亿元。

（三）义务教育学生资助

1．“两免一补”政策①

1993年，我国农村仍有8 000万贫困群众不能解决温饱问题，义务教

① 该政策主要内容是对农村义务教育阶段贫困家庭学生“免杂费、免书本费、逐步补助寄宿生生活费”，是2001年以来中国政府对农村义务教育阶段贫困家庭学生就学实施的一项资助政策。

育阶段的书本费、杂费以及寄宿费等更是增加了贫困家庭的经济负担。国家多次发文并采取多种举措，改革管理体制和投入机制，保障了农村家庭经济困难学生顺利完成义务教育。

一是确立思路阶段（2001年以前）。1986年颁布的《中华人民共和国义务教育法》规定："国家对接受义务教育的学生免收学费，国家设立助学金，帮助贫困学生就学。"1992年出台的《义务教育法实施细则》，规定"对家庭经济困难的学生，应当酌情减免杂费"，并对可享受助学金的贫困学生作了明确界定。1995年7月7日，国家教委、财政部印发的《关于健全中小学学生助学金制度的通知》进一步明确："助学金以抵减该生的书本费、杂费、寄宿费的方式发放，原则上不发给学生本人。"至此，国家针对义务教育阶段家庭经济困难学生有了相对稳定和明确的资助思路，即免收学费，可收杂费，对符合资助条件的学生用助学金来资助，但助学金只能冲抵书本费、杂费和寄宿费。为推进义务教育阶段家庭经济困难学生资助工作，1997年10月20日，国家教委、财政部印发的《国家贫困地区义务教育助学金实施办法》提出："在'九五'期间，国家将从中央财政安排的'义务教育补助专项'和'民族教育补助专项'中划出1.3亿元，设立'国家贫困地区义务教育助学金'，主要用于补助家庭经济困难的农村学生的杂费和课本费。"① 这一举措为下一阶段"两免一补"的推进提供了借鉴。

二是定向实施阶段（2003—2004年）。2001年6月14日发布的《国务院关于基础教育改革与发展的决定》提出："各级人民政府要完善并落实中小学助学金制度，从2001年开始，对贫困地区家庭经济困难的中小学生进行免费提供教科书制度的试点，在农村地区推广使用经济适用型教材。采取减免杂费、书本费、寄宿费等办法减轻家庭经济困难学生的负担。"② 2003年9月17日，国务院发布了《国务院关于进一步加强农村教育工作的决定》，提出"要建立健全家庭经济困难学生就学制度，争取到2007年时，全国农村义务教育阶段经济困难家庭学生都能享受到'两免一补'待遇，不因家庭经济困难而失学"。为贯彻中央精神，2004年2月16日，财

① 国家教委，财政部．国家贫困地区义务教育助学金实施办法［EB/OL］．http://www.xj12366.net/news.asp?id=288871.

② 国务院．关于基础教育改革与发展的决定［J］．实验教学与仪器，2001(Z1)：1-6.

政部、教育部印发《对农村义务教育阶段家庭经济困难学生免费提供教科书工作暂行管理办法》的通知，决定从2004年秋季新学期开始，再次大幅度增加中央财政专项资金，将免费教科书发放范围扩大到中西部农村义务教育阶段所有家庭经济困难学生，同时推动各级地方政府落实免杂费和寄宿生生活费的政策。这一阶段，由面向贫困地区家庭经济困难学生的资助扩大到面向中西部农村义务教育阶段所有家庭经济困难学生，中西部农村义务教育阶段家庭经济困难学生的“两免一补”工作基本做到全覆盖。

三是推进普及阶段（2005年以后）。2005年2月18日，国务院办公厅转发财政部、教育部《关于加快国家扶贫开发工作重点县“两免一补”实施步伐有关工作意见》，确定建立农村义务教育经费保障机制，在2005年至2010年的5年内，全部免除农村义务教育阶段学生学杂费，对贫困家庭学生提供免费教科书并补助寄宿生生活费。2005年，中央和地方财政安排“两免一补”资金70多亿元，共资助中西部贫困家庭学生3 400万人。2006年又从西部地区开始，全部免除农村义务教育阶段学生的学杂费，享受免学杂费政策的学生达到4 880万人。

2. “学生饮用奶计划”

第四次全国营养调查发现，我国儿童青少年生长发育状况显著改善，但与国际标准有较大差距，中小城市和农村差距更大，反映出我国青少年学生的营养缺乏和不平衡。为进一步改善学生营养和健康状况的需要，同时促进相关产业发展，我国在借鉴其他国家经验的基础上，逐步推行“学生饮用奶计划”。

一是试点阶段（1999—2001年）。1999年12月27日，确定在沈阳、上海、北京、天津、广州等五城市进行“学生饮用奶计划”试点的有关工作，沈阳市“学生饮用奶计划”率先正式启动。2000年4月12日，国家“学生饮用奶计划”部际协调小组第一次会议在农业部召开，会议正式宣布国家“学生饮用奶计划”部际协调小组成立，原则通过了《关于实施“学生饮用奶计划”的通知》《国家“学生饮用奶计划”暂行管理办法》与《国家“学生饮用奶计划”实施方案》。同年11月，由农业部、教育部、财政部等九部委联合召开实施国家“学生饮用奶计划”新闻发布会，宣布国家“学生饮用奶计划”正式启动。2001年，国家“学生饮用奶计划”专家委员会成立，制定学生饮用奶定点生产企业认定办法，受理第一批“学生饮用奶”定点企业的申报，批准7家企业成为首批学生饮用奶定点生产企业。这一阶段，在试点的基础上，确定分步实施方案，并强化了部门协同保障和企业准入制度，为下一步在全国范围的推广实施奠定了基础。

二是推广阶段（2002—2006 年）。2002 年 2—5 月，第二批 41 家企业被正式认定为学生饮用奶定点生产企业，全国学生饮用奶定点生产企业增加到 48 家，这缓解了学生饮用奶的供给压力，为面向全国范围全面实施提供了前提。针对 2003 年 3 月 19 日发生的辽宁海城学生豆奶中毒事件，学生饮用奶计划部际协调小组积极应对，于 2003 年 7 月启动学生奶奶源升级计划，从源头抓起，强化管理，把控环节，切实保证优质奶源和产品质量安全。为调动各省积极性，强化市场竞争，2004 年 8 月 2 日，国务院办公厅出台《关于保留部分非行政许可审批项目的通知》，将学生饮用奶定点生产企业资格认定下放到省级机构，这在较大程度上推进了各省学生饮用奶计划的有效实施。为进一步强化宣传，扩大推广范围，2006 年 6 月 7 日，中国奶业协会、蒙牛乳业集团等六家单位联合发起“每天一斤奶，强壮中国人”活动，蒙牛乳业集团免费为全国 500 所贫困地区小学生免费送奶一年的大型公益活动正式启动。同年 12 月 4 日，利乐中国分公司出资 1 亿元启动“利乐促进学生奶发展项目”。这标志着学生饮用奶计划面向全国全面实施。截至 2006 年 5 月，学生饮用奶计划已经在全国 28 个省区市的 60 多个大中城市的 1 万多所中小学推广实施，每天供应学生饮用奶 243 万份，有效地改善了学生的营养状况。

2000—2003 年，国家还实施了学生豆奶计划。2000 年 4 月，教育部发出通知，启动学生豆奶计划。同年 8 月，国务院拨款 1 亿元，地方配套 5 000 万元，正式启动东北三省中小学生豆奶计划试点。2002 年 9 月，国务院批准东北三省第二阶段学生豆奶计划试点，并拨出专项资金 2 亿元，地方配套 1 亿元用于该项目。2003 年“海城事件”之后，6 月 9 日，教育部、农业部联合发布《关于进一步加强“中小学生豆奶计划”试点工作管理的通知》，强化整顿和管理，之后学生豆奶计划渐渐淡出人们的视野。

（四）社会捐资助学

社会资助是促进教育事业发展的重要力量，是政府财政资助的重要补充。1993 年 2 月 13 日出台的《中国教育改革和发展纲要》，多次强调利用社会力量促进教育发展：第四十七条“改革和完善教育投资体制，增加教育经费”，强调“要逐步建立以国家财政拨款为主，辅之以征收用于教育的税费、收取非义务教育阶段学生学杂费、校办产业收入、社会捐资集资和设立教育基金等多种渠道筹措教育经费的体制”；第四十八条“筹措教育经费的主要措施”，进一步强调“鼓励和提倡厂矿企业、事业单位、社会团体和个人根据自愿、量力原则捐资助学、集资办学，不计征税，欢迎港澳台同胞、海外侨胞、外籍团体和友好人士对教育提供资助和捐赠”。这一阶段，教育基金会实现规模化和规范化发展，社会资助项目的吸纳能力逐步加强。

1. 教育基金会

为积极引导社会力量投身教育事业，中央和地方新闻媒体积极介入，弘扬关爱弱势扶危济困精神，并开展广泛的宣传和讨论，激发了普通民众的慈善之心。各部委、各地政府、各高校积极采取切实可行的举措，为社会捐资助学优化流程，营造环境，有效吸引社会资金支持教育发展。各地政府在吸引社会资金时，纷纷建立资金配套制度，并在企业税费减免等方面给予优惠。这为教育基金会的规模化发展营造了氛围，创造了条件。

社会公益组织纷纷建立基金会，对基金会的宗旨和业务范围作出明确规定。民政部公布数据显示，截至 2004 年 3 月 3 日，全国性基金会有 83 个，其中 21 个基金会与教育密切相关，并在业务范围内设立助学项目。

表 4-5 与学生资助相关的全国性基金会（统计截至 2004 年 3 月 3 日）

序号	社团名称	序号	社团名称
1	北京大学教育基金会	12	中国关心下一代健康体育基金会
2	陈嘉庚科学奖基金会	13	中国国际文化交流基金会
3	光华科技基金会	14	中国红十字基金会
4	清华大学教育基金会	15	中国金融教育发展基金会
5	宋庆龄基金会	16	中国孔子基金会
6	孙冶方经济科学基金会	17	中国青少年发展基金会
7	吴阶平医学基金会	18	中国韬奋基金会
8	振兴中华教育科学基金会	19	中国田汉基金会
9	中国残疾人福利基金会	20	中华农业科教基金会
10	中国儿童少年基金会	21	周培源基金会
11	中国扶贫基金会		

资料来源：国家民政部网站（http://sgs.mca.gov.cn/article/fw/cxfw/shzzcx/）。

高校也采取举措筹建教育基金，一些学校特别是国家重点大学，充分挖掘资源，将机构捐赠、校友捐赠、上级拨款等资金整合，设立原始基金，并在学校逐步建立教育发展基金，以发挥资金的造血功能。

表 4-6　我国高校教育基金会原始基金数统计表

学校	成立时间	原始基金数
清华大学	1994 年	2 000 万
浙江大学	2000 年	5 000 万
北京航空航天大学	2005 年	2 000 万
北京邮电大学	1999 年	1 800 万
厦门大学	2006 年	1 000 万
中山大学	2006 年	400 万
北京交通大学	2004 年	200 万
南开大学	2004 年	200 万
北京交通大学	2006 年	100 万

资料来源：郭秀晶．我国高校教育基金会的现状分析与发展路径选择［J］．天津大学学报（社会科学版），2009（5）：234-238.

企业单位也积极设立教育基金，支持学生资助事业：1994 年 8 月，上海宝山钢铁（集团）公司宣布以 3 500 万元巨资设立面向全国的宝钢教育基金，这在当时是我国最大数额的由企业设立的教育基金。1997 年 10 月，福建恒安集团出资 1 000 万元，联合共青团中央和全国学联共同设立“中国大学生跨世纪发展基金”。1998 年 2 月，深圳市华为技术有限公司向国家教委捐赠 2 500 万元人民币，设立“华为寒窗学子基金”。

2004 年，国务院令第 400 号公布《基金会管理条例》（以下简称《条例》），自当年 6 月 1 日起施行。《条例》在法律上规范了基金会的组织和活动，维护了基金会、捐赠人和受益人的合法权益，为基金会的发展和运作提供了法律保障。其中第二十六条明确规定：“基金会及其捐赠人、受益人依照法律、行政法规的规定享受税收优惠。”① 2005 年 12 月，民政部出台《基金会年度检查办法》和《基金会信息公布办法》，实现了对基金会的监督管理常态化和信息的公开化。国家《条例》和民政部的举措，使各

① 国务院．基金会管理条例［J］．国务院公报，2004（14）：18-23.

类基金会接受主管部门和社会监督成为常态，提升了基金运行的透明度，促进了慈善组织诚信建设，得到社会的进一步认可和信任。这也促进了教育基金的进一步发展：清华大学教育基金会2005年收到捐赠约1.2亿元人民币，其中有57%来自境外，42%来自境内的法人或其他组织，境内自然人捐赠占1%。南开大学教育基金会在2005年获得捐赠收入约为130万元人民币。北京交通大学教育基金会成立于2006年，在成立之前的2004年，接受捐款117.6万元，2005年接受捐款57.6万元，而基金会成立的当年接受社会捐款就达到了592万元，这说明基金会的专业化和规范化运作对吸引社会资金有较大的刺激作用。

2006年3月，中国教育发展基金会成立大会在北京举行，标志着中国教育发展基金会正式运行（2003年在民政部登记）。其宗旨为开展经常性的全国助学、助教、改善办学条件及其他有关活动，促进教育及其他有关事业的健康发展。国务委员陈至立出席会议并讲话。她强调，要支持设立资助贫困家庭学生就学的民间慈善组织，鼓励社会各界捐资助教，形成更完善的贫困家庭学生助学体系。由于规范化管理和透明化运作，它迅速崛起成为辐射全国规模巨大的公募基金会，运行不到10年即共募集社会捐赠款物和接受政府委托项目资金超过100亿元，为学生资助事业作出了重大贡献。

民政部发布的《2007年度中国慈善捐赠情况分析报告》显示：2007年，我国公众和企业的慈善捐赠（款物）总额达到了223.16亿元，约占我国2006年GDP的0.09%；与慈善事业有关的彩票公益金总额356亿元，带捐赠性的社会责任投资200多亿元。当年我国慈善市场资金总额达到约865亿元，约占全国GDP总量的0.35%。其中平民捐赠32亿元，全年过亿捐赠13起，亿元捐赠渐成风气。在我国慈善捐赠风气的带动下，学生资助事业的发展空间进一步扩大。

2. 社会奖助学金

教育基金会的完善和发展，拉动了社会捐资助学事业。这一时期，在全国范围内，各级各类社会奖助学金项目先后设立。从捐资主体来看，既有企业单位、事业单位，也有个人；从捐资渠道来看，既有利用基金会平台的，也有直接面向受助者的；从资助对象来看，既有助困的，也有奖优的，同时也有面向特定群体设立的资助项目。一些资助项目代表性强、辐射面广、影响持久，具体包括：宋庆龄奖学金、宝钢教育奖、曾宪梓奖学金、恒安济困助学金、华为寒窗学子奖学金、中国科学院奖学金、五四奖学金、杨纪琬奖学金、新长城助学金、华夏学子奖助学金等二十余项。

表 4-7 1993—2006 年社会奖助学金一览表

项目名称	设立时间	具体内容
宋庆龄奖学金	1994 年 3 月	1994 年 3 月，国家教委、中国福利会发出《关于在全国中小学设立“宋庆龄奖学金”的通知》，这是面向中小学设立的第一个大规模的社会类奖学金
宝钢教育奖	1994 年 8 月	1994 年 8 月，上海宝山钢铁（集团）公司宣布投入 3 500 万元设立面向全国的宝钢教育基金。11 月，宝钢教育奖首次颁发，总额 180 万元的奖金颁发给来自全国高校的 800 名优秀教师和学生
中国大学生跨世纪发展奖学金	1995 年 12 月	1995 年 12 月，共青团中央、全国学联在北京举行“中国大学生跨世纪发展奖学金”颁奖大会，向 100 名德智体全面发展，并在学术、科技、实践、品德等方面得到优异成绩的优秀大学生颁发奖学金
曾宪梓教育奖	1995 年 12 月	1995 年 12 月，曾宪梓教育基金会中等师范教师奖颁奖大会在人民大会堂举行，1 000 名中等师范学校和教师进修学校的优秀教师获奖，其中一等奖 20 名、二等奖 80 名、三等奖 900 名；从 2000 年起曾宪梓教育基金会实施“优秀大学生奖学金计划”，主要资助在北京大学、清华大学、北京师范大学等 35 所高校就读、品学兼优而生活贫困的大学生，以期为国家培养栋梁之材，首期资助的大学生共计 1 750 名，以后每年的 12 月均资助大学生 1 750 名；2004 年，曾宪梓教育基金会进一步扩大资助种类，首次举行优秀毕业生表彰大会
师范生奖学金	1996 年 6 月	1996 年 6 月，宁波华茂（集团）服务有限公司向师范教育捐款仪式在北京举行。该公司将 300 万元人民币捐赠给国家教委，用于支持师范教育，这是针对师范生设立的第一个社会类奖学金

续表

项目名称	设立时间	具体内容
中国建设银行爱心助学金	1996年10月	1996年10月，中国建设银行爱心基金资助全国86所高校贫困大学生捐款仪式在北京举行。该行将从全系统35万职工自愿捐款3 000多万元设立的爱心基金每年的增值部分拿出200万元，用于资助全国86所高校的1 466名贫困生。这是金融机构首次面向全国设立的社会助学金
恒安济困助学金	1997年10月	1997年10月，共青团中央、全国学联与福建恒安集团共同设立的“中国大学生跨世纪发展基金·恒安济困助学金”在人民大会堂举行首发仪式。该基金是由福建恒安集团有限公司捐资1 000万元人民币设立的，用于扶助高校经济困难的学生。自1997年起在连续五年内，每年将有1 000名经济困难的大学生每人得到该基金1 000元扶助
胡楚南优秀大学生奖学金	1997年12月	1997年12月，胡楚南优秀大学生奖学金颁发暨表彰大会在北京举行，110名全国高校的大学生获得奖励和表彰，其中10名学生获最佳奖，100名学生获优秀奖
华为寒窗学子奖学金	1998年2月	1998年2月，深圳市华为技术有限公司向国家教委捐赠2 500万元人民币，设立“华为寒窗学子基金”，用以资助品学兼优、家境贫寒的在校大学生完成学业
IBM中国优秀学生奖学金	1999年3月	1999年3月，“IBM中国优秀学生奖学金”合作协议文本交换仪式及首届奖学金颁奖仪式在北京举行。根据合作协议，IBM公司从1998年开始分5年提供总值450万元人民币的资金，设立“IBM中国优秀学生奖学金”以奖励中国国内与IBM公司有合作关系的高等院校中计算机专业的优秀学生和教师，促进高校的信息学科建设
中国科学院奖学金	1999年6月	1999年6月，中国科学院宣布，从1999年起在北京大学、清华大学等20所高校设立“中国科学院奖学金”，首期奖学金从1999年起到2001年止，每年设奖名额为400名。这是科研机构首次面向高校设立的社会类奖学金

续表

项目名称	设立时间	具体内容
清华大学京行奖学金	1999 年 10 月	1999 年 10 月，北京商业银行与清华大学在北京签署合作协议。北京商业银行向清华大学提供 10 亿元贷款额度，并向该校捐赠 100 万元，设立“清华大学京行奖学金”
中国大学生“五四奖学金”“建昊奖学金”	1999 年 12 月	1999 年 12 月，中国大学生“五四奖学金”“建昊奖学金”颁发暨表彰大会在北京举行，共有 150 人受到表彰
新长城助学金	2002 年 9 月	2002 年 9 月，由中国扶贫基金会发起，教育部、国务院扶贫办支持的“新长城——特困大学生资助项目”在北京启动，该项目自启动之日，逐步扩大资助规模，并延续至今
HP 奖学金	2002 年 12 月	2002 年 12 月，教育部与美国惠普公司在北京签署合作备忘录，惠普公司将向全国 35 所高校的示范性软件学院捐赠 HP Open View 软件及相关的支持服务，并在部分高校实施奖学金计划，此项合作从 2003 年 1 月全面启动，合作计划为期 3 年
杨纪琬奖学金	2003 年 11 月	2003 年 11 月，以我国当代著名的会计理论家、教育家和社会活动家、新中国会计制度的奠基人——杨纪琬教授命名的我国会计教育领域第一个奖学金“杨纪琬奖学金”首次颁奖。11 人获“优秀学位论文奖”，4 人获“指导教师奖”
华夏学子助（奖）学金	2006 年 5 月	2006 年 5 月，华夏基金会“华夏学子助（奖）学金项目启动暨首批颁发仪式”在北京举行。6 月，吉利教育资助计划新闻发布会在北京吉利大学举行，此计划将在 2006 年秋季资助 1 000 名贫困学生走进大学校门

资料来源：张保庆、郑树山、牟阳春主编《中国教育年鉴》。

由上表可以看出，很多社会类奖助学金创造了当时的“第一”：1994 年 3 月设立的“宋庆龄奖学金”是面向中小学设立的第一个大规模的社会类奖学金；1994 年 8 月设立的“上海宝钢奖”创造了当时企业捐资总金额的第一，达到 3 500 万元人民币；1996 年 6 月，宁波华茂（集团）服务有限公司向师范教育捐款 300 万元人民币，支持师范教育，这是针对师范生设立的第一个社会类奖学金。1996 年 10 月，中国建设银行爱心基金资助全国 86 所高校贫困大学生捐款仪式在北京举行，这是金融机构第一次面向全国设立的社会助学金。1999 年 6 月，中国科学院面向北京大学、清华大学等 20 所高校设立“中国科学院奖学金”，这是科研机构第一次面向高校设立的社会类奖学金。2003 年 11 月，以我国当代著名的会计理论家、新中国会计制度的奠基人——杨纪琬教授命名的“杨纪琬奖学金”首次颁奖，这是我国会计教育领域的第一个奖学金。

（五）出国留学资助

邓小平南方谈话以后，在大力推进改革的同时，中国也进一步加快了对外开放的步伐，人才培养的国际化也得以有效推进。1992 年，党的十四大提出进一步放开留学教育，把“支持留学，鼓励回国，来去自由”作为留学工作的总方针。1993 年发布的《中国教育改革和发展纲要》，明确提出“进一步扩大教育对外开放”。此后，国家采取一系列激励性政策资助学生留学、一系列吸引性政策鼓励学生回国。

1. 国家支持留学

1994 年 7 月 3 日，国务院颁布了《关于〈中国教育改革和发展纲要〉的实施意见》，指出要“建立国家留学基金管理委员会，使来华和出国留学生的招生、选拔和管理工作，走上法制化轨道”；要“变国家公费为基金资助，采用一些国家通行的‘签约派出，违约赔偿’的做法，借助法律手段管理留学事务”。该意见对国家留学生资助工作的机构设置和运行机制作了规划，为工作开展提供了明确指导。

1995 年 2 月，国家教委发布的《改革国家公费出国留学选派管理办法的方案》，规定国家公派出国人员选派工作的方针是“个人申请，专家评审，平等竞争，择优录取，签约派出，违约赔偿”。这强化了契约意识，在一定程度上提高了学成回国的履约率。1996 年国家留学基金管理委员会正式成立。同年 11 月 29 日，国家留学基金委第一次全体委员会议通过了《国家留学基金管理委员会章程》（以下简称《章程》），明确了基金委的宗旨、任务、组织结构和运行程序等。随着形势和事业的发展，并根据中央和国务院有关事业单位管理的一系列规定，经国家留学基金委 1998 年 12 月 16 日第三次全体委员会讨论、审议，对《章程》中的若干名词和条款作了修订。专设机构和《章程》的修订完善，为留学生资助工作的实施提供了组织保障和制度保障。

2002 年 11 月 1 日，国务院颁布的《关于取消第一批行政审批项目的决定》指出，不再向申请自费出国留学的高等学校在校生以及具有大专以上学历，但尚未完成服务期年限的各类人员收取“高等教育培养费”。2002 年 12 月 13 日，教育部、财政部联合发布《关于印发〈调整国家公派留学人员奖学金资助标准〉的通知》，对我国公派留学人员奖学金资助标准进行了调整，新标准从 2003 年 1 月 1 日起施行。这两项举措，减少了出国留学人员的经济支出，提高了公派留学人员的资助标准，在一定程度上增强了出国留学的吸引力。

由于措施得力，出国留学人员规模呈大幅上升态势（如图 4-2 所示）。1993 年至 1999 年，出国留学人员数量由 1.07 万人上升至 2.37 万人，属于平稳增长阶段，年均增幅为 14.17%；2000—2003 年，短短的三年时间，出国留学人员数量实现井喷式增长，由 2000 年的 3.90 万人到 2003 年的 11.73 万人，年均增幅达到了 144.35%；2003 年以后，出国留学人员数量又趋于平稳，基本保持在每年 11 万人以上的较高水平。

（单位：万人）

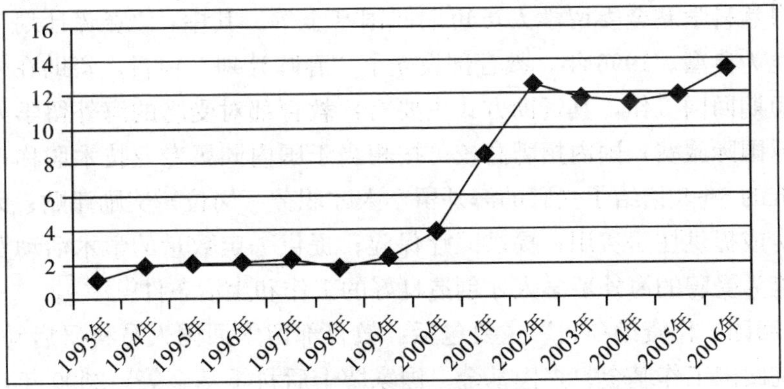

图 4-2　1993—2006 年出国留学人员人数统计图

资料来源：http://data.stats.gov.cn/easyquery.htm? cn=C01.

2. 国家鼓励回国

为贯彻“鼓励回国”的指导思想，国家各部门积极制定政策，为吸引人才回国创造条件。2000 年 6 月，人事部印发的《关于鼓励海外高层次留学人才回国的意见》，对高层次留学人才回国任职条件、工资待遇、住房、随迁人员安置等提出了建设性的指导意见。2001 年 5 月，人事部、教育部、科技部、公安部和财政部联合印发《关于鼓励海外留学人员以多种形式为国服务的若干意见》，指出在鼓励海外留学人员回国工作的同时，吸引他们以多种形式为国服务。2005 年科技部、人事部、教育部、财政部联合印发《关于在留学人才引进工作中界定海外高层次留学人才的指导意见》。2006 年国家人事部印发《留学人员回国工作“十一五”规划》。其间，党中央、国务院先后两次进行规划和部署，以提升人才引进质量。2002 年 6 月 11 日，《中共中央办公厅、国务院办公厅关于印发〈2002—2005 年全国人才队伍建设规划纲要〉的通知》出台，这是我国第一个综合性的人才队伍建设规划，对“海外和留学人才的吸引与使用”作了明确的规划和指导。2003 年底，中共中央、国务院召开了新中国成立以来的第一次全国人才工作会议，特别提出要培养高层次人才，吸引高层次海外人才回国工作。

这一时期，一系列围绕“鼓励回国”的资助项目陆续实施，主要包括“短期回国资助项目”、“回国工作资助项目”和“招聘回国工作计划”三个方面。

“短期回国资助项目”主要包括：“春晖计划”项目、旅外专家回国传授技术项目、中科院高级访问学者计划、中国青年学者学术讨论会资助、国家自然科学基金委留学人员短期回国基金等。其中，“春晖计划”项目影响尤为典型。1996 年，教育部设立了“春晖计划”项目，资助在外留学人员短期回国工作，其资助方式主要有：教育部对受聘的海外留学人才提供往返国际旅费；国内招聘高校可按相当于国内同级专业技术职称人员工资标准的 5～8 倍给予受聘的海外留学人才职务（岗位）奖励津贴；无偿提供住房或提供住房费用；提供医疗保险；提供一定数量的学术活动费，并尽可能为受聘的海外留学人才创造良好的工作和生活条件①。

“回国工作资助项目”主要包括：教育部留学回国人员科研启动基金、中科院回国工作基金、李氏基金、国家博士后科学基金等。2000 年，建立留学人员创业园区的制度，为留学回国工作人员提供了平台。2003 年设立“国家优秀自费留学奖学金”项目，奖励优秀自费留学人员在学业上取得的优异成绩。这是我国首次为在外自费留学人员设立的“国家奖学金”。

“招聘回国工作计划”包括中科院“百人计划”和“长江学者奖励计

---

① 教育部. “春晖计划”海外留学人才学术休假回国工作项目实施办法（试行）[EB/OL]. http://www.cscse.edu.cn/publish/portal0/tab107/info14601.htm.

划”。中科院“百人计划”于1994年实施，凡列入计划者，中科院将给予一次性启动经费，按国家规定发给工资，另外给予特别津贴。“长江学者奖励计划”于1998年开始实施，由教育部与李嘉诚先生共同筹资设立，计划包括实行特聘教授岗位制度和嘉诚杰出创新人才奖励两个项目。

这一阶段，国家综合国力不断提升，国家直接资助和综合配套政策进一步加强，这些因素有效吸引了出国留学人员的逐步回归（如图4-3所示）。1993—1999年，学成回国人员数量由1993年的0.51万人增加到1999年的0.77万人，呈现低水平的稳定增长，增幅仅为7.11%；2000—2006年，学成回国人员数量呈现跨越式增长，由2000年的0.91万人发展到2006年的4.2万人，增幅达到29.03%。

（单位：万人）

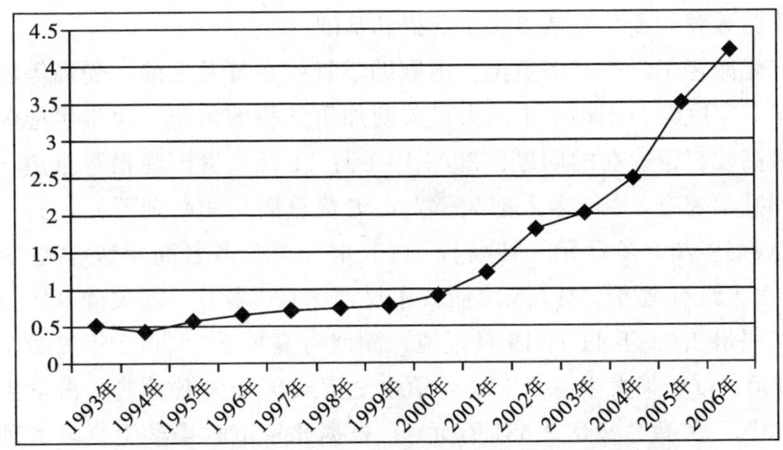

图4-3　1993—2006年学生回国留学人员人数统计图

资料来源：http://data.stats.gov.cn/easyquery.htm? cn=C01.

三、经济转型时期学生资助的成效和不足

（一）成效

1. 缓解了学生资助的供需矛盾

一是资助举措减轻了学生负担。国家助学贷款减轻了学生负担。国家助学贷款作为运用金融手段面向高等学校经济困难学生发放的，用于帮助他们支付在校期间的学费和生活费，并由国家财政给予贴息的人民币贷款，是资助经济困难学生完成学业的重要形式，它为教育公平提供了保障，为贫困学生发展提供了基础。其发放人数从1999年的0.06万人，到

2002 年的 25.44 万人，再到 2005 年的 91.62 万人，虽然仍未做到应贷尽贷，但它作为一种新型的资助形式，解决了大部分学生入学难的问题。校内勤工助学活动的一个重要目的就是缓解家庭经济困难学生的生活负担，各高校围绕这样一个目的，积极开辟一些非竞争性工作岗位，优先提供给家庭经济困难学生。学生通过自身劳动，有效获取酬金，在一定程度上缓解了生活压力，减轻了家庭的经济负担。国家奖学金和国家励志奖学金奖励标准较高，在经济上大大减轻学生经济压力，特别是国家励志奖学金和国家助学金资助规模逐步扩大，资助标准逐渐提高，而且针对的是家庭经济困难学生，这让学生深刻感受到国家的关怀，体会到社会主义制度的优越性。义务教育阶段“两免一补”政策的逐步推行，大大减轻了农村家庭经济困难学生的经济负担，这一方面保证了义务教育阶段的入学率，另一方面也为教育均衡化发展提供了前提和基础。

二是减轻了学校经济负担。国家助学贷款在普及之前，受高等教育收费影响，家庭经济困难学生的大量欠费加重学校的负担。大学生拖欠学费是全国高校普遍存在的问题。2002 年 1 月 14 日《贵阳晚报》报道：2002 年贵州某学院有 2 000 多人拖欠学费，欠费总额达 400 余万元，另一大学欠费总额达 700 多万元。某高校 2001 年 5 000 多名高年级学生中竟有 3 000 多人没有缴齐学费，5 次催款才收到 1 100 多万，尚欠 400 多万；据新华网福州 2003 年 11 月 19 日报道，湖北省高校学生 2002 年欠缴学费达 3 亿多元；重庆某大学有 7 778 名学生全部或部分欠缴学费，占学生总数的 24.3%，欠费总额达 3 631 万元①。根据北京市教委学生贷款管理中心的统计，截至 2003 年 9 月底，北京教委下属的 37 所市属高校学生历年累计欠费达 7 492.92 万元（其中只有 3 所学校无欠费）。大学生欠缴学费的现象在大部分高校都不同程度地存在，直接带来的就是很多高等学校的资金陷入困境，甚至严重威胁到了很多高校的正常运转。国家助学贷款的有效实施大大降低了学生欠费比例，同时减轻了学校的办学负担。

2. 提升了学生资助的育人效果

学生资助工作是育人的重要手段，学生资助活动的开展有效促进了学生的成人成才。

---

① 朱云. 高等学校学生欠费现象透析 [J]. 徐州教育学院学报，2004 (3)：50-53.

一是提升了学生综合素质。开展勤工助学活动，强化了实践育人效果。随着勤工助学政策的完善和实践活动的深入，涉及勤工助学的研究及其成果愈来愈多，“学”与“工”的主次关系进一步明确，勤工助学的育人和助困作用得到社会广泛认可。积极支持勤工助学活动逐步成为一种社会行为，社会上的勤工助学岗位越来越多；同时，学生也看到了参与勤工助学的价值，很多学生甚至把它作为就业前的必修课程。1995 年对上海市部分高校学生的抽样调查表明，有 14%的学生正在参加勤工助学，在未参加过勤工助学的学生中，尚有 83.2%的学生表示“想参加”。关于参加勤工助学活动的动因，较为一致的观点是为“增长社会阅历，培养自立能力”和“尽可能减少家庭负担”、“以实际行动证明自己的生存能力”。62.5%的学生认为，勤工助学的功能和作用首先体现在“促进素质锻炼和能力发展”，其次才是“资助学业，解决生活困难”①。

二是帮助学生树立诚信意识。国家助学贷款执行权利和责任对等原则，是教育成本合理分担理论的重要体现，是要偿还的，这在一定程度上激发了学生的上进意识。同时，国家助学贷款的受理、管理、发放和回收，都对学生有教育和引导作用。首先，逐步优化完善贷款资格认定，这有效杜绝了学生的弄虚作假，保证公正公平。其次，有效开展诚信教育。信用贷款制度突出了加强诚信教育的重要性，无论是国家助学贷款贷前宣传，还是贷中引导及贷后管理，经办单位、经办银行和学校都非常重视对贷款学生的诚信教育，开展国家助学贷款诚信宣传；随着征信系统的建立和完善，贷款学生更加注重个人诚信，强化品德修养，资助的育人作用得到很好的发挥。

三是实现了对学生的激励和促进。由于国家奖学金具有荣誉性强、激励性强的特点，通过实施过程中的正面引导，国家奖学金制度正在成为激发高校学生全面发展、奋发向上的一个强大动力。从国家奖学金奖励的对象看，重在提高大学生的思想素质，提高其自觉学习的热忱，促使其创新能力等方面的发展。也就是说，所有在校大学生，只要在思想、学习、创新等各个方面特别突出，就可以提出申请。它的设立，对所有在校大学生

① 此项调查由“高校学生参加勤工助学活动的研究”课题组于 1997 年上半年组织。该课题为江苏省教育科学规划立项项目，课题负责人周翠林。有关调查的详细内容可参看课题组完成的《解困为首，育人是本——高校学生参加勤工助学活动现状的描述性报告》一文，该文曾作为 1998 年江苏省学生管理研究会交流材料。

起到的激励和促进作用，不仅在思想和学习方面，更包括创新能力在内整体素质的自觉培养和提高。

3. 提供了学生资助的发展借鉴

国家助学贷款从试点到推广再到新机制的出台，经历波折，但总是在解决重大矛盾和突出问题中推进，这为放贷主体多元化提供了基本遵循和成功经验。国家开发银行从2006年在河南进行生源地信用助学贷款试点，到2007年的全国大范围推广，短短几年便与国家助学贷款并驾齐驱，甚至在之后赶超国家助学贷款（后改为“校园地国家助学贷款”）而成为助学贷款的主体，这与国家助学贷款的前期有效尝试密不可分。同时，由地方农村信用合作社等金融机构开展的助学贷款也成为助学贷款的有效补充。放贷主体的多元化进一步强化了市场竞争，一方面提升了助学贷款的实施绩效，另一方面充裕的金融资金支持也为贷款对象范围的扩大、贷款金额上限的提高和还贷期的延长等提供了前提和基础。

国家助学贷款基层就业代偿政策在这一阶段试行，为今后学生资助促进人力资源的合理配置提供了借鉴。紧接着国家免费师范教育政策、义务服兵役及退役士兵资助政策、基层就业学费补偿贷款代偿政策等各类导向型政策的陆续出台并实施，从一定程度上来讲，得益于国家助学贷款基层就业代偿政策的成功试行。

（二）不足

教育领域短期内的大幅度改革造成希望受助学生群体的数量急剧上涨，学生资助临危受命，采取一系列的政策举措，在一定程度上缓解了学生资助的供需矛盾，其自身也得到一定的发展。但由于受效率第一的思想影响，学生资助实际上所受的重视程度相对不够，加之专门化资助的发展时间较短，资助需求的存量和增量短期内难以得到很好的消减，导致这一阶段的学生资助显得力不从心。

1. 资助的供给不能满足需求

一是在资助层级方面，高等教育和义务教育阶段学生资助力度较大，但学前教育和高中阶段教育（含中等职业教育）属于收费教育，资助政策却鲜有覆盖。二是学生资助工作比较重视部属高校，其次是各类公办高校，民办学校以及一些科研院所却不能享受相关的学生资助政策，这在较大程度上影响了办学积极性，也影响了学生的发展。三是由于资金的保障作用以及资源的调动作用相对不够，导致需要贷款的学生不能得到贷款，需要受资助的学生不能得到资助，未能做到应助尽助。

2. 资助的保障机制尚显薄弱

一是在机构设置上，虽然各地各高校都陆续建立了相应机构，但由于重视程度的差别，导致机构的专门化程度不够，机构人员的专业化水平不高，绝大多数机构的行政级别偏低，这些都影响到机构职能的发挥。二是在财力保障上，中央文件、政府工作报告以及部门文件等都对经费投入的主体以及比例有明确的要求，但由于缺乏监督和落实举措，用于学生资助的资金很难落到实处，学生资助的实际效用低于预期。三是在结果评价上，缺乏系统的可操作性的评价标准，各地各单位在工作的实际开展中缺乏有效的参照。

3. 资助的精准程度有待加强

一是由于多方面原因，家庭经济困难学生的认定工作存在诸多差异性，而且同一个地区的不同学校之间也存在认定标准不一致，相对统一的标准缺乏导致家庭经济困难学生的认定相对模糊。二是学生资助的途径和手段应进一步优化，保障性的资助能否保障学生的学习生活正常进行，奖励型资助能否起到示范引领和激励作用，引导型资助能否真正有效发挥调节棒的作用，这些都需要深入研究和实践。三是学生资助的信息不通畅，政府、学校和社会的资助行为和资助结果信息往往不能互通，有时甚至同一个单位的学生资助也因归口不同，出现多头各自为政，这也导致同等条件下的学生受助力度不均衡和不公平的现象时有发生。

第五章　深化改革时期的学生资助（2007—2019）

2007年至2019年，是我国改革开放进入深水区后持续深化、攻坚克难的时期，也是我国教育改革不断深化、事业发展蒸蒸日上和学生资助新体系建立健全的时期。十三年间，我国政治、经济与教育的发展从“新时期”逐步迈入“新时代”，呈现出更加鲜明的改革印记与时代特征。学生资助迎来了前所未有的发展机遇，实现了内涵、范围、规模、力度的质的飞跃，开始迈入立德树人、持续改进、全面发展的新时期。

一、深化改革时期的政治、经济与教育

十三年间，从构建社会主义和谐社会、全面建成小康社会再到复兴中华民族的伟大中国梦，中国共产党始终围绕全心全意为人民服务的宗旨，开拓创新、砥砺前行，坚持以经济建设为中心，以改善民生为重点，持续推进中国特色社会主义各项事业的健康发展，人民群众的获得感、满意度不断提高。

（一）政治改革蓝图纷呈

人民是政治改革的参与者、见证者，也是政治改革成果的贡献者与分享者。党的十七大以来，中国共产党不忘初心、牢记使命，蹄疾步稳推进全面深化改革，坚决破除各方面体制机制弊端。改革全面发力、多点突破、纵深推进，基本确立了社会主要领域改革的基本框架。

1. 构建社会主义和谐社会

2006年10月8日至11日，中国共产党第十六届中央委员会第六次全体会议在北京举行。全会全面分析了当前的形势和任务，提出新世纪新阶段，中国共产党要带领人民抓住机遇、应对挑战，把中国特色社会主义伟大事业推向前进，必须坚持以经济建设为中心，把构建社会主义和谐社会摆在更加突出的地位。会议审议并通过了《中共中央关于构建社会主义和谐社会若干重大问题的决定》，指出社会公平正义是社会和谐的基本条件，

要坚持教育优先发展，促进教育公平，保障人民享有接受良好教育的机会。坚持公共教育资源向农村、中西部地区、贫困地区、边疆地区、民族地区倾斜，逐步缩小城乡、区域教育发展差距，推动公共教育协调发展。明确各级政府提供教育公共服务的职责，保证财政性教育经费增长幅度明显高于财政经常性收入增长幅度，逐步实现财政性教育经费在国内生产总值中占比 4%。普及和巩固九年义务教育，落实农村义务教育经费保障机制，在农村并逐步在城市免除义务教育学杂费，全面落实对家庭经济困难学生免费提供课本和补助寄宿生生活费政策，保障农民工子女接受义务教育。加快发展城乡职业教育和培训网络，努力使劳动者人人有知识、个个有技能。保持高等院校招生合理增长，注重增强学生的实践能力、创造能力和就业创业能力。完善高等教育和高中阶段国家奖学金、助学金制度，落实国家助学贷款政策，鼓励社会捐资助学。

2. 全面建成小康社会

2007 年 10 月 15 日至 21 日，中国共产党第十七次全国代表大会在北京召开。胡锦涛在《高举中国特色社会主义伟大旗帜，为夺取全面建设小康社会新胜利而奋斗》报告中强调，全面建设小康社会，需要不断加快发展社会事业，全面改善人民生活。要求现代国民教育体系更加完善，终身教育体系基本形成，全民受教育程度和创新人才培养水平明显提高。十七大报告提出优先发展教育，建设人力资源强国。要全面贯彻党的教育方针，坚持育人为本、德育为先，实施素质教育，提高教育现代化水平，培养德智体美全面发展的社会主义建设者和接班人，办好人民满意的教育。优化教育结构，促进义务教育均衡发展，加快普及高中阶段教育，大力发展职业教育，提高高等教育质量。重视学前教育，关心特殊教育。更新教育观念，深化教学内容方式、考试招生制度、质量评价制度等改革，减轻中小学生课业负担，提高学生综合素质。坚持教育公益性质，加大财政对教育投入，规范教育收费，扶持贫困地区、民族地区教育，健全学生资助制度，保障经济困难家庭、进城务工人员子女平等接受义务教育。加强教师队伍建设，重点提高农村教师素质。鼓励和规范社会力量兴办教育。发展远程教育和继续教育，建设全民学习、终身学习的学习型社会。

2012 年 11 月 8 日，中国共产党第十八次全国代表大会在北京召开。在题为《坚定不移沿着中国特色社会主义道路前进　为全面建成小康社会而奋斗》的报告中，胡锦涛强调努力办好人民满意的教育：要坚持教育优先发展，全面贯彻党的教育方针，坚持教育为社会主义现代化服务的根本任务，培养德智体美全面发展的社会主义建设者和接班人；全面实施素质教育，深化教育领域综合改革，着力提高教育质量，培养学生创新精神；办好学前教育，均衡发展九年义务教育，完善终身教育体系，建设学习型社会；大力促进教育公平，合理配置教育资源，重点向农村、边远、贫困、民族地区倾斜，支持特殊教育，提高家庭经济困难学生资助水平，积极推动农民工子女平等接受教育，让每个孩子都能成为有用之才。

3. 坚持以人民为中心的发展思想

2012 年，习近平在十八届中央政治局常委同中外记者见面会上指出：我们的人民热爱生活，期盼有更好的教育、更稳定的工作、更满意的收入、更可靠的社会保障、更高水平的医疗卫生服务、更舒适的居住条件、更优美的环境，期盼着孩子们能成长得更好、工作得更好、生活得更好。人民对美好生活的向往，就是我们的奋斗目标。

2015 年 10 月 26 日至 29 日，党的十八届五中全会在北京召开。全会通过的《中共中央关于制定国民经济和社会发展第十三个五年规划的建议》强调，必须坚持以人民为中心的发展思想，把增进人民福祉、促进人的全面发展作为发展的出发点和落脚点。就业比较充分，教育、文化、社保、医疗、住房等公共服务体系更加健全，基本公共服务均等化水平稳步提高。教育现代化取得重要进展，劳动年龄人口受教育年限明显增加。收入差距缩小，中等收入人口比重上升。我国现行标准下农村贫困人口实现脱贫，贫困县全部摘帽，解决区域性整体贫困。

推动义务教育均衡发展，全面提高教育教学质量。普及高中阶段教育，逐步分类推进中等职业教育免除学杂费，率先从建档立卡的家庭经济困难学生实施普通高中免除学杂费。发展学前教育，鼓励普惠性幼儿园发展。完善资助方式，实现家庭经济困难学生资助全覆盖。促进教育公平。加快城乡义务教育公办学校标准化建设，加强教师队伍特别是乡村教师队伍建设，推进城乡教师交流。办好特殊教育。

4. 迈向中华民族伟大复兴

2017 年 10 月 18 日，中国共产党第十九次全国代表大会在北京召开。大会的主题是：不忘初心，牢记使命，高举中国特色社会主义伟大旗帜，决胜全面建成小康社会，夺取新时代中国特色社会主义伟大胜利，为实现中华民族伟大复兴的中国梦不懈奋斗。在题为《决胜全面建成小康社会夺取新时代中国特色社会主义伟大胜利》的报告中，习近平号召全党同志一定要永远与人民同呼吸、共命运、心连心，永远把人民对美好生活的向往作为奋斗目标，以永不懈怠的精神状态和一往无前的奋斗姿态，继续朝着实现中华民族伟大复兴的宏伟目标奋勇前进。

习近平在报告中指出，要优先发展教育事业。建设教育强国是中华民族伟大复兴的基础工程，必须把教育事业放在优先位置，加快教育现代化，办好人民满意的教育。要全面贯彻党的教育方针，落实立德树人根本任务，发展素质教育，推进教育公平，培养德智体美全面发展的社会主义建设者和接班人。推动城乡义务教育一体化发展，高度重视农村义务教育，办好学前教育、特殊教育和网络教育，普及高中阶段教育，努力让每个孩子都能享有公平而有质量的教育。完善职业教育和培训体系，深化产教融合、校企合作。加快一流大学和一流学科建设，实现高等教育内涵式发展。健全学生资助制度，使绝大多数城乡新增劳动力接受高中阶段教育、更多接受高等教育。支持和规范社会力量兴办教育。加强师德师风建设，培养高素质教师队伍，倡导全社会尊师重教。办好继续教育，加快建设学习型社会，大力提高国民素质。

（二）经济发展夯实根基

通过持续深化的不断改革和发展，我国经济迈入了从高速增长向中高速增长的新阶段。经过改革开放以来的经济增长累积，我国于2011年超越日本，成为仅次于美国的世界第二大经济体。经济总量的增加，不仅是国家实力的综合反映，更是国计民生的物质源泉。

1. 经济发展总体持续向好

2006年，我国经济实力继续大幅提升。国内生产总值21.94万亿元，经济增长连续四年达到或高于10%，居民消费价格总水平上涨1.5%，没有出现明显通货膨胀。全国财政收入3.87万亿元，比上年增加7 094亿元。

2008年，受国际金融危机等不利因素影响，我国正确把握宏观调控的方向、重点、力度和节奏，采取一系列促进经济平稳较快发展的政策措施，在复杂多变的形势下，积极应对国际金融危机的严重冲击，努力增强调控的预见性、针对性和有效性。经过努力，国民经济继续保持平稳较快增长。国内生产总值超过30万亿元，比上年增长9%；物价总水平涨幅得到控制；财政收入6.13万亿元，增长19.5%。

2008年以后，尽管国际金融危机使我国发展遭遇严重困难，我国科学判断、果断决策，采取一系列重大举措，在全球率先实现经济企稳回升，有效应对外部经济风险冲击，历年保持经济平稳较快发展。2018年，我国国内生产总值突破90万亿元，比上年增长6.6%。全国财政收入18.34万亿元，比上年增加10 759亿元。近十年来，我国经济总量稳居世界第二位，为全面建成小康社会打下了坚实基础。

2. 教育经费支出占比超过4%

按照国际惯例，国家财政性教育经费占国内生产总值的比例，是衡量一个国家教育水平基础线的通用指标。据统计，在国家财政性教育投入上，目前世界平均水平为7%左右，其中发达国家达到9%左右，经济欠发达的国家也达到4.1%。

1993年，我国提出20世纪末国家财政性教育经费占国内生产总值的比例达到4%，但2000年只达到2.87%。2006年，国家财政性教育经费支出6 348亿元，约占当年国内生产总值的2.89%。在随后的几年中，我国不断加大财政投入力度，财政性教育经费占国内生产总值的比例不断提高，但仍与世界平均水平存在较大差距。

2010年7月29日，经过两年编制，《国家中长期教育改革和发展规划纲要（2010—2020年）》正式颁布。该纲要指出，教育投入是支撑国家长远发展的基础性、战略性投资，是教育事业的物质基础，是公共财政的重要职能。各级政府要优化财政支出结构，统筹各项收入，把教育作为财政支出重点领域予以优先保障。严格按照教育法律法规规定，年初预算和预算执行中的超收收入分配都要体现法定增长要求，保证教育财政拨款增长明显高于财政经常性收入增长，并使按在校学生人数平均的教育费用逐步增长，保证教师工资和学生人均公用经费逐步增长。按增值税、营业税、消费税的3%足额征收教育费附加，专项用于教育事业。提高国家财政性教育经费支出占国内生产总值比例，2012年达到4%。

经过多方共同努力，2012年国家财政性教育经费支出占国内生产总值的比例，如期实现4%目标。自此持续多年保持在4%以上，其中2016年首次突破3万亿元。

3. 财政事权划分稳步推进

财政事权是一级政府应承担的运用财政资金提供基本公共服务的任务和职责，支出责任是政府履行财政事权的支出义务和保障。改革开放以来，中央与地方财政关系经历了从高度集中的统收统支到“分灶吃饭”、包干制，再到分税制财政体制的变化，财政事权和支出责任划分逐渐明确，特别是1994年实施的分税制改革，初步构建了中国特色社会主义制度下中央与地方财政事权和支出责任划分的体系框架，为我国建立现代财政制度奠定了良好基础。

但也要看到，新的形势下，现行的中央与地方财政事权和支出责任划分仍存在不同程度的不清晰、不合理、不规范等问题。其主要表现在以下方面：政府职能定位不清，一些本可由市场调节或社会提供的事务，财政包揽过多，同时一些本应由政府承担的基本公共服务，财政承担不够；中央与地方财政事权和支出责任划分不尽合理，一些本应由中央直接负责的事务交给地方承担，而有些宜由地方负责的事务又让中央承担过多；不少中央和地方提供基本公共服务的职责交叉重叠，共同承担的事项较多；省以下财政事权和支出责任划分不尽规范；有的财政事权和支出责任划分缺乏法律依据，法治化、规范化程度不高。这种状况不利于充分发挥市场在资源配置中的决定性作用，不利于政府有效提供基本公共服务，与建立健全现代财政制度、推动国家治理体系和治理能力现代化的要求不相适应，必须积极推进中央与地方财政事权和支出责任划分改革。

2016年8月16日，国务院印发《关于推进中央与地方财政事权和支出责任划分改革的指导意见》，明确推进中央与地方财政事权和支出责任划分改革的指导思想、总体要求、划分原则、改革内容、保障配套措施、职责分工，并提出了时间表：2017—2018年，总结相关领域中央与地方财政事权和支出责任划分改革经验，结合实际、循序渐进，争取在教育、医疗卫生、环境保护、交通运输等基本公共服务领域取得突破性进展；2019—2020年，基本完成主要领域改革，形成中央与地方财政事权和支出责任划分的清晰框架。

2019年6月3日，国务院办公厅印发《教育领域中央与地方财政事权和支出责任划分改革方案》，将教育领域财政事权和支出责任划分为义务教育、学生资助、其他教育三个方面。义务教育总体为中央与地方共同财政事权，其中涉及学校日常运转、校舍安全、学生学习生活等经常性事项，所需经费一般根据国家基础标准，明确中央与地方财政分档负担比例，中央财政承担的部分通过共同财政事权转移支付安排；涉及阶段性任务和专项性工作的事项，所需经费由地方财政统筹安排，中央财政通过转移支付统筹支持。学生资助作为相对独立完整的政策体系，覆盖学前教育、普通高中教育、职业教育、高等教育等，将其总体确认为中央与地方共同财政事权，并按照具体事项细化。其他如学前教育、普通高中教育、职业教育、高等教育等，实行以政府投入为主、受教育者合理分担、其他多种渠道筹措经费的投入机制，总体为中央与地方共同财政事权。

（三）教育提速革故鼎新

人才强国与建立创新型国家的宏韬伟略，不仅促进了教育投入的持续增加，而且推动了教育改革的不断深化。以《中华人民共和国义务教育法》的修订为端始，我国教育经费筹措与分担的长效机制得以建立；公平而有质量的教育成为全体中国人的共同期待；脱贫攻坚与精准扶贫的战略实施，对教育发展提出了新要求。这一切，都为学生资助事业的革故鼎新铺平了道路。

1. 建立义务教育投入新机制

2005 年 12 月 24 日，国务院下发《国务院关于深化农村义务教育经费保障机制改革的通知》，强调贯彻中共十六大和十六届三中、五中全会精神，落实科学发展观，强化政府对农村义务教育的保障责任，普及和巩固九年义务教育，促进社会主义新农村建设。为此，必须按照“明确各级责任、中央地方共担、加大财政投入、提高保障水平、分步组织实施”的基本原则，逐步将农村义务教育全面纳入公共财政保障范围，建立中央和地方分项目、按比例分担的农村义务教育经费保障机制。中央重点支持中西部地区，适当兼顾东部部分困难地区。其具体内容包括：一是全部免除农村义务教育阶段学生学杂费，对贫困家庭学生免费提供教科书并补助寄宿生生活费；二是提高农村义务教育阶段中小学公用经费保障水平；三是建立农村义务教育阶段中小学校舍维修改造长效机制；四是巩固和完善农村中小学教师工资保障机制。

2015 年 11 月 28 日，国务院印发《关于进一步完善城乡义务教育经费保障机制的通知》，决定从 2016 年起进一步完善城乡义务教育经费保障机制，全面部署统筹城乡义务教育资源均衡配置。建立城乡统一、重在农村的义务教育经费保障机制，就是要更好地解决农民工子女进城上学的问题，推动“两免一补”，以及生均公用经费基准定额可随学生流动。

通过经费保障新机制，我国义务教育逐步实现了县域内均衡发展和城乡一体化发展，切实减轻了基层政府过重的财政负担和人民群众的家庭教育投资负担，为每一个孩子接受公平而有质量的义务教育创造了条件。

2. 非义务教育快速发展

（1）在学前教育领域，2006 年全国共有幼儿园 13.05 万所，在园幼儿 2 263.85 万人。2018 年，全国共有幼儿园 26.67 万所，比 2006 年增加 13.62 万所，增长 104%；在园幼儿 4 656.42 万人，比 2006 年增加 2 392.57 万人，增长 105%。

（2）在高中教育阶段，2006 年全国高中阶段共有学校 3.17 万所，在校学生 4 341.86 万人，毛入学率 59.8%。2018 年，全国高中阶段共有学校 2.43 万所，在校学生 3 934.67 万人，高中阶段毛入学率 88.8%，比 2006 年提高 29 个百分点。

（3）在高等教育领域，2006 年全国各类高等教育总规模超过 2 500 万人，高等教育毛入学率达到 22%。普通高等学校 1 867 所，普通本专科在校生 1 738.84 万人，在学研究生 110.47 万人。2018 年，全国高等教育总规模达到 3 833 万人，比 2006 年增加 1 333 万人，增长 53.32%；高等教育毛入学率达到 48.1%，比 2006 年提高 26.1 个百分点；普通高等学校 2 663 所，比 2006 年增加 796 所，增长 42.64%；普通本专科在校生 2 831.03 万人，比 2006 年增加 1 092.19 万人，增长 62.81%；在学研究生 273.13 万人，比 2006 年增加 162.66 万人，增长 147.24%。

3. 改革研究生培养机制

2005 年前，我国研究生培养方式分为计划内招生、自筹经费、委托培养三种方式。绝大多数研究生属于国家计划内招生，即公费研究生，不论是非定向培养生，还是定向培养生，培养费由国家财政拨款，不需要缴纳学费。少数研究生属于委托培养生，培养费由选送单位支付；另有一部分属于自筹经费培养生，培养费由学生本人自筹。

2005 年，教育部、国家发展和改革委员会、财政部联合提请国务院批准《关于进行研究生培养机制改革试点的通知》，拟从 2006 年起在北京大学、清华大学、哈尔滨工业大学等 9 所高校进行研究生培养机制改革的试点。2006 年，西安交通大学、哈尔滨工业大学、华中科技大学等 3 所学校率先成为第一批试点高校，实施研究生教育收费并轨制，取消公费制，即对研究生不再区分三种类别，全部收取学费，同时辅以奖助学金等配套政策。这标志着研究生培养机制改革正式拉开了帷幕。2009 年，教育部办公厅印发《关于进一步做好研究生培养机制改革试点工作的通知》，决定于

2009年将改革试点范围扩大至所有中央部（委）属培养研究生的高等学校，鼓励各省、自治区、直辖市选择所属培养研究生的高等学校进行改革试点。

2010年，《国家中长期教育改革和发展规划纲要（2010—2020年）》指出，高等教育实行以举办者投入为主、受教育者合理分担培养成本、学校设立基金接受社会捐赠等筹措经费的机制。相应地要建立健全研究生教育收费制度，完善资助政策，设立研究生国家奖学金。2013年，经国务院同意，财政部、国家发改委、教育部印发《关于完善研究生教育投入机制的意见》，从2014年秋季学期起，按照“新生新办法、老生老办法”的原则，全面实行研究生教育收费制度，向所有纳入全国研究生招生计划的新入学研究生收取学费。全日制学术学位研究生学费标准，原则上每生每年硕士生不超过8 000元、博士生不超过10 000元；全日制专业学位研究生以及其他已实行收费政策的研究生，暂执行现行收费政策。完善研究生教育投入机制的一系列政策措施，其根本目的是推动研究生教育综合改革、提高我国研究生培养质量、服务于科教兴国和人才强国战略。在实行收费制度、健全成本分担机制的同时，更加注重财政拨款制度和奖助政策体系的完善。政策措施实施后，研究生所获资助总体上超过其应缴纳的学费，资助水平得到提高。

4. 民办教育突飞猛进

2012年，为实施科教兴国战略，促进民办教育事业的健康发展，维护民办学校和受教育者的合法权益，国家出台了《中华人民共和国民办教育促进法》，明确提出国家对民办教育实行积极鼓励、大力支持、正确引导、依法管理的方针。各级人民政府应当将民办教育事业纳入国民经济和社会发展规划。民办学校与公办学校具有同等的法律地位，国家保障民办学校的办学自主权，以及民办学校举办者、校长、教职工和受教育者的合法权益。2013年、2016年和2018年，国家又先后进行了三次修订，以利进一步促进民办教育发展。

2012年6月，教育部印发《关于鼓励和引导民间资金进入教育领域促进民办教育健康发展的实施意见》，指出民办教育是社会主义教育事业的重要组成部分，是教育事业发展的重要增长点和促进教育改革的重要力量。要充分发挥民间资金的作用，把鼓励和引导民间资金进入教育领域、促进民办教育发展作为各级政府的重要职责。

2016年，国务院发布《关于鼓励社会力量兴办教育促进民办教育健康发展的若干意见》，国家积极鼓励和大力支持社会力量举办非营利性民办学校。各级人民政府要完善制度政策，在政府补贴、政府购买服务、基金奖励、捐资激励、土地划拨、税费减免等方面对非营利性民办学校给予扶持。各级人民政府可根据经济社会发展需要和公共服务需求，通过政府购买服务及税收优惠等方式对营利性民办学校给予支持。民办学校学生与公办学校学生按规定同等享受助学贷款、奖助学金等国家资助政策。

在上述一系列政策的指导和扶持下，民办教育事业有了飞速发展。2006年，全国共有各级各类民办学校9.32万所，各类学历教育在校学生达2 313.02万人。到2018年，全国共有各级各类民办学校18.35万所，比2006年增加9.03万所，增长96.89%；各类教育在校生达5 378.21万人，比2006年增加3 066.19万人，增长132.56%。

二、“三个全覆盖”的学生资助新体系

2007年至2019年，是我国学生资助政策新体系建构的时期，也是学生资助工作突飞猛进、成就辉煌的时期。在近13年间，我国各级各类教育的学生资助政策从资助对象、资助范围、资助力度到资助内涵，均实现了质的飞跃。

（一）资助政策体系加快建构

随着我国改革发展步伐加快和对人才需求的快速增长，教育规模迅速扩大，各学段招生人数不断攀升，教育事业发展与困难群众教育支付能力之间的矛盾日益突出。基于此，国家逐步建立完善的资助政策体系，加大资助投入力度，从制度上基本确保不让一个学生因家庭经济困难而失学。

2007年3月5日，国务院总理温家宝在十届全国人大五次会议的政府工作报告中提出：“为了促进教育发展和教育公平，我们将采取两项重大措施：一是从今年新学年开始，在普通本科高校、高等职业学校和中等职业学校建立健全国家奖学金、助学金制度，为此中央财政支出将由上年18亿元增加到95亿元，明年将安排200亿元，地方财政也要相应增加支出；同时，进一步落实国家助学贷款政策，使困难家庭的学生能够上得起大学、接受职业教育。这是继全部免除农村义务教育阶段学杂费之后，促进教育公平的又一件大事。二是在教育部直属师范大学实行师范生免费教

育，建立相应的制度。”[①] 这是我国进入改革开放关键时期后实施科教兴国和人才强国战略的重要举措，也是学生资助即将全面改革的重要信号。

2007 年 5 月 9 日，在前期充分论证的基础上，温家宝总理主持召开国务院常务会议，讨论并原则通过了《国务院关于建立健全普通本科高校、高等职业学校和中等职业学校家庭经济困难学生资助政策体系的意见》。会议决定，该意见经进一步修改后公布实施。5 月 13 日，国务院正式出台了《关于建立健全普通本科高校、高等职业学校和中等职业学校家庭经济困难学生资助政策体系的意见》，成为此后十余年我国学生资助各种新政策的统领性文件，在我国学生资助发展史上具有重要的里程碑意义：它首次对高中以上学段的学生资助政策作出了全面规划设计，提出了建立健全家庭经济困难学生资助政策体系的主要目标与基本原则，并就国家奖学金、国家助学金、国家助学贷款政策的进一步完善落实以及教育部直属师范大学师范生实行免费教育等作出明确规定。我国学生资助新体系的整体图景趋于清晰。

13 年间，党和政府始终高度重视家庭经济困难学生的上学问题，从国情出发，坚定不移地持续推进我国学生资助制度建设。其间累计出台各项学生资助政策文件四十余件，国家资助项目由 2006 年的 12 项增加到 2019 年的 35 项，填补了学前教育和普通高中两个学段的政策空白。国家学生资助政策体系从不完整走向逐步完善，形成了政府为主导、学校和社会为补充的“三位一体”的资助格局；形成了普惠性资助、助困性资助、奖励性资助和补偿性资助有机结合的“多元混合”资助模式。资助对象和范围实现了“三个全覆盖”，即各个学段全覆盖、公办民办全覆盖、困难学生全覆盖。现具体分述如次。

1. 高等教育阶段学生资助

高等教育阶段学生资助政策体系在这一时期进行了全面构建，建立了覆盖预科生、高职高专学生、本科生、研究生等学历层次的多元化资助政策，其发展脉络如下：

（1）完善本专科阶段学生资助政策。

本专科是学生资助的重点，面广、量大、问题多，因此也是深化改革

---

① 温家宝在十届全国人大第五次会议上的政府工作报告［EB/OL］.（2009-07-14）. http://www.china.com.cn/zyjy/2009-07/14/content_18135587.htm.

时期学生资助政策体系建设的首选突破口。13 年间，我国前后在高等学校本专科阶段出台了一系列学生资助新政策。

一是调整奖学金政策，新增资助项目。2007 年 6 月 26 日，财政部、教育部印发《普通本科高校、高等职业学校国家奖学金管理暂行办法》并据此由中央政府出资设立面向高校全日制本专科（含高职、第二学士学位）特别优秀学生的国家奖学金。与 2005 年《财政部教育部关于印发〈国家助学奖学金管理办法〉的通知》相比，新的主要变化为：其一，资助对象去掉了“家庭经济困难”这一限制条件，明确了高职、第二学士学位学生的参评资格；其二，国家奖学金资助金额由此前的每生每年 4 000 元翻番至 8 000 元；其三，基本申请条件增加了“社会实践、创新能力、综合素质等方面特别突出”；其四，指标分配取消了“对西部地区的高校适当予以倾斜”，将“对农林、水利、师范、民族、地质、矿产、石油、航海等专业的学生占在校生比例较大的高校适当倾斜”，调整为“对办学水平较高的高校、以农林水地矿油核等国家需要的特殊学科专业为主的高校予以适当倾斜”；其五，取消了“在同一学年内不得同时享受国家奖学金和国家助学金”的规定，改为“同一学年内，获得国家奖学金的家庭经济困难学生可以同时申请并获得国家助学金，但不能同时获得国家励志奖学金”。

为了进一步激励家庭经济困难学生全面发展，2007 年 6 月 27 日，财政部、教育部印发《普通本科高校、高等职业学校国家励志奖学金管理暂行办法》，规定由中央和地方政府共同出资设立面向高校全日制本专科（含高职、第二学士学位）学生中品学兼优的家庭经济困难学生的国家励志奖学金，奖励标准为每生每年 5 000 元。这一资助政策可以说是对国家 2005 年奖助学金政策的优化升级，不仅新设资助项目，还明确规定了国家励志奖学金可以与国家助学金兼得，要求高校要从事业收入中足额提取 4%～6%的经费用于资助家庭经济困难学生。

二是完善国家助学金制度。2007 年 5 月 9 日，财政部、教育部印发《普通本科高校、高等职业学校国家助学金管理暂行办法》，决定由中央和地方政府共同出资设立面向高校全日制本专科（含高职、第二学士学位）在校生中家庭经济困难学生的国家助学金。其平均资助标准，由此前每生每年 1 500 元上调为每生每年 2 000 元，具体标准在每生每年 1 000～3 000 元范围内确定，可分为 2～3 档。与以往相比，新制度具有更强大的资助功能：资助名额不再由文件固定（每年约 53.3 万名学生），转为根据当年生源实际情况确定。这一变化使受助学生大幅增多。仅2007年，享受国家助学金资助的学生人数就多达347.66万人。国家经济发展水平和物价变动情况不断变化，学生资助标准也随之动态调整。2010年8月26日，财政部、教育部决定从2010年秋季学期起，上调普通高校国家助学金资助标准，将平均资助标准由年生均2 000元上调至3 000元，所需资金由中央财政和地方财政按原定比例分担。

三是建立学费代偿等政策。此项政策包括学费代偿和国家助学贷款代偿两大类。随着高等教育向大众化发展，大学生就业市场化配置趋势越来越明显，中西部地区和艰苦偏远地区以及国防事业出现了人才紧缺的情况，在这一时期，国家通过发布一系列学费补偿、国家助学贷款代偿的政策，帮助家庭经济困难学生接受高等教育，引导人才流动方向。2009年3月11日，财政部、教育部印发《高等学校毕业生学费和国家助学贷款代偿暂行办法》，将原高校毕业生基层就业国家助学贷款代偿政策扩大到学费补偿贷款代偿，将政策覆盖范围扩大到中西部地区，对于高校毕业生到中西部地区和艰苦边远地区基层单位就业、服务期在3年以上（含3年）者，其学费由国家代偿。2009年4月20日，财政部、教育部和总参谋部印发《应征入伍服义务兵役高等学校毕业生学费补偿国家助学贷款代偿暂行办法》，决定从2009年起对应征入伍服义务兵役的高等学校毕业生在校期间缴纳的学费实行补偿，申请的国家助学贷款实行代偿政策。2011年10月25日，财政部、教育部、民政部、总参谋部、总政治部印发《关于实施退役士兵教育资助政策的意见》，从2011年秋季学期开始，对考入全日制普通高等学校的自主就业退役士兵实施教育资助政策。2015年，财政部、教育部、总参谋部再次印发《关于对直接招收为士官的高等学校学生实行国家资助的通知》，对直接招收为士官的高等学校学生实行国家资助的政策，从当年7月起施行。

四是推行师范生免费教育制度。2007年5月9日，《国务院办公厅转发教育部等部门关于教育部直属师范大学师范生免费教育实施办法（试行）的通知》下发，决定自2007年秋季入学的新生起，在北京师范大学、华东师范大学、东北师范大学、华中师范大学、陕西师范大学和西南大学六所部属师范大学实行师范生免费教育，在校期间免除学费，免缴住宿费，并补助生活费，所需经费由中央财政安排。

五是规范勤工助学制度。2007年5月9日，教育部、财政部印发《高等学校学生勤工助学管理办法》，对全日制普通本科高等学校、高等职业学校和高等专科学校的本专科学生和研究生的勤工助学活动，从组织机构、职责划分、岗位设置、酬金标准、法律责任等方面作出详细规定。2018 年 9 月，教育部、财政部印发《高等学校勤工助学管理办法（2018 年修订）》，结合社会经济发展和在校学生消费水平，适度提高勤工助学酬金标准，由每小时不低于 8 元提高至不低于 12 元，进一步明确勤工助学管理责任，强调要通过勤工助学培养学生的自立自强、创新创业精神，增强学生的社会实践能力。

六是设立大学新生入学资助项目。2007 年 7 月 10 日，教育部印发《关于认真做好 2007 年高等学校新生入学“绿色通道”和贯彻落实新资助政策有关工作的通知》，要求各地、各高校切实做好 2007 年全日制公办普通高校家庭经济困难新生入学“绿色通道”工作。2012 年 5 月，中国教育发展基金会、全国学生资助管理中心印发《普通高校家庭经济困难新生入学资助项目暂行管理办法》，为中西部地区每年高考考入全日制普通高等院校的家庭经济困难新生设立资助项目，帮助其顺利到校报到。资助标准为省（自治区、直辖市）内院校录取的新生每人 500 元，省（自治区、直辖市）外院校录取的新生每人 1 000 元。资助款用于一次性补助家庭经济困难新生从家庭所在地到被录取院校之间的交通费及入学后短期的生活费用。

（2）建立研究生阶段学生资助政策体系。

1993 年至 2006 年经济转型时期，我国研究生阶段学生资助政策以研究生奖学金为主。为了发展中国特色研究生教育，促进研究生培养机制改革，提高研究生培养质量，2012 年 9 月 29 日，财政部、教育部印发《研究生国家奖学金管理暂行办法》，首次建立研究生国家奖学金制度，博士研究生每生每年 3 万元，硕士研究生每生每年 2 万元，实现了国家奖学金资助政策在高等教育阶段的无缝对接。

为完善研究生教育投入机制，改善研究生学习、科研和生活条件，提高研究生培养质量，2013 年 2 月 6 日召开的国务院常务会议确定：从 2014 年秋季学期起，向所有纳入国家招生计划的新入学研究生收取学费。与收费制度相配套，国家开始建立多种形式的研究生奖助政策体系，原研究生普通奖学金调整为国家助学金。2013 年 2 月 28 日，财政部、国家发展改革委、教育部联合印发《关于完善研究生教育投入机制的意见》，完善研究生奖助政策体系，加大奖助经费投入力度，建立研究生国家助学金制度，加大研究生助教、助研和助管岗位津贴资助力度。2013 年 7 月 29 日，财政部、教育部出台《研究生国家助学金管理暂行办法》，建立研究生国家助学金制度，博士研究生资助标准不低于每生每年 1 万元，硕士研究生资助标准不低于每生每年 6 000 元。2017 年 3 月 3 日，财政部、教育部印发《关于进一步提高博士生国家助学金资助标准的通知》，将中央高校博士生从每生每年 12 000 元提高到 15 000 元，地方高校博士生从每生每年不低于 10 000 元提高到不低于 13 000 元；科研院所等其他研究生培养机构依照执行。

2013 年 7 月，财政部、教育部印发《研究生学业奖学金管理暂行办法》，首次建立研究生学业奖学金制度，从 2014 年秋季学期起，中央财政对中央高校研究生学业奖学金所需资金，按照博士研究生每生每年 10 000 元、硕士研究生每生每年 8 000 元的标准以及在校生人数的一定比例给予支持，各省、自治区、直辖市、计划单列市财政、教育部门确定地方财政对本省（自治区、直辖市、计划单列市）所属高校研究生学业奖学金的支持力度，制定地方所属高校研究生学业奖学金管理办法。

在研究生教育阶段，已建立研究生国家奖学金、国家助学金、学业奖学金、“三助”岗位津贴、国家助学贷款、基层就业学费补偿贷款代偿、应征入伍国家资助、校内奖助学金及新生入学“绿色通道”等相结合的资助政策体系。研究生全面享受本专科生资助政策，奖助学金标准更高。

（3）改革国家助学贷款制度。

由于一些省市普通本科高校、高等职业学校和中等职业学校家庭经济困难学生获得国家助学贷款的面偏窄、手续比较繁杂等问题比较突出，为了进一步完善和落实国家助学贷款政策，2007 年 7 月 25 日、8 月 10 日、8 月 13 日，分别下发《中国人民银行关于做好家庭经济困难学生助学贷款工作的通知》《教育部、财政部关于要求县级教育行政部门成立学生资助管理中心的紧急通知》《财政部 教育部 国家开发银行关于在部分地区开展生源地信用助学贷款试点的通知》，开始在江苏、湖北、重庆、陕西、甘肃五省市开展生源地信用助学贷款试点工作。“为保证生源地信用助学贷款工作顺利、快速启动，三部门先后组织了大量的调研和推动工作。”① 当年 8 月中旬，国家开发银行组成 5 个督导组分赴试点省份推动工作；9 月上旬，财政部、教育部组成两个督查组分赴试点省份督查推动；9 月下旬，

① 生源地信用助学贷款试点情况介绍［EB/OL］.（2007-12-18）. http://old.moe.gov.cn//publicfiles/business/htmlfiles/moe/moe_1899/200712/29988.html.

全国学生资助管理中心和国家开发银行评审三局针对性地对部分省份进行调研推动。11 月中旬，国家开发银行召集、全国学生资助管理中心出席，召开五省市试点分行工作经验交流会，研究解决有关问题。

试点运行一年后，2008 年 9 月 9 日，财政部、教育部、银监会联合下发《关于大力开展生源地信用助学贷款的通知》，在试点基础上进一步扩大生源地信用助学贷款覆盖范围，面向全日制普通本科高校、高等职业学校和高等专科学校（含民办高校和独立学院）的新生，以及在读的本专科学生、研究生和第二学士学位中的家庭经济困难学生，提供生源地信用助学贷款，明确风险补偿金确认方式，并提出要尽快建立专职管理机构。此后十年间，持续出台生源地信用助学贷款政策和原有国家助学贷款政策文件，对此进一步发展完善（见表 5-1）。

表 5-1　2007—2019 年国家助学贷款文件一览表

出台时间	文件名	文件号	主要内容
2007 年 7 月 25 日	《中国人民银行关于做好家庭经济困难学生助学贷款工作的通知》	银发〔2007〕241 号	1. 探索建立符合辖区实际的国家生源地信用助学贷款可持续发展机制；2. 加快信贷产品创新，推动商业性助学贷款业务开展；3. 探索将保险引入助学贷款业务的新途径；4. 要将助学贷款的还款信息及时纳入个人征信体系
2007 年 8 月 10 日	《教育部 财政部关于要求县级教育行政部门成立学生资助管理中心的紧急通知》	教财〔2007〕14 号	1. 各县（市、区）应尽快成立专门的学生资助管理中心，调剂落实相应的人员编制，并保证必要的工作条件；2. 确定县（市、区）教育行政部门学生资助管理中心的主要职责为生源地信用助学贷款管理工作，生源地信用助学贷款等相关贷后管理工作，中等职业学校的国家助学金管理、资助政策宣传及其他工作
2007 年 8 月 13 日	《财政部 教育部 国家开发银行关于在部分地区开展生源地信用助学贷款试点的通知》	财教〔2007〕135 号	在江苏、湖北、重庆、陕西、甘肃五省市开展生源地信用助学贷款试点工作

续表

出台时间	文件名	文件号	主要内容
2008年9月9日	《财政部 教育部 银监会关于大力开展生源地信用助学贷款的通知》	财教〔2008〕196号	1. 进一步扩大生源地信用助学贷款覆盖范围；2. 明确风险补偿金确认方式；3. 提出成立专职管理机构的要求；4. 继续做好高校助学贷款工作
2010年8月13日	《教育部办公厅关于普通高校协助做好生源地信用助学贷款有关工作的通知》	教财厅〔2010〕4号	高校正式被纳入生源地信用助学贷款管理体系，要协助完成生源地信用助学贷款的申请、审批和管理等工作
2011年4月26日	《关于做好助学贷款相关工作的通知》	教助中心〔2011〕21号	对教育行政部门和高等学校提出信息化规范化贷后管理要求
2012年7月26日	《教育部办公厅 国家开发银行办公厅关于加强国家开发银行生源地信用助学贷款管理工作的通知》	教资助厅〔2012〕1号	1. 优化贷款学生资格认定；2. 推进贷款学生资格预认定工作；3. 完善贷款办理工作机制；4. 加强贷后管理工作；5. 建立畅通沟通渠道
2013年4月10日	《教育部办公厅关于高校学生资助诚信教育主题活动的通知》	教资助厅函〔2013〕1号	各地、各高校联合人民银行、银行监管等部门和国家助学贷款经办银行，共同开展高校学生资助诚信教育主题活动，广泛宣传国家助学贷款及其他资助政策
2013年4月15日	《全国学生资助中心关于做好国家助学贷款逾期本息催收工作的通知》	教助中心〔2013〕27号	定期公布国家助学贷款还款情况，对违约情况较严重地区和高校予以通报批评，并要求限期整改
2013年12月23日	《财政部关于印发〈金融企业呆账核销管理办法（2013年修订版）〉的通知》	财金〔2013〕146号	明确助学贷款呆账认定标准

续表

出台时间	文件名	文件号	主要内容
2014 年 5 月 7 日	《财政部 教育部关于印发〈生源地信用助学贷款风险补偿金管理办法〉的通知》	财教〔2014〕16 号	1. 落实风险补偿机制，充分发挥风险防控和奖励引导功能；2. 国家开发银行分行与总行在生源地信用助学贷款工作中的职责
2014 年 7 月 23 日	《财政部 教育部 中国人民银行 银监会关于调整完善国家助学贷款相关政策措施的通知》	财教〔2014〕180 号	1. 上调国家助学贷款资助标准；2. 调整国家助学贷款资助比例
2015 年 7 月 15 日	《教育部 财政部 中国人民银行 银监会关于完善国家助学贷款政策的若干意见》	教财〔2015〕7 号	1. 延长贷款期限；2. 建立还款救助机制；3. 简化贷款手续；4. 完善考核机制
2017 年 3 月 28 日	《财政部 教育部 中国人民银行 银监会关于进一步落实高等教育学生资助政策的通知》	财科教〔2017〕21 号	1. 进一步拓展国家助学贷款业务覆盖范围，实现高校、科研院所、党校、行政学院、会计学院等培养单位全覆盖；2. 预科生可按照规定享受相应教育阶段的国家助学贷款政策

资料来源：全国学生资助管理中心网站（http://www.xszz.cee.edu.cn/）。

国家对高等教育阶段的学生资助持续发力，动态调整资助政策，不断提高资助标准。2017 年 4 月，财政部、教育部、人民银行、银监会印发了《关于进一步落实高等教育学生资助政策的通知》，进一步完善高等教育学生资助政策，实现无缝衔接：完善研究生“三助”岗位津贴；出台高校学生应征入伍服义务兵役国家资助办法；提高基层就业和应征入伍服兵役贷款代偿标准；延长国家助学贷款还款期限、放宽财政贴息范围；将预科生和科研院所、党校、行政学院、会计学院等培养单位的研究生，全面纳入高等教育学生资助政策体系覆盖范围；提高高校博士研究生国家助学金标准。2019 年 6 月 26 日，国务院总理李克强主持召开国务院常务会议，决定从 2019 年开始扩大高职院校奖助学金覆盖面，国家奖学金奖励名额由

5 000 人增至 15 000 人，国家励志奖学金覆盖面提高至 3.3%，国家助学金覆盖范围扩大，平均补助标准从每生每年 3 000 元提高至 3 300 元，并同步提高本科院校学生补助标准。

这一时期，在新资助政策体系框架下，各省、自治区、直辖市及计划单列市纷纷结合地方实际情况，制定地方配套高等教育学生资助政策措施，提档扩标，为家庭经济困难学生提供更广泛的资助项目。2016 年，《教育脱贫攻坚“十三五”规划》提出，到 2020 年，贫困地区教育总体发展水平要显著提升，实现建档立卡等贫困人口教育基本公共服务全覆盖。在这一主要目标的部署指导下，北京、河北、内蒙古、山东、江苏、安徽、江西、河南、湖南、福建、广东、广西、海南、陕西、甘肃、宁夏、青海、四川、贵州、云南、西藏等省（自治区、直辖市），均先后出台了高等教育阶段建档立卡贫困家庭学生专项资助政策。现以列表方式展示如下（见表 5-2）。

表 5-2　地方政府高等教育阶段建档立卡贫困家庭学生专项资助文件一览表

序号	行政区划	文件名称	文号	成文日期
1	北京	《关于印发〈北京市属高校家庭经济困难学生认定工作指导意见（试行）〉的通知》；《北京市普通高中资助管理办法（修订）》	京财教育〔2018〕2026 号 京教助〔2017〕25 号	2017 年 6 月 2 日 2018 年 9 月 10 日
2	河北	《关于做好建档立卡贫困家庭学生资助工作的通知》；《关于建立普通高中建档立卡家庭经济困难学生资助政策的通知》；《关于印发〈河北省建档立卡家庭经济困难学生资助管理暂行办法〉通知》	冀教财〔2016〕35 号 冀教财〔2016〕154 号 冀教财〔2017〕2 号	2016 年 7 月 31 日 2016 年 11 月 14 日 2017 年 1 月 8 日
3	内蒙古	内蒙古自治区教育厅、财政厅、民政厅、扶贫办《关于实施普通高校家庭经济困难学生入学资助政策的意见》	内教财字〔2018〕83 号	2018 年 7 月 6 日

续表

序号	行政区划	文件名称	文号	成文日期
4	江苏	《关于对建档立卡家庭经济困难学生加强教育资助工作的意见》	苏财教〔2016〕151号	2016年8月24日
5	安徽	安徽省教育厅、安徽省财政厅、安徽省扶贫办《关于做好农村建档立卡贫困户家庭经济困难学生资助工作的通知》	皖教助〔2016〕5号	2016年12月26日
6	福建	《关于做好建档立卡等家庭经济困难学生精准资助工作的通知》	闽教财〔2016〕47号	2016年9月8日
7	江西	江西省人民政府办公厅《关于印发〈江西省教育扶贫工程实施方案〉的通知》	赣政厅发〔2016〕87号	2016年7月4日
8	山东	山东省教育厅、山东省财政厅《关于加强建档立卡农村家庭困难学生资助工作的通知》；山东省财政厅、山东省教育厅《关于对〈山东省普通高校省政府励志奖学金管理实施办法〉进行补充修订的通知》	鲁教财字〔2016〕1号 鲁财教〔2016〕61号	2016年3月30日 2016年11月7日
9	广西	《关于做好建档立卡贫困户子女学生资助项目组织实施工作的通知》；《关于进一步明确贫困户脱贫后继续扶持有关政策的通知》；《关于印发〈广西打赢教育脱贫攻坚战三年行动的实施方案（2018年—2020年）〉的通知》	桂教规范〔2016〕8号 桂政办函〔2016〕79号 桂教扶贫〔2018〕11号	2018年8月15日 2017年8月28日 2018年12月29日

续表

序号	行政区划	文件名称	文号	成文日期
10	河南	河南省人民政府办公厅《关于转发河南省教育脱贫等5个专项方案的通知》	豫政办〔2016〕120号	2016年7月2日
11	湖南	湖南省教育厅、湖南财政厅《关于进一步完善建档立卡等家庭经济困难学生资助政策的通知》	湘教通〔2017〕461号	2017年11月30日
12	陕西	陕西省教育厅、陕西省扶贫开发办公室《关于印发〈陕西省教育扶贫实施方案〉的通知》	陕教财〔2016〕29号	2016年4月18日
13	四川	四川省财政厅、四川省教育厅、四川省人力资源和社会保障厅、四川省扶贫移民局《关于实施教育扶贫攻坚政策有关事项的通知》；四川省教育厅、四川省财政厅《关于督促落实学生资助政策的通知》；四川省教育厅、四川省人力资源和社会保障厅、四川省财政厅、四川省扶贫和移民工作局《关于进一步明确和完善教育扶贫政策的通知》	川财教〔2015〕230号 川教函〔2016〕423号 川教函〔2017〕436号	2015年12月3日 2016年8月23日 2017年7月13日
14	贵州	《中共贵州省委办公厅 贵州省人民政府办公厅印发〈关于扶持生产和就业推进精准扶贫的实施意见〉等扶贫工作政策举措的通知》；《省教育厅 省财政厅 省扶贫开发办公室 省人力资源和社会保障厅关于印发〈贵州省教育精准扶贫学生资助实施办法〉的通知》	黔党办发〔2015〕40号 黔教助发〔2017〕92号	2015年10月16日 2017年5月8日

续表

序号	行政区划	文件名称	文号	成文日期
15	云南	云南省教育厅等四部门《关于印发建档立卡贫困户学生精准资助实施方案和普通高中建档立卡贫困户家庭经济困难学生生活费补助实施方案的通知》	云教贷〔2017〕17号	2017年9月8日
16	西藏	《西藏自治区建档立卡大学生免费教育补助政策》	藏教厅〔2017〕4号	2017年2月25日
17	甘肃	《关于印发〈甘肃省高职（专科）建档立卡贫困家庭学生免除（补助）学费和书本费实施细则〉的通知》	甘教厅〔2017〕67号	2017年7月5日
18	宁夏	宁夏回族自治区教育厅、财政厅、扶贫开发办公室《关于做好我区高等职业学院建档立卡经济困难家庭及农林师范专业学生学费减免工作的通知》	宁教学〔2017〕144号	2017年6月30日
19	青海	青海省扶贫开发局办公室《关于印发〈青海省关于做好2018年贫困家庭大学生和中高等职校生助学补助工作〉的通知》	青扶局〔2018〕101号	2018年8月3日
20	厦门	厦门市教育局、厦门市财政局、厦门市民政局、厦门市人力资源和社会保障局、厦门市残疾人联合《关于进一步加强和完善学生资助工作及资金管理有关事项的通知》	厦教办〔2017〕61号	2017年11月13日

续表

序号	行政区划	文件名称	文号	成文日期
21	天津	天津市财政局、天津市教育委员会、中国人民银行天津分行、中国银行业监督管理委员会、天津监管局《关于进一步落实高等教育学生资助政策的通知》	津财教〔2017〕60号	2017年9月18日
22	青岛	青岛市财政局、青岛市教育局《关于免除高等学校建档立卡家庭经济困难学生学费的通知》	青财教〔2017〕20号	2017年6月12日
23	重庆	《重庆市教育委员会等四部门关于开展高校学生生源地补充助学贷款的通知》;《关于进一步完善重庆籍建档立卡贫困家庭大学生资助政策实施方案的通知》	渝教财发〔2016〕41号 渝府办发〔2017〕183号	2016年8月2日 2017年12月17日

资料来源：全国学生资助管理中心网站（http://www.csa.cee.edu.cn/）。

2. 中等职业教育阶段学生资助

2006年，国家开始构建中等职业教育阶段学生资助体系。为了使更多家庭经济困难学生顺利接受中等职业教育，提升职业技能，从根本上脱贫，在这一时期，国家密集出台政策，丰富中等职业教育阶段学生资助政策。

2007年6月21日，财政部、教育部印发《中等职业学校国家助学金管理暂行办法》，对包括公办和民办的普通中专、成人中专、职业高中、技工学校、职业技术学院附属的中专部和中等职业学校等中等学历教育的各类职业学校的国家助学金资助范围、对象、标准、申请、评审和发放程序及管理监督等，作了详细规定。资助标准由2006年《中等职业教育国家助学金管理暂行办法》规定的每生每年 1 000 元上调至 1 500 元，由中央和地方政府共同出资设立。同日，财政部、原劳动社会保障部印发《关于做好技工学校国家助学金发放管理工作的通知》，进一步规范劳动保障部门管理的实施中等学历教育的公办和民办技工学校的国家助学金发放管理工作。2016 年 12 月，财政部、教育部、人力资源社会保障部修订印发《中等职业学校国家助学金管理办法》，将中等职业学校和普通高中国家助学金标准由年生均 1 500 元提高到 2 000 元，将 11 个连片特困地区和西藏及四省藏区、新疆南疆四地州中等职业学校农村学生（不含县城）全部纳入享受国家助学金范围，首次提出中等职业学校应当开辟“绿色通道”，对携有可证明其家庭经济困难材料的新生，可先办理入学手续，根据核实后的家庭经济情况予以不同方式的资助，再办理学籍注册。

2009 年 12 月 14 日，财政部、国家发改委、教育部和人力资源社会保障部联合印发《关于中等职业学校农村家庭经济困难学生和涉农专业学生免学费的工作意见》，决定从 2009 年秋季学期起，对中等职业学校农村家庭经济困难学生和涉农专业学生实行免学费政策，开启我国非义务教育实行国家免费教育的先河。这是继全部免除城乡义务教育阶段学生学杂费之后促进教育公平的又一件大事，具有重要的现实意义和深远的历史意义。2010 年 9 月 14 日，财政部、国家发改委、教育部和人力资源社会保障部印发《关于扩大中等职业学校免学费政策覆盖范围的通知》，决定自 2010 年秋季学期起，将中等职业学校城市家庭经济困难学生纳入免学费政策范围。2010 年 1 月 28 日，财政部、教育部和人力资源社会保障部联合印发《中等职业学校免学费补助资金管理暂行办法》，对中职学生免学费范围、对象、标准、资金分担以及监督管理等作出规定。2012 年财政部、国家发展改革委、教育部、人力资源社会保障部联合发布《关于扩大中等职业教育免学费政策范围、进一步扩大国家助学金制度的意见》，作出重大利好决定，扩大中职学生免学费覆盖范围，从 2012 年秋季学期起，对公办中等职业学校全日制正式学籍一、二、三年级在校生中所有农村（含县镇）学生、城市涉农专业学生和家庭经济困难学生免除学费（艺术类相关表演专业学生除外）。2015 年 8 月，国务院印发《关于加快民族教育的决定》，要求落实好中等职业教育学生免学费政策，完善国家助学金政策。自 2015 年秋季学期起，国家将民族地区（民族自治区、自治州、自治县）中职学生全部纳入免学费范围。

为了引导和支持农村贫困家庭新成长劳动力接受职业教育，提高就业能力，阻断贫困世代传递，2015 年 6 月 2 日，国务院扶贫开发领导小组办公室、教育部、人力资源和社会保障部联合发布《关于加强雨露计划支持农村贫困家庭新成长劳动力接受职业教育的意见》，决定对子女接受中等职业教育（含普通中专、成人中专、职业高中、技工院校，以下同）、高等职业教育的农村建档立卡贫困家庭进行精准扶贫，符合条件的贫困学生无论在何地就读，在校期间，其家庭每年均可在户籍所在地申请扶贫助学补助，可按每生每年 3 000 元左右的标准补助建档立卡贫困家庭，补助资金通过支农惠农一卡通（一折通）直接补给贫困家庭。2015 年 9 月 7 日，国务院扶贫办行政人事司又发布《雨露计划职业教育工作指南》，要求从当年秋季学期起，各地要根据 19 号文件要求，将该计划助学补助政策落实到位，覆盖全部农村建档立卡贫困家庭。

顶岗实习是职业教育阶段具有特色的一种实习方式。学生通过去学校组织的企业实习锻炼能力，企业向实习学生支付一定的报酬，对于中职教育阶段家庭经济困难学生来说，这也是除了国家助学金之外补充生活费用的有偿资助措施。2007 年 4 月 10 日，国家税务总局印发《企业支付实习生报酬税前扣除管理办法》，进一步规范顶岗实习，将“实习生”界定为中华人民共和国境内依法设立的中等职业学校和高等院校（包括公办学校与民办学校）学生。其中，中等职业学校包括中等专业学校、成人中等专业学校、职业高中（职教中心）和技工学校；该文件要求企业或学校必须为每个实习生独立开设银行账户，企业支付给实习生的货币性报酬必须以转账方式支付。2007 年 6 月 26 日，教育部、财政部印发《中等职业学校学生实习管理办法》，对中等职业学校学生教学实习和顶岗实习作了规范要求，并规定实习单位应向实习学生支付合理的实习报酬。学校和实习单位不得扣发或拖欠学生的实习报酬。2016 年 4 月 11 日，教育部、财政部、人力资源社会保障部、安全监管总局、中国保监会联合发布《职业学校学生实习管理规定》，从实习组织、实习管理、实习考核、安全职责等方面对中等职业学校学生实习进行规范：“接收学生顶岗实习的实习单位，应参考本单位相同岗位的报酬标准和顶岗实习学生的工作量、工作强度、工作时间等因素，合理确定顶岗实习报酬，原则上不低于本单位相同岗位试用期工资标准的 80%，并按照实习协议约定，以货币形式及时、足额支付给学生。”①

为了加强职业教育吸引力，激励职业院校学生成长成才，2019 年 6 月 26 日，国务院常务会议首次决定设立中职教育国家奖学金。根据这一精神，6 月 28 日，财政部、教育部发布《关于调整职业院校奖助学金政策的通知》，具体落实了政策内容，决定自 2019 年秋季学期开始实施中职教育国家奖学金制度，按每生每年 6 000 元标准，每年奖励 2 万人，对公办、民办在内的各类职业院校一视同仁。国家奖学金制度至此贯穿中等职业教育和高等职业教育阶段。

为了推动中等职业教育健康发展，提升贫困家庭新生劳动力就业技能，优化人才机构，北京、山西、内蒙古、大连、上海、江苏、浙江、福建、山东、河南、广东、深圳、海南、重庆、四川、贵州、西藏、青海、宁夏等地都不断扩大中职教育资助覆盖面，提高资助标准，出台了资助范围或资助标准超过国家资助政策的地方性中等职业教育资助政策。现将各地有关中职教育资助政策列表示下（见表 5-3）。

表 5-3　地方政府中职教育阶段建档立卡贫困家庭学生免学费和助学金资助政策一览表

序号	行政区划	针对建档立卡家庭学生的免学费资助政策	针对建档立卡家庭经济困难学生的助学金政策
1	北京	《关于修订实施北京市中等职业教育免学费及国家助学金政策的通知》（京财教育〔2012〕3118 号）包含建档立卡家庭学生	《关于修订实施北京市中等职业教育免学费及国家助学金政策的通知》（京财教育〔2016〕3118 号）包含建档立卡家庭学生
2	河北	出台了建档立卡家庭学生资助政策。对建档立卡学生实行免学费、免住宿费、免费提供教科书，享受国家助学金	建档立卡中职学生原则上全部享受助学金

① 教育部等五部门关于印发《职业学校学生实习管理规定》的通知［EB/OL］.（2016-04-18）. http://www.moe.gov.cn/srcsite/A07/moe_950/201604/t20160426_240252.html.

续表

序号	行政区划	针对建档立卡家庭学生的免学费资助政策	针对建档立卡家庭经济困难学生的助学金政策
3	内蒙古	实行中职免费教育。从2011年秋季学期开始，内蒙古区对所有中职学生全部实施“两免”（免收学费并免费提供教科书）政策，免收学费按照每生每年2 000元补助学校（包括民办学校学生）	对一、二年级涉农专业学生和非涉农专业家庭经济困难学生按照每生每年2 000元的标准进行资助，对农村牧区（含县镇）一、二年级其他学生按照每生每年1 500元标准发放助学金。国家助学金按照在校一、二年级学生人数的90%以上发放
4	大连	全部免学费	全覆盖
5	黑龙江	—	《关于进一步做好我省家庭经济困难学生认定及相关工作的指导意见》（黑教联〔2016〕30号）将建档立卡学生全部纳入资助范围
6	上海	—	上海助学金政策实行非毕业年级全覆盖
7	江苏	江苏省中职免学费范围已覆盖到所有全日制在籍在校学生，建档立卡家庭学生包含在内	出台《关于对建档立卡家庭经济困难学生加强教育资助工作的意见》（苏财教〔2016〕151号），要求各地、各高校对全省建档立卡家庭经济困难学生教育资助数据库中的学生都应按国家和省出台的政府资助政策给予资助，包括中职阶段国家助学金
8	浙江	浙江省已无建档立卡学生	无建档立卡家庭经济困难学生，未制定专门的助学金政策
9	宁波	依宁波市学生资助工作实施办法（征求意见稿）第二章　资助对象第三条　认定标准（六）扶贫办登记在册的建档立卡低收入农户家庭子女（含市级经济欠发达的19个乡镇和片区的低收入农户子女）享受宁波市学生资助相关政策	依宁波市学生资助工作实施办法（征求意见稿）第二章　资助对象（六）扶贫办登记在册的建档立卡低收入农户家庭子女（含市级经济欠发达的19个乡镇和片区的低收入农户子女）享受宁波市学生资助相关政策

续表

序号	行政区划	针对建档立卡家庭学生的免学费资助政策	针对建档立卡家庭经济困难学生的助学金政策
10	安徽	建档立卡家庭学生免学费全覆盖	建档立卡家庭经济困难学生助学金全覆盖
11	福建	实施免费中等职业教育，包含所有全日制正式学籍的在校学生	《关于做好建档立卡等家庭经济困难学生精准资助工作的通知》（闽财教〔2016〕47号）
12	山东	《关于加强建档立卡农村家庭困难学生资助工作的通知》（鲁教财字〔2016〕1号），免除中等职业学校学生学费	《关于加强建档立卡农村家庭困难学生资助工作的通知》（鲁教财字〔2016〕1号），按照每生每年2 000元标准发放国家助学金
13	河南	1. 河南省从2015年秋季学期起全面免除所有中职全日制在校生的学费；2. 2016年6月24日，河南省人民政府印发文件《河南省人民政府办公厅关于转发河南省教育脱贫等5个专项方案的通知》（豫政办〔2016〕120号）对中等职业教育建档立卡贫困学生提出明确要求：（1）免除中等职业学校全日制正式学籍建档立卡贫困家庭学生学费；（2）同时按照每生每年2 000元的标准发放“雨露计划”扶贫助学补助	提供建档立卡证明材料，学校优先评定享受各类资助。2016年6月24日，河南省人民政府印发文件《河南省人民政府办公厅关于转发河南省教育脱贫等5个专项方案的通知》（豫政办〔2016〕120号）对中等职业教育建档立卡贫困学生提出明确要求，免除中等职业学校全日制正式学籍建档立卡贫困家庭学生学费，并按照每生每年2 000元的标准发放国家助学金
14	湖北	现有政策覆盖了建档立卡家庭学生	在管理办法和实际操作中进行相关规定，对于建档立卡学生优先予以资助
15	湖南	建档立卡学生已经全部纳入免学费范围	凡建档立卡中职学校一、二年级学生，均可享受中职国家助学金
16	广东	免学费补助标准3 500元/（生·年），生活费补助标准3 000元/（生·年）	出台《关于做好我省建档立卡家庭经济困难学生精准资助工作的通知》（粤教助〔2016〕5号）。对于建档立卡的中职学生助学金补助标准2 000元/（生·年）

续表

序号	行政区划	针对建档立卡家庭学生的免学费资助政策	针对建档立卡家庭经济困难学生的助学金政策
17	深圳	广东省建档立卡家庭学生免学费标准为每生每年 3 500 元，在公办学校就读的，按照该标准拨付至学校；在民办学校就读的，直接发放至学生。教育部门的公办中职学校学费标准均不高于 3 500 元/年	对广东省建档立卡家庭经济困难学校予以每生每年 3 000 元生活费补助，同时发放国家助学金
18	广西	已实行 1～3 年级全免学费政策，建档立卡家庭学生只要为全日制正式学籍的 1～3 年级在校生均可免学费	1. 中等职业学校全日制正式学籍一、二年级的农村建档立卡贫困户（以下简称“贫困户”）学生全部纳入中等职业学校国家助学金资助范围。2. 直到 2020 年，贫困户子女同一学历层次在校学习期间无论其家庭是否脱贫，都继续享受该学段各项学生资助政策；新生入学时家庭脱贫后还在一年跟踪观察期内，可按贫困户子女身份继续申请当学年资助
19	重庆	就读中职学校的建档立卡贫困户学生全部纳入免学费、助学金和住宿费资助范围	从 2016 年秋季起，提高就读中职建档立卡贫困户子女国家助学金标准为每生每年 3 000 元
20	四川	对全省建档立卡贫困家庭中职学生给予每生每年 1 000 元的生活补助	—
21	贵州	除享受中职免学费和国家助学金外，给予每生每年 1 000 元的扶贫专项助学金，另外还给予 400 元教科书费和 500 元住宿费补助	—
22	西藏	自 2011 年秋季学期起实行高中（含中职）教育阶段免费教育政策，免费对象是全部在校生，包括建档立卡家庭学生	实行农牧民子女“三包”政策和城镇困难家庭子女助学金制度，以及全部在校生免费教育政策。这两个政策已全部覆盖建档立卡家庭经济困难学生

续表

序号	行政区划	针对建档立卡家庭学生的免学费资助政策	针对建档立卡家庭经济困难学生的助学金政策
23	陕西	针对建档立卡家庭经济困难学生实行免学费	下发了《进一步做好中职精准资助工作的通知》，要求对建档立卡家庭经济困难学生落实国家助学金政策，同时对这部分学生实行一次性补助 3 000 元的扶贫助学补助金
24	青海	对所有全日制在校中职学生全部实行免学费政策，实现了中职免学费的全覆盖	因为建档立卡学生均为农村学生，而青海省助学金政策对农村学生全覆盖，没有制定专门的建档立卡家庭经济困难学生助学金政策
25	宁夏	宁夏从 2013 年秋季起，执行中职学校学生全部免学费政策（包括民办学校）	—
26	新疆	新疆中等职业教育免学费政策覆盖范围为 100%	对建档立卡家庭经济困难全覆盖资助
27	（兵团）	兵团中职所有在校学生均已免除学费	要求各学校优先将建档立卡家庭学生优先纳入助学金政策范围
28	（农垦）	黑龙江农垦建档立卡家庭学生比例小，已经全部纳入免学费范畴	—

资料来源：全国学生资助管理中心网站（http://www.csa.cee.edu.cn/）。

3. 普通高中教育阶段学生资助

2010 年 9 月 21 日，财政部、教育部印发《关于建立普通高中家庭经济困难学生国家资助制度的意见》。这一文件的出台，标志着我国普通高中家庭经济困难学生国家资助制度的正式建立，具有重大意义。文件规定："建立以政府为主导，国家助学金为主体，学校减免学费等为补充，社会力量积极参与的普通高中家庭经济困难学生资助政策体系，从制度上基本解决普通高中家庭经济困难学生的就学问题。"① 从 2010 年秋季学期

① 关于建立普通高中家庭经济困难学生国家资助制度的意见［EB/OL］.（2010-09-19）. http://old.moe.gov.cn/publicfiles/business/htmlfiles/moe/moe_1779/201009/108762.html.

起，我国设立国家助学金资助普通高中在校生中的家庭经济困难学生，平均资助标准为每生每年 1 500 元，资助面约占全国普通高中在校生总数的 20%。高中学生国家助学金的资助对象、标准、评审程序以及资金发放与管理等，则在财政部、教育部随后印发的《普通高中国家助学金管理暂行办法》中得以全面规范并有效落实。该文件还明确要求普通高中要从事业收入中足额提取 3%～5%的经费，用于减免学费、设立校内奖助学金和特殊困难补助等支出。2016 年 12 月，财政部、教育部印发《普通高中国家助学金管理办法》，将普通高中国家助学金标准由年生均 1 500 元提高到 2 000 元。

2016 年 8 月，国家进一步加大对普通高中教育阶段贫困学生的资助力度，财政部、教育部印发《关于免除普通高中建档立卡家庭经济困难学生学杂费的意见》，决定从 2016 年秋季学期起，免除公办普通高中建档立卡等家庭经济困难学生（含非建档立卡的家庭经济困难残疾学生、农村低保家庭学生、农村特困救助供养学生）学杂费。对在政府教育行政管理部门依法批准的民办普通高中就读的符合免学杂费政策条件的学生，按照当地同类型公办普通高中免学杂费标准给予补助。

自从 2010 年国家正式建立普通高中家庭经济困难资助政策制度以来，各地方政府结合当地经济水平、教育发展水平、财力状况，陆续推行国家基本政策之外的补充政策。北京、河北、内蒙古、江苏、安徽、福建、江西、山东、河南、湖南、广西、广东、海南、重庆、四川、贵州、云南、西藏、陕西、甘肃、宁夏、青海等 22 个省（自治区、直辖市），先后出台普通高中教育阶段建档立卡贫困家庭学生专项资助政策，涉及免除学费住宿费、补助生活费、免费提供教科书等多项举措。现将其具体情况列表如次（见表 5-4）。

表 5-4　地方政府普通高中教育阶段学生资助政策提标扩面情况一览表

序号	行政区划	主要内容
1	内蒙古	双语授课学生全部免学费，标准是 2 000 元/（生·年）
2	广西	1. 对国家贫困县就读普通高中的学生和库区移民子女免除学费；2. 普通高中免学杂费资助项目增加城市低保、城市特困、孤儿作为资助对象，并在免除学费的基础上免除课本费和住宿费
3	重庆	1. 对普通高中建档立卡贫困学生、城乡低保学生、城乡特困救助学生实施免教材费资助，资助标准为 400 元/（生·年）；2. 提高农村建档立卡贫困学生国家助学金资助标准至 3 000 元/（生·年）

续表

序号	行政区划	主要内容
4	四川	免除全省家庭经济困难高中学生学费；对 51 个民族自治县所有普通高中生免除学费、免费提供教科书
5	贵州	本省户籍的农村建档立卡学生，由地方政府自己出资每生增加：(1) 扶贫专项助学金［1 000 元/(生・年)］；(2) 免（补助）教科书费［400 元/(生・年)］；(3) 免（补助）住宿费［500 元/(生・年)］
6	云南	1. 国家助学金：对普通高中建档立卡贫困户学生按每生每年 2 500 元标准给予一等国家助学金资助； 2. 免学杂费：免除公办学校普通高中建档立卡贫困户学生学杂费。对民办学校，按照当地同类型公办学校免学杂费标准给予补助，学杂费高出公办学校免学杂费标准的部分可以按规定继续向学生收取； 3. 生活费补助：对普通高中建档立卡贫困户学生按每生每年 2 500 元给予生活费补助
7	陕西	从 2016 年秋季学期起，对全省普通高中学生免除学费
8	西藏	执行免费教育政策和教育“三包”政策： 1. 免费教育政策覆盖全部在校学生； 2. 教育“三包”政策覆盖全部家庭经济困难学生，覆盖面占在校生 90%以上，资助对象包括农牧民子女、城镇低保家庭子女、企业困难家庭子女、烈士子女、优抚家庭子女、特困户家庭子女、单亲或父母因各种原因已丧失劳动力且无固定经济来源家庭的学生。 教育“三包”政策标准为高中阶段教育（高中和中职）二类区 4 120 元、三类区 4 220 元、四类区或边境县 4 320 元，平均标准为每生每学年 3 720 元
9	青海	对三江源地区高中阶段异地办班就读的学生国家助学金资助标准提高到每生每年 2 700 元
10	（兵团）	1. 普通高中助学金南疆四地州师市在校学生全覆盖，其他师市按在校生的一定比例（大致 30%，向民族地区、边境地区倾斜），标准按照国家生均标准； 2. 对南疆四地州兵团师市在校生实施免费教育，按照 1 200 元的标准进行免学费补助
11	河北	1. 免学费政策资助对象增加了家庭经济困难残疾人家庭学生； 2. 建档立卡等家庭困难学生资助内容在免学费的同时，免除住宿费和教科书费用

续表

序号	行政区划	主要内容
12	黑龙江	对普通高中低保家庭学生实施就餐补助
13	江西	从 2019 年春季学期开始，对城镇贫困群众家庭学生实行普通高中免学费，免学费标准比照普通高中建档立卡等家庭经济困难免学杂费标准
14	河南	从 2016 年秋季学期起，免除建档立卡贫困家庭学生、非建档立卡家庭经济困难残疾学生、农村低保家庭学生以及农村特困救助供养学生等四类学生的普通高中住宿费，民办学校住宿费标准高出补助的部分，学校可以继续向学生收取
15	海南	对普通高中建档立卡家庭经济困难学生、农村低保家庭学生、农村特困救助供养学生每生每年补助 1 000 元生活费及 1 000 元住宿费、教材费
16	北京	享受普通高中国家助学金的住宿学生免除住宿费
17	上海	1. 免学费享受对象：在本市公办、民办等各类普通高中学校（不含综合高中）在籍在读的城乡低保家庭学生、特困供养人员、烈士子女、孤儿和低收入困难家庭学生； 2. 国家助学金对象：在本市公办、民办等各类普通高中学校（不含综合高中）在籍在读的城乡低保家庭学生、特困供养人员、烈士子女、孤儿、低收入困难家庭学生以及其他家庭经济困难学生。标准为： (1) 城乡低保家庭学生、特困供养人员、烈士子女和孤儿：资助标准为每生每年 4 000 元。 (2) 低收入困难家庭学生：资助标准为每生每年 2 000 元。 (3) 其他家庭经济困难学生：平均资助标准为每生每年 1 500 元，具体标准由市、区（县）财政和教育部门结合学生家庭经济困难程度，在 1 000～3 000 元范围内确定，可以分 2～3 档
18	天津	高中免学费涵盖了城市低保学生
19	浙江	对低保家庭子女、社会福利机构监护的未成年人、烈士子女、五保供养的未成年人以及家庭经济困难的残疾学生，免除在校期间学费和代收费
20	辽宁	对城乡孤儿免学费、住宿费
21	福建	免学杂费政策将城市低保家庭学生也纳入资助范围

续表

序号	行政区划	主要内容
22	广东	2016 年秋季学期开始实施对广东户籍建档立卡家庭经济困难全日制高中学生（含非建档立卡残疾、农村低保家庭、农村特困救助供养）实施免学杂费，并在原有每生每学年 2 000 元国家助学金基础上再给予每生每年 3 000 元生活费补助
23	厦门	对城市低保、城市特困、孤儿、烈士子女等其他家庭学生免学杂费，同时免除困难学生课本费和簿籍费等
24	宁波	对家庭经济困难学生实施爱心营养餐政策；对符合资助条件的高中教育段学生实施免服装费、课本作业本费、住宿费政策
25	青岛	1. 普通高中国家助学金，国家要求东部地区资助比例为 10%，青岛扩大比例至 20%； 2. 将高中免学费扩面，增加城市低保家庭困难学生
26	大连	1. 对困难高中毕业生设立寒窗基金，每人每年 2 000 元； 2. 将高中免学费扩面，增加城市低保家庭困难学生

资料来源：全国学生资助管理中心网站（http://www.csa.cee.edu.cn/）。

4. 义务教育阶段学生资助

在义务教育阶段，国家进一步统一了城乡“两免一补”政策，对城乡义务教育学生免除学杂费，免费提供教科书，对家庭经济困难寄宿生补助生活费；对集中连片特殊困难等地区农村义务教育阶段学生提供营养膳食补助。一系列学生资助政策，使此学段越来越多的学生得到了有效的经济资助，实现了政策实施的“四个扩大”：第一，从免除农村义务教育阶段学生学杂费扩大到全部免除义务教育阶段所有学生学杂费；第二，从对农村贫困家庭学生免费提供教科书扩大到对所有义务教育阶段学生免费提供教科书；第三，从对农村贫困家庭学生补助寄宿生生活费扩大到对城乡家庭经济困难寄宿学生和非寄宿学生补助生活费；第四，义务教育阶段的资助覆盖面从最初的西部地区农村区域扩大到全国范围内的农村和城市区域。

2007 年 7 月 12 日，教育部发布《关于进一步做好农村义务教育经费保障机制改革有关工作的通知》，规定农村中小学校除按“一费制”标准收取教科书费（不含按规定享受免费教科书的学生）、作业本费和寄宿生住宿费外，严禁再向学生收取其他任何费用；代收的教科书费、作业本费必须据实结算，结余的费用要及时退还学生；严禁向不寄宿的学生收取住宿费；伙食费只能向自愿在学校就餐的学生按照成本收取，学校举办食堂严禁以营利为目的。同时，增加寄宿生生活费补助经费投入，确保家庭经济困难寄宿生不因生活费问题辍学。

2007 年 11 月 26 日，财政部、教育部下发《关于调整完善农村义务教育经费保障机制改革有关政策的通知》，在前述 7 月 12 日发布的通知基础上，明确了农村义务教育阶段家庭经济困难寄宿生的生活费基本补助具体标准，并规定从 2007 年秋季学期起执行。同时，自 2007 年秋季学期开始，向全国农村义务教育阶段学生免费提供国家课程的教科书；从 2008 年春季学期开始，免费提供地方课程的教科书。此外，建立部分科目免费教科书的循环使用制度，学校不得再向学生收取任何教科书费用。

2008 年 8 月 12 日，国务院印发《关于做好免除城市义务教育阶段学生学杂费工作的通知》，规定从 2008 年秋季学期开始，全部免除城市义务教育阶段公办学校学生学杂费。在接受政府委托、承担义务教育任务的民办学校就读的学生，按照当地公办学校免除学杂费标准，享受补助。对享受城市居民最低生活保障政策家庭的义务教育阶段学生，继续免费提供教科书，并对家庭经济困难的寄宿学生补助生活费。对符合当地政府规定接收条件的进城务工人员随迁子女，要按照相对就近入学的原则统筹安排在公办学校就读，免除学杂费，不收借读费。

2010 年 11 月 3 日，财政部、教育部印发《关于追加 2010 年中西部地区农村义务教育阶段家庭经济困难寄宿生生活费补助资金预算的通知》，从 2010 年起，将中西部地区农村义务教育阶段家庭经济困难寄宿生生活费基本补助标准每人每天提高 1 元，即年生均补助标准小学从 500 元增加到 750 元，初中从 750 元增加到 1 000 元。12 月 30 日，财政部、教育部决定从 2011 年秋季学期起继续上调该项补助标准，年生均补助标准达到小学 1 000 元、初中 1 250 元。

2011 年 11 月 23 日，国务院办公厅印发《关于实施农村义务教育学生营养改善计划的意见》，决定从 2011 年秋季学期起，在集中连片特殊困难地区启动农村义务教育学生营养改善计划试点工作。中央财政为试点地区农村义务教育阶段学生提供营养膳食补助，标准为每生每天 3 元（全年按照在校时间 200 天计算），所需资金全部由中央财政承担。

2012 年财政部、教育部印发《关于下达 2012 年农村义务教育免费教科书中央补助资金的通知》，为义务教育农村学生免费配发汉语字典。

2015 年，国务院印发《关于进一步完善城乡义务教育经费保障机制的通知》，出台全面实行城乡义务教育“两免一补”政策，从 2017 年春季学期开始，统一城乡义务教育学生均为“两免一补”政策的受益者。在继续落实好农村学生“两免一补”和城市学生免除学杂费政策的同时，向城市学生免费提供教科书并推行部分教科书循环使用制度，对城市家庭经济困难寄宿生给予生活费补助，并将营养膳食补助标准从每人每天 3 元提高到 4 元；2017 年，扩大农村义务教育学生营养改善计划实施范围，实现国家扶贫开发重点县全覆盖。2016 年 11 月 22 日，财政部、教育部印发《城乡义务教育补助经费管理办法》，对从 2017 年春季学期起统一城乡“两免一补”政策如何实施进行了明确规定。

2019 年 4 月 13 日，财政部、教育部印发《关于下达 2019 年城乡义务教育补助经费预算的通知》。对于义务教育阶段学生“两免一补”资助政策的完善而言，该通知有两大变化：第一，对义务教育阶段寄宿生生活补助政策作了重大调整，首次将非寄宿生纳入生活补助范围，原寄宿生生活补助政策正式调整完善为学生生活补助政策。从 2019 年秋季学期起，将义务教育阶段建档立卡学生以及非建档立卡的家庭经济困难残疾学生、农村低保家庭学生、农村特困救助供养学生等四类家庭经济困难非寄宿生，全部纳入生活补助范围。确定家庭经济困难寄宿生生活补助国家基础标准为年生均小学 1 000 元、初中 1 250 元，按照国家基础标准 50%的比例核定家庭经济困难非寄宿生生活补助标准，所需经费继续由中央与地方财政统一按照 5∶5 的比例分担。第二，统一了贫困地区农村义务教育学生营养膳食补助标准。从原来的由中央与地方分别制定，调整为统一制定国家基础标准，每生每天 4 元。从 2019 年秋季学期起，对地方试点补助标准已达到每生每天 4 元的省份按照每生每天 3 元给予定额奖补；未达到 4 元的省份继续采取分档奖补方式。

自 2007 年全国农村地区义务教育阶段全面实施“两免一补”后，各地依次跟进，实施了一系列地方义务教育资助政策。现将各地义务教育阶段资助政策出台情形列表展示如下（见表 5-5）。

表 5-5　地方政府义务教育阶段学生资助政策提标扩面情况一览表

序号	行政区划	主要内容
1	内蒙古	义务教育阶段双语授课寄宿生生活费补助标准提高至小学每生每年1 350元，初中每生每年1 620元
2	四川	新增了免作业本费政策，覆盖所有义务教育阶段学生
3	云南	寄宿制学生全部享受生活补助
4	西藏	1. 免费教育政策覆盖全部在校学生； 2. 教育“三包”政策覆盖全部家庭经济困难学生，覆盖面占在校生90%以上，资助对象包括农牧民子女、城镇低保家庭子女、企业困难家庭子女、烈士子女、优抚家庭子女、特困户家庭子女、单亲或父母因各种原因已丧失劳动力且无固定经济来源家庭的学生； 3. 教育“三包”政策标准为义务教育二类区 3 620 元、三类区 3 720 元、四类区或边境县 3 820 元
5	青海	对三江源地区的义务教育阶段寄宿生生活补助标准每生每年提高100 元
6	新疆	寄宿生生活补助在国家补助标准上，每生每年提高 250 元
7	（兵团）	1. 现行义务教育阶段寄宿生生活费补助政策：原则上团场寄宿生100%全覆盖，城市学校按照寄宿生的 40%比例确定受助学生。标准：小学生 1 250 元/（生・年），初中生 1 500 元/（生・年），超出国家标准部分由兵团本级承担（目前计划调整政策）； 2. 从 2019 年秋季学期起，对非寄宿的建档立卡等家庭经济困难学生进行生活费补助。标准：小学生 625 元/（生・年），初中生 750 元/（生・年）
8	河北	特殊教育寄宿学生生活补助生均标准 1 500 元/年
9	吉林	对建档立卡阶段非寄宿制学校义务教育学生，按照小学 1 000 元/（生・年）、初中 1 250 元/（生・年）标准对寄宿生发放生活补助费
10	黑龙江	特教学校学生全部享受寄宿生补助，标准由国家 1 250 元提高到1 750 元；寄宿制低保家庭学生餐费补助平均 300～500 元
11	江西	特殊教育和随班就读残疾寄宿生 100%享受寄宿生补助，且在小学年生均 1 000 元、初中年生均 1 250 元基础上每生每年增加 200 元
12	湖北	将建档立卡非寄宿学生纳入资助范围
13	海南	特殊教育学校寄宿生生均标准从每年 1 250 元提高到 2 000 元

续表

序号	行政区划	主要内容
14	北京	对具有本市学籍，在本市义务教育学校及相应学段特殊教育学校、专门教育学校就读的城乡低保家庭学生、残疾学生（含随班就读学生）、工读学生及户籍在本市山区的学生提供助学补助
15	上海	资助对象：在本市义务教育阶段公办学校或政府购买学位的民办学校（以下简称“民办学校”）就读的，具有本市户籍的城乡低保家庭学生、特困供养人员、烈士子女、孤儿和低收入困难家庭学生。 资助内容： 1. 对城乡低保家庭学生、特困供养人员、烈士子女和孤儿，免除义务教育阶段学校代办服务性收费； 2. 对低收入困难家庭学生，免除义务教育阶段学校代办服务性收费项目中的餐费和课外教育活动费，按照义务教育阶段学校代办服务性收费标准据实予以免除
16	天津	寄宿生生活补助标准人均 1 500 元/年
17	江苏	低保和建档立卡家庭经济困难学生寄宿生生活补助提高标准至小学每生每学年 1 500 元，初中每生每学年 2 000 元
18	浙江	对所有公办学校学生免住宿费；对在农村义务教育阶段学校就读的低收入家庭子女、福利机构监护的未成年人、革命烈士子女、五保供养的未成年人，免费提供营养餐，按每生每餐 5 元、每生每年 1 000 元的标准安排营养餐；对在义务教育学校寄宿的低保家庭子女、烈士子女、福利机构监护的未成年子女、五保供养的未成年子女和残疾学生给予生活费补助，补助标准为小学生每人 1 000 元/年，初中生每人 1 250 元/年
19	山东	义务教育寄宿生生活补助扩面至 30%
20	辽宁	从 2019 年春季学期开始对非寄宿困难学生每生每年补助 750 元
21	福建	福建省义务教育家庭经济困难学生生活补助，标准与中央一致，对象增加：城市低保家庭学生、非家庭经济困难残疾学生（不含特殊教育学校学生）、孤儿、烈士和优抚（重点）对象子女
22	广东	对义务教育阶段的建档立卡贫困户全日制学生免学杂费并给予每生每年 3 000 元的生活费补助

续表

序号	行政区划	主要内容
23	厦门	除对农村义务教育实施营养餐补助、寄宿生生活补助外，对城市义务教育家庭经济困难学生也实施营养餐补助和寄宿生生活补助。资助标准提高为： 1. 寄宿生生活费补助每生每年 1 500 元； 2. 营养餐补助寄宿生每生每年 2 000 元，午膳生每生每年 1 200 元
24	宁波	对义务教育阶段公办学校住宿生免收住宿费

资料来源：全国学生资助管理中心网站（http://www.csa.cee.edu.cn/）。

5. 学前教育阶段学生资助

2010 年 11 月 21 日，国务院印发《关于当前发展学前教育的若干意见》，提出“建立学前教育资助制度，资助家庭经济困难儿童、孤儿和残疾儿童接受普惠性学前教育”。这一文件创新性地对学前教育资助制度作出规划设计。2011 年 9 月 5 日，财政部、教育部印发《关于建立学前教育资助制度的意见》，按照“地方先行，中央补助”的原则，要求各地从 2011 年秋季学期起建立学前教育资助政策体系，地方政府对经县级以上教育行政部门审批设立的普惠性幼儿园在园家庭经济困难儿童、孤儿和残疾儿童予以资助。幼儿园要从事业收入中提取 3%～5%比例的资金，用于减免收费、提供特殊困难补助等。这一文件填补了学生资助政策体系的最后一块空白——家庭经济困难儿童、孤儿和残疾儿童均能顺畅接受学前教育。

2014 年国务院印发的《国家贫困地区儿童发展规划（2014—2020 年）》提出，完善学前教育资助制度，帮助家庭经济困难儿童、孤儿和残疾儿童接受普惠性学前教育。2016 年 7 月 1 日，财政部、教育部印发《中央财政支持学前教育发展资金管理办法》，对资助普惠性幼儿园在园家庭经济困难儿童、孤儿和残疾儿童接受学前教育的幼儿资助类项目资金分配拨付、申报、监督等明确了管理规定。2016 年 12 月 5 日，财政部、教育部修订《支持学前教育发展资金管理办法》，明确了幼儿资助类项目资金采取因素法进行分配。

学前教育在快速发展的过程当中，也逐渐暴露出来一些问题。针对近年来学前教育阶段入园难、入园贵、监管弱等一系列问题，2018 年 11 月，中共中央、国务院出台《关于学前教育深化改革规范发展的若干意见》，对新时代的学前教育改革发展，进行了一个顶层设计和全面部署。该文件明确要完善学前教育资助制度，要求各地认真落实幼儿资助政策，确保接受普惠性学前教育的家庭经济困难儿童（含建档立卡家庭儿童、低保家庭儿童、特困救助供养儿童等）、孤儿和残疾儿童得到资助。这是新中国成立以来，第一个以中共中央、国务院名义印发的关于学前教育工作的文件，同时也是全国教育大会召开之后教育工作的一个重磅政策性文件。

按照国家学前教育资助制度“地方先行，国家补助”的原则，全国各地因地制宜，投入大量地方财政经费，确保“幼有所育”。北京、天津、辽宁、大连、上海、江苏、浙江、内蒙古、广西、重庆、四川、贵州、西藏、陕西、甘肃、青海、宁夏、新疆、河北、山西、吉林、黑龙江、安徽、河南、湖北、湖南、海南、山东、福建、厦门、宁波、青岛、广东、深圳等省、自治区、直辖市及计划单列市，均在2011年之后依次制定了地方学前教育资助政策。现将这些地方出台的政策文件列表如次（见表5-6）。

表5-6 2011—2017年地方政府出台学前教育资助制度一览表（节选）

序号	行政区划	出台年份	文件名称
1	内蒙古	2011年	《内蒙古自治区财政厅 教育厅关于实施学前教育资助制度的通知》（内财教〔2011〕2416号）
2	重庆	2011年 2016年 2017年	《关于做好学前教育家庭经济困难儿童资助工作的通知》（渝财教〔2011〕260号） 《关于进一步做好学前教育家庭经济困难幼儿资助工作的通知》（渝财教〔2014〕279号） 《关于完善建档立卡贫困户子女教育资助政策的通知》（渝财教〔2016〕126号） 《重庆市人民政府办公厅关于实施国家级贫困区县农村学前教育儿童营养改善计划的通知》（渝府办发〔2017〕173号）
3	广西	2012年 2016年	《关于建立学前教育资助制度的通知》（桂财教〔2012〕153号） 《关于做好建档立卡贫困户子女学生资助项目组织实施工作的通知》（桂教规范〔2016〕8号）

续表

序号	行政区划	出台年份	文件名称
4	四川	2011年 2015年 2016年	《关于加大财政投入支持学前教育发展的通知》（川财教〔2011〕224号） 《四部门关于实施教育扶贫攻坚政策有关事项的通知》（川财教〔2015〕230号） 《四川省财政厅 四川省教育厅关于支持民族自治地区实施十五年免费教育的通知》（川财教〔2016〕32号）
5	贵州	2012年	《贵州省财政厅 贵州省教育厅关于实施学前教育资助制度的通知》（黔财教〔2012〕75号）
6	云南	2012年 2017年	《云南省教育厅 云南省财政厅关于印发云南省学前教育家庭经济困难儿童资助实施意见等三个文件的请示》（云教基〔2012〕45号） 《四部门关于印发建档立卡贫困户学生精准资助实施方案的通知》（云教贷〔2017〕17号）
7	西藏	2011年	《西藏自治区财政厅 教育厅关于印发全区学前教育阶段农牧民子女补助和中小学“三包”政策及助学金制度规定的通知》（藏财教字〔2011〕14号）
8	陕西	2011年 2016年	《陕西省学前一年教育助学金管理暂行办法》（陕财办教〔2011〕172号） 《陕西省扶贫开发办公室关于印发〈陕西省教育扶贫实施方案〉的通知》（陕教财〔2016〕29号） 《陕西省财政支持学前教育发展资金管理办法》、《关于进一步加强学前、义务教育和普通高中阶段精准资助工作的通知》（陕教贷办〔2016〕12号）
9	甘肃	2012年 2015年 2016年 2017年	《甘肃省人民政府关于加快学前教育改革与发展的意见》（甘政发〔2012〕42号） 《中共甘肃省委 甘肃省人民政府关于扎实推进精准扶贫工作的意见》（甘发〔2015〕9号） 《甘肃省人民政府办公厅关于印发2016年为民办实事项目实施方案的通知》（甘政发〔2016〕26号） 《甘肃省学前教育免除（补助）保教费实施细则》（甘教厅〔2017〕65号）

续表

序号	行政区划	出台年份	文件名称
10	青海	2012 年 2013 年 2016 年	《关于实施学前一年和中等职业教育资助政策的意见》（青政〔2012〕64 号） 《关于印发青海省学前一年教育和中等职业教育资金管理办法的通知》（青财行字〔2013〕146 号） 《关于完善城乡义务教育经费保障机制和实行 15 年免费教育的实施意见》（青政〔2016〕27 号）
11	宁夏	2015 年 2017 年	《关于扩大全区学前教育资助范围的通知》（宁教学〔2015〕224 号） 《自治区教育厅 财政厅 扶贫开发办公室关于做好学前教育建档立卡家庭经济困难儿童和残疾儿“一免一补”资助工作的通知》（宁教学〔2017〕88 号）
12	新疆	2016 年 2017 年	《新疆维吾尔自治区学前教育家庭经济困难儿童政府资助经费管理暂行办法》（无文号） 《进一步规范各级各类家庭经济困难学生认定工作的通知》（新教资办〔2016〕2 号） 《自治区农村学前三年免费双语教育经费保障机制管理办法》（新财教〔2017〕19 号）
13	（兵团）	2014 年 2016 年	《新疆生产建设兵团学前教育资助资金管理暂行办法》（无文号） 《关于批转〈兵团团场学前教育经费保障机制实施方案〉的通知》（新兵办发〔2014〕56 号） 《关于拨付 2016 年兵团团场学前教育经费保障机制专项资金的通知》（兵助中心〔2016〕15 号）
14	河北	2012 年	《河北省财政厅 河北省教育厅关于开展学前教育资助试点工作的通知》（冀财教〔2012〕153 号）
15	山西	2012 年	《关于印发山西省建立学前教育资助制度实施方案的通知》（晋财教〔2012〕124 号）
16	吉林	2016 年	2016 年，省教育厅、财政厅、民政厅和残联共同修改完善《吉林省学前教育资助办法》
17	黑龙江	2011 年 2016 年	《省财政厅 省教育厅关于印发〈黑龙江省学前教育资助管理暂行办法〉的通知》（黑财教〔2011〕104 号） 《关于进一步做好全省家庭经济困难学生认定及相关工作的指导意见》（黑教联〔2016〕30 号）

续表

序号	行政区划	出台年份	文件名称
18	安徽	2012 年	《关于印发〈扶持民办幼儿园发展〉〈鼓励城市多渠道多形式办园和妥善解决进城务工人员随迁子女入园〉〈建立学前教育资助制度〉等文件的通知》(皖教秘基〔2012〕9 号)
19	江西	2013 年	《江西省学前教育资助制度实施意见》(赣教发〔2013〕15 号) 《江西省学前教育资助专项资金管理暂行办法》(赣财教〔2013〕77 号)
20	河南	2011 年 2016 年 2017 年	《河南省财政厅　河南省教育厅关于建立学前教育资助制度的意见通知》(豫财教〔2011〕477 号) 《河南省教育厅　河南省财政厅关于加快落实学前教育资助政策的通知》(教资助〔2012〕634 号) 《河南省教育脱贫专项方案》(豫政办〔2016〕120 号) 《关于做好建档立卡贫困家庭学生资助工作的通知》(教财〔2017〕441 号)
21	湖北	2013 年	教育厅、省财政厅下发《关于印发〈关于建立学前教育资助制度的实施方案〉的通知》(鄂教财〔2013〕9 号)
22	湖南	2012 年 2016 年	《湖南省财政厅、湖南省教育厅关于建立学前教育资助制度的通知》(湘财教〔2012〕75 号) 《中共湖南省委、湖南省人民政府关于深入贯彻〈中共中央国务院关于打赢脱贫攻坚战的决定〉的实施意见》(湘发〔2016〕7 号)
23	海南	2012 年 2017 年	《海南省教育厅 海南省财政厅关于印发海南省学前教育资助实施方案(试行)的通知》(琼教财〔2012〕33 号) 《海南省人民政府关于印发海南省农村低保对象特困人员教育医疗住房保障和产业扶持实施办法的通知》(琼府办〔2017〕112 号) 《关于进一步完善非义务教育阶段建档立卡家庭经济困难学生补助政策的通知》(琼教财〔2017〕5 号)
24	北京	2012 年 2013 年	《北京市财政局 北京市教育委员会 北京市民政局关于印发北京市学前教育资助管理办法的通知》(京财文〔2012〕1549 号) 《北京市扶持学前教育事业发展项目经费管理办法》(京财教育〔2013〕1517 号)

续表

序号	行政区划	出台年份	文件名称
25	天津	2012 年	《天津市学前教育资助金管理办法（暂行）》（津财教〔2012〕26 号）
26	辽宁	2011 年	辽宁省财政厅、教育厅《关于建立学前教育资助制度的意见》（辽财教〔2011〕986 号）
27	大连	2011 年	《关于实施家庭经济困难幼儿入园免收托保费政策的通知》（大财教〔2011〕747 号） 《关于加大农村学前教育投入力度 提高农村公办学前教育资源保障水平的通知》（大财教〔2011〕869 号） 《关于加大农村学前教育投入力度 提高城镇公办学前教育资源保障水平的通知》（大财教〔2011〕870 号）
28	上海	2011 年 2015 年	《关于对本市经济困难家庭适龄幼儿实施学前教育资助的通知》（沪财教〔2011〕58 号） 《上海市民政局关于对本市学前教育阶段家庭经济困难适龄幼儿实施资助的通知》（沪教委财〔2015〕98 号）
29	江苏	2011 年	《江苏省财政厅 江苏省教育厅关于印发〈江苏省学前教育家庭经济困难儿童政府资助经费管理暂行办法〉的通知》（苏财规〔2011〕44 号）
30	浙江	2011 年	《关于实施学前教育资助制度的通知》（浙财教〔2011〕152 号）
31	宁波	2011 年	《关于进一步完善市帮困助学政策的通知》（甬教计〔2011〕348 号）
32	福建	2011 年 2014 年	《关于实施城乡低保家庭幼儿园保教费补助的通知》（闽财教〔2011〕35 号） 《福建省财政厅、福建省教育厅关于进一步做好学前教育资助工作的通知》（闽财教〔2014〕26 号）
33	厦门	2011 年 2017 年	《厦门市教育局 厦门市财政局关于建立学前教育资助制度的通知》（厦教财〔2011〕23 号） 《厦门市教育局 厦门市财政局 厦门市民政局 厦门市人力资源和社会保障局 厦门市残疾人联合会关于进一步加强和完善学生资助工作及资金管理有关事项的通知》（厦教办〔2017〕61 号）

续表

序号	行政区划	出台年份	文件名称
34	山东	2011 年 2016 年	山东省财政厅、教育厅《关于实施学前教育资助政策的通知》(鲁财教〔2011〕96 号) 《山东省学前教育政府助学金管理暂行办法》(鲁财教〔2011〕102 号) 《山东省教育厅 山东省财政厅关于加强建档立卡农村家庭困难学生资助工作的通知》(鲁教财字〔2016〕1 号)
35	青岛	2011 年 2016 年	青岛市财政局、教育局《关于实施学前教育资助政策的通知》(青财教〔2011〕37 号) 《关于提高学前教育政府助学金资助标准的通知》(青财教〔2016〕22 号)
36	广东	2012 年 2014 年 2016 年	《关于实施学前教育资助制度的通知》(粤教基函〔2012〕63 号) 《广东省学前教育家庭经济困难儿童资助资金管理办法》(粤财教〔2014〕237 号) 《关于调整完善学前教育资助政策的通知》(粤财教〔2016〕22 号)
37	深圳	2012 年 2015 年	《关于实施我市家庭经济困难儿童、残疾儿童、孤儿和烈士子女学前教育资助制度的通知》(深财教〔2012〕84 号) 《深圳市学前教育发展行动计划(2015—2017 年)》(深府办函〔2015〕76 号)

资料来源：全国学生资助管理中心网站(http://www.csa.cee.edu.cn/)。

6. 社会资助

在 1993—2006 年间经济转型时期，我国学生资助受经济发展水平和个人收入水平的限制，学生资助社会化程度不高。随着经济快速发展和民营企业的快速壮大，先富起来的一部分人群不断增长，人们的公益意识和慈善意识不断提升，社会资助规模快速扩大。

2007 年出台的《关于建立健全普通本科高校、高等职业学校和中等职业学校家庭经济困难学生资助政策体系的意见》指出，要进一步落实、完善鼓励捐资助学的相关优惠政策措施，充分发挥中国教育发展基金会等非营利组织的作用，积极引导和鼓励地方政府、企业和社会团体等面向各级各类学校设立奖学金、助学金。《教育脱贫攻坚“十三五”规划》也指出，要鼓励社会力量广泛参与教育脱贫攻坚工作，支持中国扶贫基金会、中国教育发展基金会等公益组织参与教育脱贫；积极引导各类社会团体、企业和有关国际组织开展捐资助学活动；发挥好工会、共青团、妇联等群团组织的作用，继续实施“金秋助学计划”“春蕾计划”“研究生支教团”等公益项目或志愿服务项目，组织志愿者到贫困地区开展扶贫支教、技能培训和宣传教育等工作；积极发挥金融助力教育脱贫作用；落实社会力量投入教育脱贫的激励政策，通过公益性社会团体或者县级以上人民政府及其部门向贫困地区学校进行捐赠的，其捐赠按照现行税收法律规定在税前扣除。

在这一时期，全国各类慈善组织数量不断增长，截至2019年4月，全国共有慈善组织5 599家，约占全国社会组织总量的0.7%。在全部慈善组织中，具有公募资格的慈善组织为1 521家。慈善组织包含社会团体、民办非企业单位（社会服务机构）、基金会、红十字会四种类型。在慈善组织中类型最多的是基金会，共有4 012个，占全部基金会总数的71.66%。基金会在学生资助的社会力量里起到重要作用①。如中国红十字会基金会、中国金融教育发展基金会、中国青少年发展基金会、中国国际文化交流基金会、中国关心下一代健康体育基金会、中国扶贫基金会、中国儿童少年基金会、中国宋庆龄基金会、陈嘉庚科学奖基金会等，通过资金资助、社会服务计划、有偿合作教育等形式，慈善组织积极参与学生资助工作。

随着市场经济的发展、政策配置的引导、社会道德水平的提升，更多的企业和爱心人士逐渐关注并致力于资助困难学生群体，资助项目主要包括个人或企业对困难学生个人捐赠资助、个人或企业捐赠资金委托各类非营利基金会开展资助、企业设立公益基金、非营利基金会发起资助众筹等类型。现择例分述如下。

中国教育发展基金会，作为全国性公募基金会于2006年成立。截至2018年底，该基金会共募集社会捐赠款物和接受政府委托项目资金159亿元，开展了687个教育公益类项目，直接资助各级各类家庭经济困难学生443万人次，直接资助中西部地区家庭经济特别困难教师32万人次②。

中国残疾人联合会，于2007年与交通银行联合实施“通向明天——交

① 《中国社会组织报告（2019）》蓝皮书在京发布［EB/OL］.（2019-07-15）. http://yuqing.people.com.cn/GB/n1/2019/0715/c209043-31235180.html.

② 中国教育发展基金会简介［EB/OL］.（2019-04-23）. https://www.cedf.org.cn/cedf/gywm/201904/20190423/1784831116.html.

通银行残疾青少年助学计划”，投入资金1亿元，资助家庭经济困难残疾学生完成学业，为特殊教育学校（院）和接受随班就读学生的普通学校添置教育教学设备，资助中西部地区新建特殊教育学校，资助残疾人中等职业学校建设实习实训基地和残疾人职业教育师资培训等。

经国务院批准，2008年财政部从中央集中彩票公益金中安排教育助学项目。该项目由中国教育发展基金会负责各项日常工作，并由各相关省份（兵团）和县级财政、教育部门及相关普通高中共同组织实施。资助对象为我国中西部地区各省份和新疆生产建设兵团县镇农村公办普通高中家庭经济特别困难的在校1～3年级学生。具体实施过程中，优先资助孤残学生、父母丧失劳动能力学生、少数民族学生、烈士子女与单亲家庭经济特别困难学生、农村绝对贫困家庭学生、享受城镇居民最低生活保障政策家庭和因突发事件导致家庭经济特别困难学生、农村计划生育独生子女和双女户家庭学生。相关公办普通高中收到项目资金后，按资助标准（每人每年1 000元，每人每学期500元）在5个工作日内发放到每位受助学生手上，并组织学生签收。后来财政部又发布了《中央专项彩票公益金滋蕙计划管理和实施暂行办法》，该计划使用中央专项彩票公益金奖励品学兼优的普通高中家庭经济困难学生，由财政部、教育部委托中国教育发展基金会负责具体操作。

中华少年儿童慈善救助基金会，成立于2010年，2013—2018年开展了“起点工程”，先后在陕西、贵州、四川、云南、广西、江西、广东、河北、山东、山西、甘肃、河南、青海、湖北、新疆、内蒙古、湖南、安徽等18个省、区，累计建立和支持五百余家幼儿园（班），超过70 000名农村幼儿受益。该基金会还实施了贫困幼儿助学计划，解决贫困幼儿上学难问题，项目已对超过千名贫困幼儿开展助学金资助，每名儿童每学期资助金额从380元到500元不等（根据当地的经济水平和孩子家庭情况给予相应的助学金）。

“福彩圆梦·孤儿助学工程”项目，是由中央福利彩票公益金支持，民政部组织，县级以上地方人民政府民政部门具体实施，面向孤儿开展的助学项目。其资助对象是已被认定为孤儿身份、年满18周岁后在普通全日制本科学校、普通全日制专科学校、高等职业学校等高等院校及中等职业学校就读的中专、大专、本科学生和硕博士研究生。资助标准为每人每学年1万元助学金，资助时限为孤儿入学就读期间。

中国扶贫基金会于2008年启动“爱加餐”项目，通过营养加餐、爱心厨房和营养宣教等方式，来改善贫困地区儿童的营养状况。截至2014年，项目覆盖四川、云南、湖北、湖南、广西、贵州、辽宁 7 个省区 24 个州（市）51 个偏远山区的县区，为 16 万人次贫困地区儿童提供了近 3 200 万份营养加餐，建立了 600 多个标准化的爱心厨房，受益学生约 20 万人。该基金会还连续实施新长城大学自强项目，截至 2018 年 12 月 31 日，该项目已累计筹募善款 28 635 万元，项目已经覆盖全国 31 个省（自治区、直辖市）600 余所大学，直接受益人数累计 135 312 人次①。

中国金融教育发展基金会，2017 年开始在全国部分地方金融（本、专科）院校中开展"精准资助大学生千人计划"，资助 1 000 名大一新生，按各院校学费标准来对每人每年资助学费，连续资助本科 4 年、专科 3 年，直到大学毕业。该资助项目向来自中西部地区生源倾斜。该项目还利用寒暑假，使每一位受助学生都参加一次社会实践、职业规划等培训活动。同时，建立受助学生数据库，对受助学生的生活、学业、就业及职业发展情况保持跟踪、关注。

中华全国体育基金会，从 2018 年 1 月开始通过精准扶贫救助革命老区贫困学生，用红军精神促进和推动阳光体育项目的普及和发展的方式。首次为十余省共配备 10 000 套红军服、540 套教练服、4 320 套学生足球服、270 面战队旗及 4 860 个背包；2018 年 8 月，又为十余省 50 所学校购置运动服 10 000 套。

各级各类学校也积极响应国家号召，设立发展基金会，进一步丰富了社会资助内容。据《中国大学教育基金会发展报告（2018）》统计，截至 2017 年 12 月 6 日，成建制的全国高校基金会已达 527 家。在地域分布上，除西藏自治区外，我国内地其他省区均有大学教育基金会组织，其中，江苏、浙江、广东、北京等省市数量较多。截至 2016 年年底，全国高校基金会净资产超过 300 亿元人民币，超过全国非公募基金会净资产总量的 50%。2016 年，全国高校基金会捐赠收入超过 70 亿元，公益支出超过 50 亿元。

各类企业和团体也积极投入捐资助学的浪潮中。以山东省为例，2012 年 6 月，由山东省委统战部联合泛海公益基金会、山东省光彩事业促进会共同举办"同心·光彩助学行动"，对山东省 10 所本科高校中的 500 名家庭困难、品学兼优的大学生进行连续 4 年资助，总募集资金为 1 000 万元。其中泛海公益基金会捐赠 600 万元（自 2012 年至 2015 年，分 4 次每年捐

① 新长城特困大学生自强项目 2019 第二季度总结报告［EB/OL］. http://www.cfpa.org.cn/information/project.aspx.

赠 150 万元)，山东省光彩事业促进会捐赠 400 万元。2016—2017 年，泛海公益基金会继续实施“同心・光彩助学行动”项目，累计捐资 3 701 万元，资助 7 400 名学生。2017 年在第二期协议周期结束时，该基金会决定在 2018—2020 年协议周期再次扩大项目资助规模，项目受助高校总数由 32 所增加至 50 所，受助学生由每年 1 600 人增加到 2 500 人，项目资助金额由原来的 800 万元增加至 1 250 万元。此外，2016 年 6 月，中国泛海控股集团与山东省委统战部共同发起和组织实施了“泛海助学山东行动”，旨在助力山东脱贫攻坚、精准教育扶贫。该集团每年捐资 5 000 万元，资助 1 万名贫困家庭高考录取新生每人 5 000 元，项目连续实施 5 年(2016—2020 年)，共计捐赠助学资金 2.5 亿元、资助 5 万名贫困家庭大学新生；从 2016 年至 2020 年，在山东、湖北、广西、重庆、贵州、陕西 6 省（自治区、直辖市)，每省每年捐赠 5 000 万元，5 年共计捐赠 15 亿元。每省每年无偿资助 1 万名建档立卡贫困家庭应届高考大学新生，每人 5 000 元，5 年共计资助 30 万名大学生①。

2014 年 7 月，教育部、中国电信、中国教育发展基金会共同发起“飞 Young 青春，翼起梦想”助学计划，面向全国 500 所高校的贫困新生，免费提供 7 万多份总价值超过 6 000 万元的学子助学包。每份学子助学包包括一部价值 599 元的海信大屏智能手机、一张包含 240 元通信费用的飞 Young 云卡。此外，中国电信还单独为贫困学子提供总计 1 万个勤工助学名额。

2015 年 5 月，中国石油天然气集团公司（下称“中国石油”）与中国扶贫基金会共同发起“旭航”助学公益项目，选择在中国人口最多的两个省份——河南和四川的国家级贫困县开展教育扶贫。按照统一的扶助标准，筛选出 1 000 名高中贫困学生，为这些学生每人每年提供 2 000 元助学金，切实解决他们的学习生活实际困难；同时向其中考取二本及以上高校的高三毕业生每人发放 5 000 元的升学奖励，资助他们上大学，帮助他们解决后顾之忧。2015 年以来，中国石油分三期投入资金 350 万元，线上线下的参与者和关注人数突破百万。该项目还通过腾讯公益在网上平台推介筹款，1 周内通过众筹方式筹集善款突破 10 万元，12 378 名素不相识的网友自发支持了“旭航”项目选定的贫困学生②。

① 山东泛海公益基金会工作报告［EB/OL］. http://www.chinaoceanwide.com/zr/sdgzbg.html.

② 高考季，中国石油为学子“旭航”圆梦［EB/OL］.（2016-06-08）. http://www.sohu.com/a/81875508_362187.

深圳明德控股发展有限公司［原顺丰速运（集团）有限公司］等企业发起，2012 年成立了顺丰公益基金会。该基金会当年即发起“莲花助学”项目，主要为贫困高中生提供每人每年 3 200 元的经济资助。入选该项目的学生通过首次高考升入本科以上大学后，可继续在大一、大二期间申请每人每年 3 000 元的大学奖学金。截至 2018 年 9 月，顺丰“莲花助学”已在全国 16 省 46 县（市）开展，项目累计资助贫困高中生 14 000 余名，其中 5 606 人完成高中学业，约 5 000 人通过高考升入高等院校，986 人获得莲花助学大学奖学金①。

根据民政部统计数据显示，截至 2018 年底，全国共有经常性社会捐赠工作站、点和慈善超市 1.2 万个，仅 2018 年全国社会组织捐赠收入达 919.7 亿元②。

7. 出国留学资助

伴随着我国经济发展与改革开放的进一步推进，中国的国际地位不断提升，出国留学呈现快速发展的总体趋势。党和政府适时调整了留学教育资助政策，加大了资助力度，改进了资助方式。

为了加强高层次人才的培养，为科教兴国和人才强国战略的实施提供坚强的人才保障，2007 年教育部、财政部联合发出《关于印发〈国家公派出国留学研究生管理规定〉的通知》，共 7 章 44 条，详细规定了派遣目的、对象、机构、选拔与派出过程、国外管理与联系、回国与服务、违约追偿、评估、解释与效力等方面，从而使公派出国留学研究生的管理有章可循、有法可依。其中第十八条规定，国家留学基金为公派研究生提供的奖学金中，包含伙食费、住宿费、交通费、电话费、书籍资料费、医疗保险费、交际费、一次性安置费和零用费等。公派研究生抵达留学所在国后，应从留学所在国实际情况出发，并按照留学所在国政府或留学院校（研究机构）要求及时购买医疗保险。

2007—2011 年期间，国家在重点建设的高水平大学中实施“国家建设高水平大学公派研究生项目”。该项目每年选派 5 000 名左右的一流的学生，到国外一流的院校、专业，师从一流的导师留学学习。2009 年 10 月

① 顺丰莲花助学资助 1.4 万余名贫困学子上榜“中华慈善奖”［EB/OL］.（2018-09-14）. http://www.myzaker.com/article/5b9b7cc91bc8e0fa29000562.

② 2018 年社会服务发展统计公报［EB/OL］. http://www.mca.gov.cn/article/sj/tjgb/.

22日，教育部办公厅发布《国家建设高水平大学公派研究生项目学费资助办法（试行）》，对该留学项目的学费资助对象、资助标准、资助期限、资助方式及申请审批办法等作了详细规定。

综合考虑国外物价上涨、公派留学人员学生生活需要以及国家财力等因素，2010年，财政部、教育部发布《关于调整国家公派留学人员奖学金资助标准的通知》，对前往全球129个国家、地区的国家公派留学人员奖学金提升了资助标准，对前往四类偏远艰苦国家和地区的国家公派留学人员提供艰苦地区补贴，按每月每人100美元、200美元、300美元和400美元四档进行资助。2019年，财政部、教育部发布《关于调整国家公派留学人员奖学金和艰苦地区补贴标准的通知》，再次上调公派留学相关资助标准。

国家在对出国留学资助标准不断提高的同时，也对资助发放方式进行优化。2012年发布的《关于国家公派出国留学人员经费发放改革有关问题的通知》，规定自2013年1月1日起，国家公派出国留学人员生活费发放采用如下标准：一是对于国家公派出国留学人员（含政府互换协议派出人员），按照《国家公派留学人员奖学金标准》规定，在国内先预发三个月的生活费，剩余资助的生活费由驻外使（领）馆教育处（组）发放。对于英国、美国等存在地区差异的国家，一律按照留学身份所对应的最低生活费资助标准进行发放，不足部分由国外管理单位补足。二是对于所赴国家驻外使（领）馆无教育处（组）的国家公派留学人员，实行按留学期限划分，生活费采用不同方式发放。根据教育部、财政部、外交部有关工作要求，为更好地服务和保障国家公派出国留学事业改革和发展，从2019年1月1日起，国家公派出国留学人员奖学金生活费由境外核发改为境内直接转账至留学人员专用银行卡。

为了贯彻《国家中长期教育改革和发展规划纲要（2010—2020年）》精神，2013年11月2日，财政部、教育部发布了《出国留学经费管理办法》，对“资助国家公派出国留学人员赴国外学习、访问、交流，奖励优秀自费出国留学人员，支持出国留学人员回国服务，以及开展留学管理工作的经费”，从预算管理、收入管理、支出管理、监督检查和绩效管理等方面进行了规范化规定。其中奖学金和艰苦地区补贴标准，由财政部、教育部根据出国留学人员基本学习生活需要、国外主要生活用品物价水平以及国家财力状况等确定；回国科研活动经费资助方式和标准，由财政部、教育部根据留学人员回国科研工作特点、国内社会经济发展水平及国家财力状况等确定。

这一时期，我国出国留学资助政策根据国家经济实力和教育方针循序渐进，留学活动逐渐呈现稳定态势，以公派留学为引领、自费留学为主体的留学工作格局持续保持。2018 年度，我国出国留学人员国家公派 3.02 万人，单位公派 3.56 万人①。

从 2007 年至今，党和政府结合实际，从国情出发，坚定不移地持续推进我国学生资助制度建设。2019 年 4 月 1 日，财政部、教育部、人力资源社会保障部、退役军人部、中央军委国防动员部发布《关于印发〈学生资助资金管理办法〉的通知》，对高等教育、中等职业教育、普通高中教育等学生资助资金的资助范围标准、资金分担、预算安排、管理监督，以及申请、评审、发放等事项，作出全面而系统的规定。其主要内容包括：一是全面梳理整合 14 项资金管理办法，形成贯穿学生资助各环节的统一的资金管理办法；二是明确要求各地在分配相关资金时，进一步向贫困地区和贫困人口倾斜，并做好家庭经济困难学生认定工作，确保应助尽助；三是调整部分学生资助资金中央与地方分档分担比例，适当增加中央财政的支出责任；四是要求各地建立健全全过程预算绩效管理机制，做好绩效监控、绩效评价，强化绩效结果运用，提高资金使用效益。最为引人注目的变化是，该文件首次以设立附件的形式发布了《本专科生国家奖学金实施细则》《本专科生国家励志奖学金实施细则》《中等职业教育免学费实施细则》《普通高中免学杂费实施细则》等覆盖高等教育、中等职业教育和普通高中教育阶段的 12 个学生资助资金管理实施细则，并将原相关资助项目文件废止。这种大规模修订调整高等教育、中等职业教育和普通高中教育三个学段学生资助政策的文件，在新中国的历史上尚属首次，是对我国新学生资助政策体系的进一步补充完善。

经过多年努力，我国学生资助逐步形成了以政府为主导、学校和社会积极参与的覆盖学前教育至研究生教育的学生资助政策体系。该体系的构建，实现了“三个全覆盖”，即学前教育、义务教育、高中阶段教育、本专科教育和研究生教育所有学段全覆盖，公办、民办学校全覆盖，家庭经济困难学生全覆盖。

---

①　2018 年度我国出国留学人员总数达 66.21 万人［EB/OL］．（2019-03-27）．http://www.xinhuanet.com/politics/2019-03/27/c_1124291948.htm.

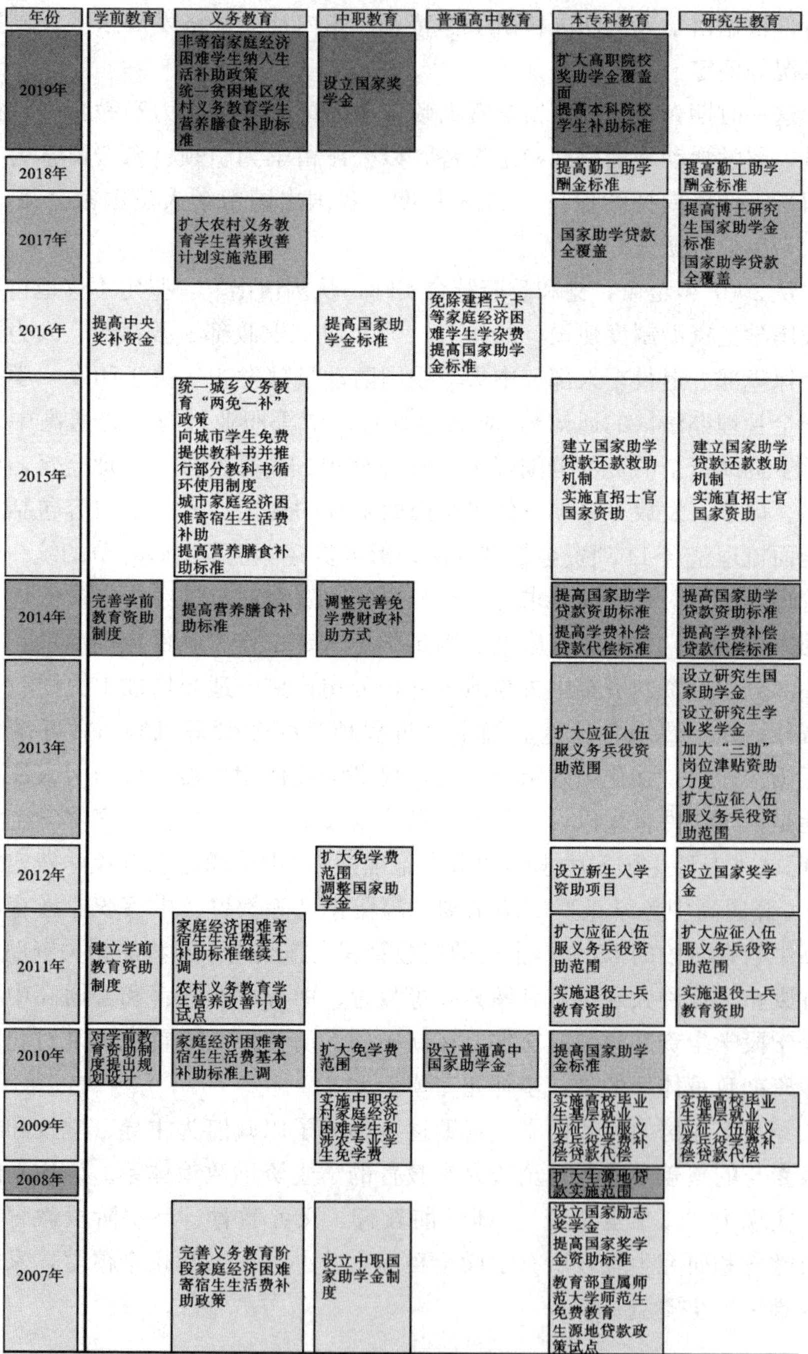

图 5-1　2007—2019 年国家学生资助政策出台情况

资料来源：全国学生资助管理中心网站（http://www.xszz.cee.edu.cn/）。

（二）资助投入力度不断加大

自我国学生资助新体系建立以来，党和政府以前所未有的力度推进学生资助工作，不断提高学生资助的长效保障水平，全面实现资金投入持续增加、资助占比持续提升，使我国的学生资助充满无限生机与活力。

1. 学生资助投入持续增加

2007 年至 2018 年，国家投入的资助资金持续增加，学前教育、义务教育、普通高中、中职教育、高等教育等各教育阶段，全国累计资助资金总额 14 467.35 亿元[①]。资助金额从 2006 年的 191.16 亿元，激增至 2018 年的 2 042.95 亿元，增长了 9.69 倍，年均增幅 21.83%。

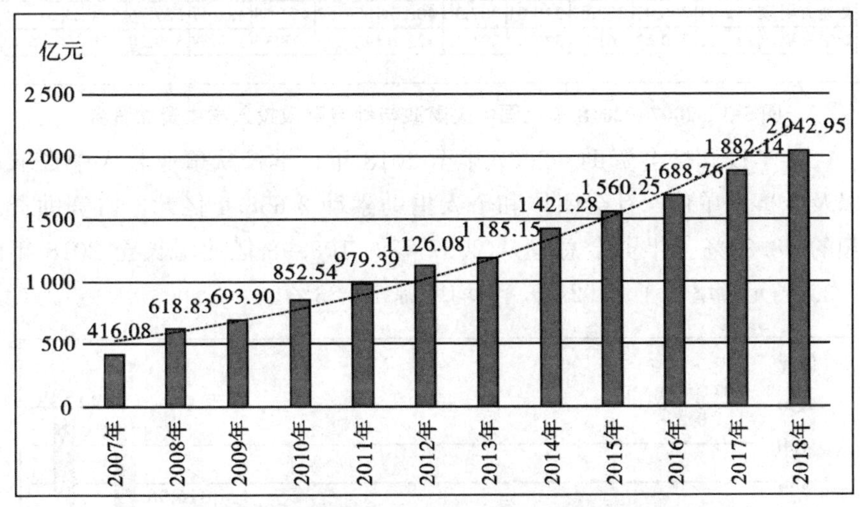

图 5-2　2007—2018 年我国学生资助投入总金额

（1）财政资金。2007 年至 2018 年，学前教育、义务教育、普通高中、中职教育、高等教育等各教育阶段，财政投入达 9 761.66 亿元，占资助总额的 67.47%。可见财政投入是国家学生资助经费的主要来源，发挥了主导作用。其中，中央财政达 5 119.78 亿元，占财政投入的 52.45%；地方财政计 4 641.88 亿元，占财政投入的 47.55%。各级财政年投入金额从 2007 年的 228.03 亿元增长至 2018 年的 1 290.08 亿元，增长了 4.66 倍，年均增幅 17.06%。其中，中央财政年投入金额从 2007 年的 115.12 亿元增长至 2018 年的 675.43 亿元，增长了 4.87 倍，年均增幅 17.46%；地方

① 本节内学生资助所有数据均来源于教育部官网发布历年中国学生资助发展报告。由于数据较多，后文不再一一注释。

财政年投入金额从 2007 年的 112.91 亿元增长至 2018 年的 614.65 亿元，增长了 4.44 倍，年均增幅 16.65%。

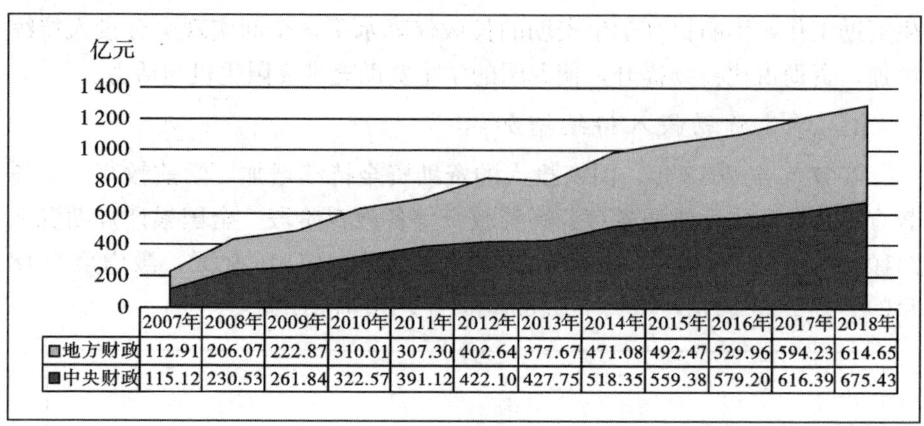

	2007年	2008年	2009年	2010年	2011年	2012年	2013年	2014年	2015年	2016年	2017年	2018年
□地方财政	112.91	206.07	222.87	310.01	307.30	402.64	377.67	471.08	492.47	529.96	594.23	614.65
■中央财政	115.12	230.53	261.84	322.57	391.12	422.10	427.75	518.35	559.38	579.20	616.39	675.43

图 5-3　2007—2018 年我国中央财政与地方财政投入学生资助资金

（2）学校和社会资助。2007 年至 2018 年，学校从事业收入中提取支出以及企事业单位、社会团体和个人捐助累计 2 658.4 亿元，占资助资金总额的 18.38%。年资金总额从 2007 年的 108.98 亿元增长至 2018 年的 427.33 亿元，增长了 2.92 倍，年均增幅 13.23%。

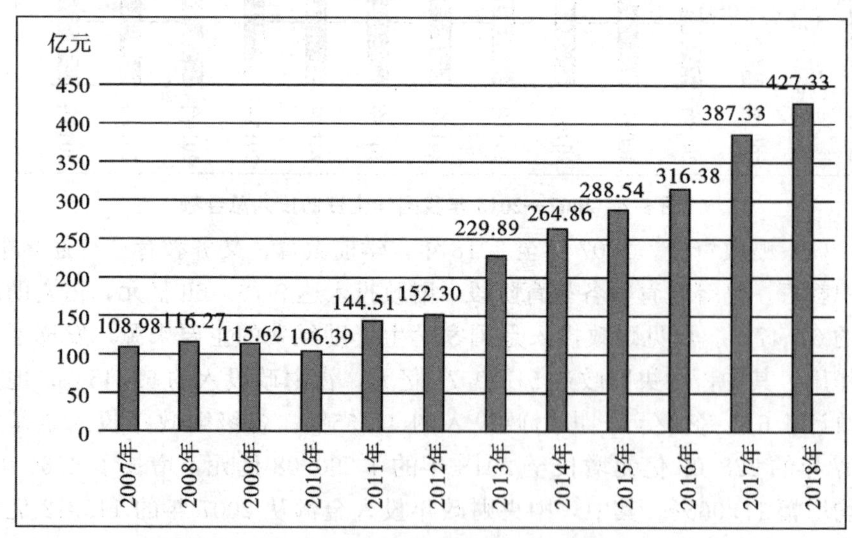

图 5-4　2007—2018 年我国学校和社会资助资金

（3）普通高等学校各项资助。

①普通高校国家助学贷款。2007 年至 2018 年，全国累计发放国家助

学贷款 2 047.3 亿元，国家财政为国家助学贷款支付贴息 237.21 亿元，共占普通高校学生资助资金总额的 29.63%。国家助学贷款年发放金额由 2007 年的 79.07 亿元增长至 2018 年的 325.54 亿元，增长了 3.12 倍，年均增幅 13.73%。

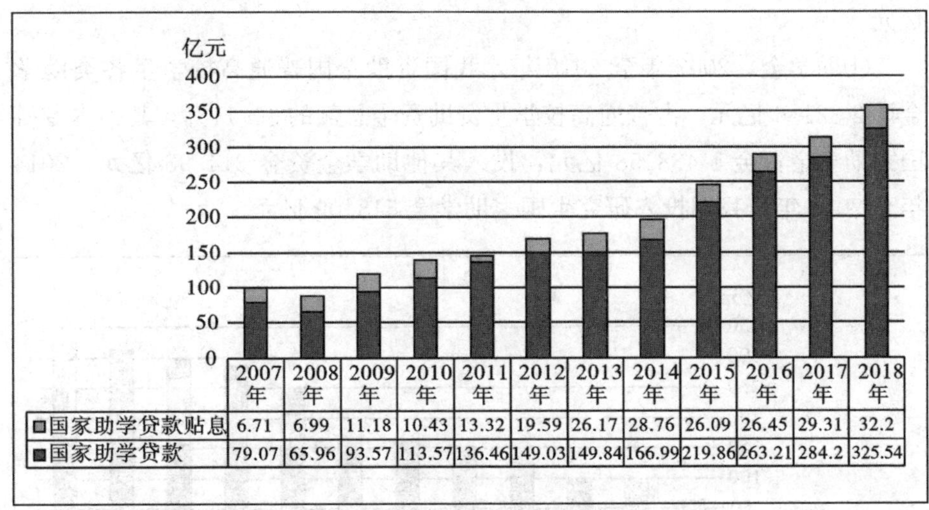

图 5-5　2007—2018 年我国助学贷款资金投入

②高等学校学生资助资金投入。2007 年至 2018 年，全国普通高校学生资助资金共计 7 709.48 亿元。资助金额从 2006 年的 162.98 亿元增长至 2018 年的 1 150.3 亿元，增长了 6.06 倍，年均增幅 17.69%。

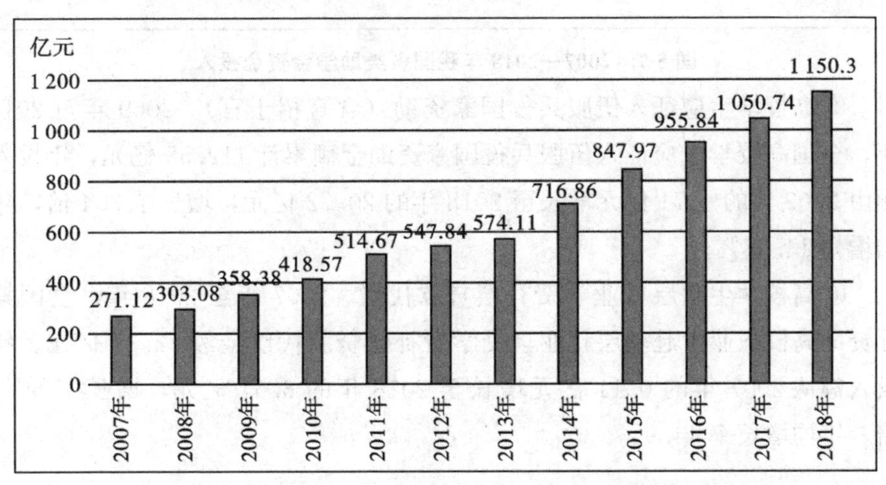

图 5-6　2007—2018 年我国高等教育资助资金投入

③奖学金。2007 年至 2018 年，我国累计投入本专科国家奖学金资金 48 亿元，本专科国家励志奖学金 415.77 亿元，其他奖学金 806.72 亿元。2012 年设立研究生国家奖学金项目后至 2018 年，累计投入 70 亿元。2014 年设立研究生学业奖学金项目后至 2018 年，累计投入 420.62 亿元。

④助学金。2007 年至 2018 年，我国资助全国普通高校学生各类助学金计 2 321.6 亿元，占普通高校学生资助资金总额的 30.11%，其中本专科国家助学金资金 1 488.58 亿元，投入其他助学金资金 314.93 亿元；2014 年至 2018 年，我国投入研究生国家助学金 518.09 亿元。

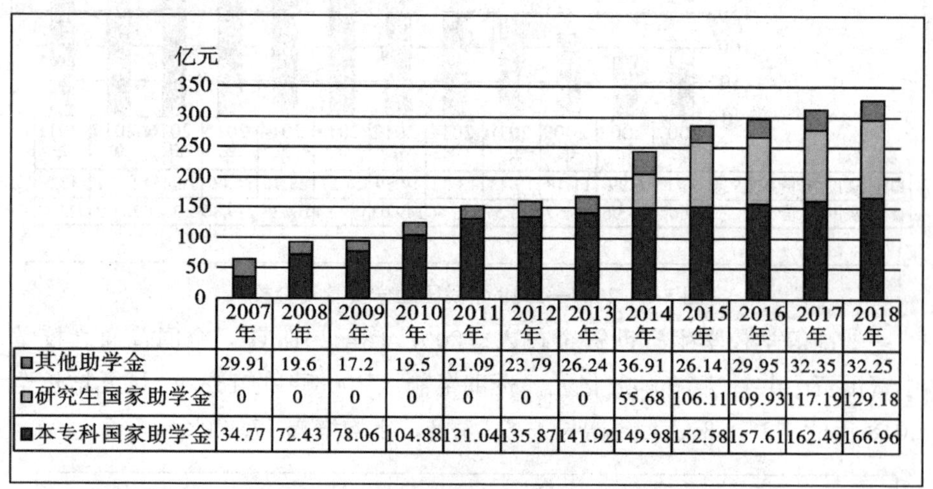

	2007年	2008年	2009年	2010年	2011年	2012年	2013年	2014年	2015年	2016年	2017年	2018年
■其他助学金	29.91	19.6	17.2	19.5	21.09	23.79	26.24	36.91	26.14	29.95	32.35	32.25
■研究生国家助学金	0	0	0	0	0	0	0	55.68	106.11	109.93	117.19	129.18
■本专科国家助学金	34.77	72.43	78.06	104.88	131.04	135.87	141.92	149.98	152.58	157.61	162.49	166.96

图 5-7　2007—2018 年我国各类助学金资金投入

⑤高校学生应征入伍服兵役国家资助（含直招士官）。2009 年至 2018 年，全国高校学生应征入伍服兵役国家资助金额累计 112.55 亿元，年投入额由 2009 年的 4.71 亿元增长至 2018 年的 20.72 亿元，增长了 3.4 倍，年均增幅 14.57%。

⑥高校学生基层就业学费补偿贷款代偿。2007 年至 2018 年，全国累计资助高校毕业生赴基层就业享受学费补偿贷款代偿金额 52.37 亿元。年投入额从 2007 年的 0.11 亿元增长至 2018 年的 6.61 亿元，增长了 59.1 倍，年均增长率 44.9%。

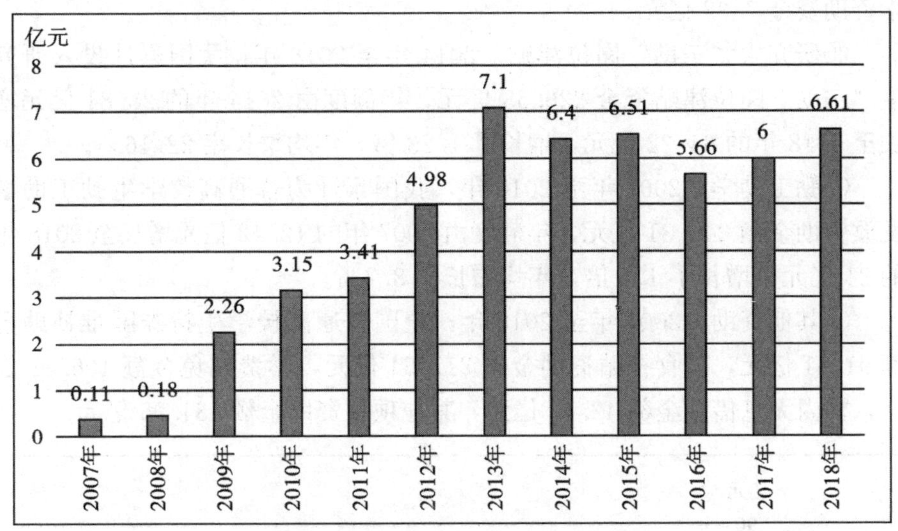

图 5-8　2007—2018 年我国高校学生基层就业学费补偿贷款代偿资金投入

⑦师范生免费与补助。2007 年至 2018 年，中央部属六所师范院校及部分地方师范院校师范生，免费与补助政策资助资金累计投入 59.79 亿元。

⑧退役士兵学费资助。2012 年至 2018 年，我国退役士兵考入普通高校享受学费资助金额累计 2.75 亿元。年投入额由 2012 年的 1 200 万元增至 2018 年的 6 000 万元，增长了 4 倍，年均增长率 30.77%。

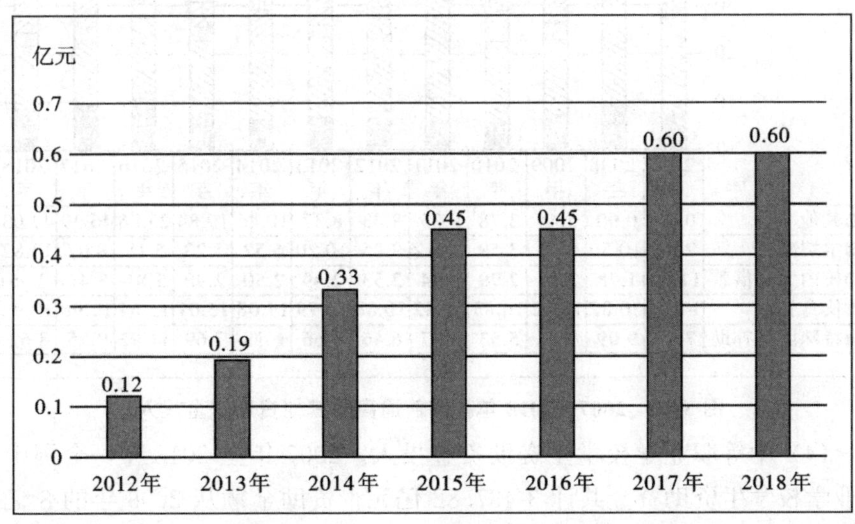

图 5-9　2012—2018 年我国退役士兵学费资助资金投入

⑨大学新生入学资助。2012 年至 2018 年，我国累计投入大学新生入

学资助资金 7.32 亿元。

⑩研究生“三助”岗位津贴。2014 年至 2018 年，我国累计投入研究生“三助”岗位津贴资金 226.53 亿元，年额度由 2014 年的 28.84 亿元增长至 2018 年的 64.22 亿元，增长了 1.23 倍，年均增长率 22.16%。

⑪勤工助学。2007 年至 2018 年，我国累计为普通高校学生勤工助学发放资助金额 249.31 亿元，年额度由 2007 年的 12.42 亿元增长至 2018 年的 31 亿元，增长了 1.5 倍，年均增长率 8.7%。

⑫其他资助。2007 年至 2018 年，全国普通高校学生特殊困难补助金额 91.61 亿元，伙食补贴资助金额 217.64 亿元，学费减免金额 106.42 亿元，校内无息借款金额 42.46 亿元，其他项目资助金额 184.95 亿元。

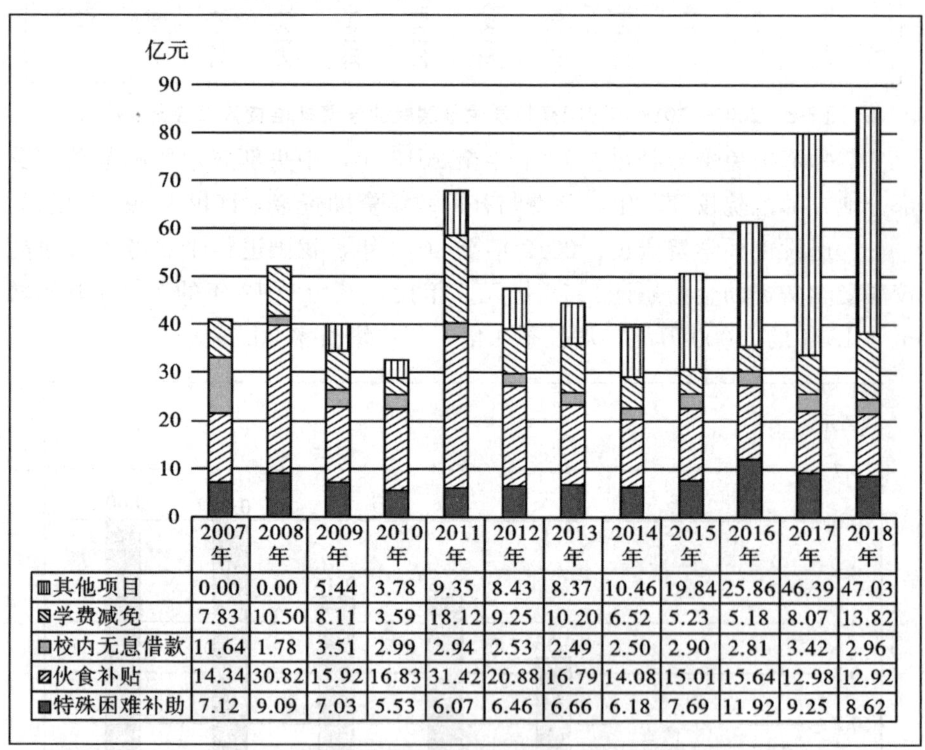

	2007年	2008年	2009年	2010年	2011年	2012年	2013年	2014年	2015年	2016年	2017年	2018年
其他项目	0.00	0.00	5.44	3.78	9.35	8.43	8.37	10.46	19.84	25.86	46.39	47.03
学费减免	7.83	10.50	8.11	3.59	18.12	9.25	10.20	6.52	5.23	5.18	8.07	13.82
校内无息借款	11.64	1.78	3.51	2.99	2.94	2.53	2.49	2.50	2.90	2.81	3.42	2.96
伙食补贴	14.34	30.82	15.92	16.83	31.42	20.88	16.79	14.08	15.01	15.64	12.98	12.92
特殊困难补助	7.12	9.09	7.03	5.53	6.07	6.46	6.66	6.18	7.69	11.92	9.25	8.62

图 5-10　2007—2018 年我国普通高校其他资助资金投入

（4）中等职业学校学生资助资金投入。2007 年至 2018 年，全国中等职业学校学生资助资金共计 3 437.82 亿元。资助金额从 2006 年的 8 亿元增长至 2018 年的 399.96 亿元，增长了 49 倍，年均增幅 38.54%。

①免学费。2009 年至 2018 年，全国各级财政共投入中等职业学校免

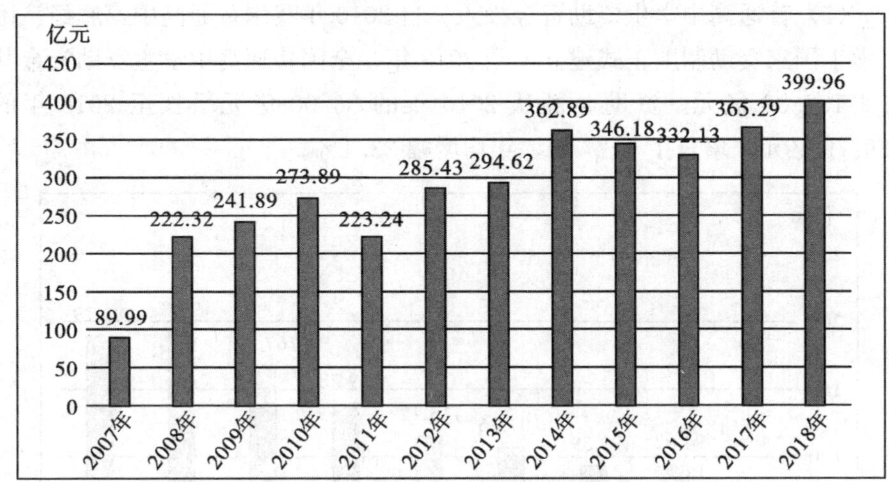

图 5-11　2007—2018 年我国中等职业教育资助资金投入

学费补助资金 1 608.94 亿元，占中职学校资助总额的 46.8%。

②国家助学金。2007 年至 2018 年，全国中等职业学校国家助学金投入资金 1 164.44 亿元。其中，由于中职教育免学费政策覆盖面和投入力度的不断扩大，从 2010 年开始，国家助学金投入资金逐渐减少。

③其他资助。2008 年至 2018 年，地方政府、学校、社会等在落实国家免学费、国家助学金的基础上，另外投入资助资金累计 664.43 亿元。

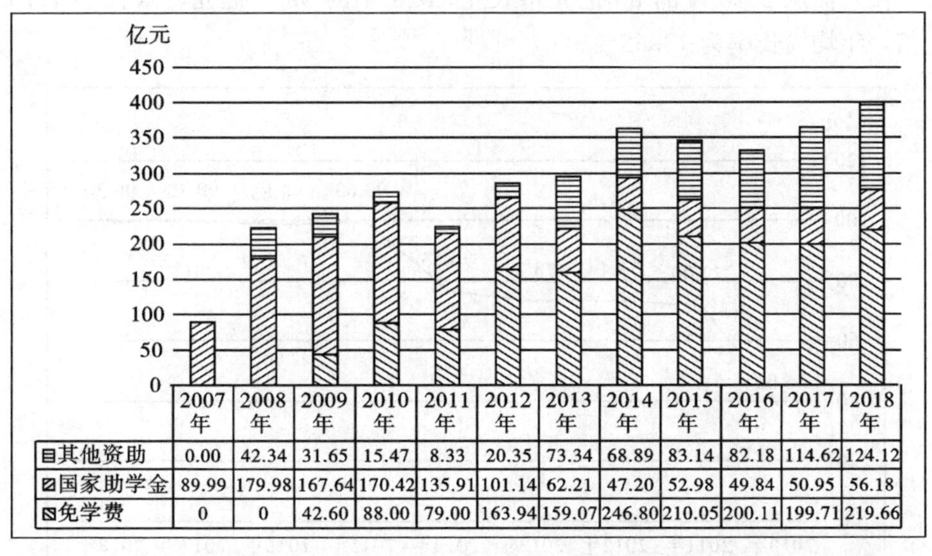

	2007年	2008年	2009年	2010年	2011年	2012年	2013年	2014年	2015年	2016年	2017年	2018年
其他资助	0.00	42.34	31.65	15.47	8.33	20.35	73.34	68.89	83.14	82.18	114.62	124.12
国家助学金	89.99	179.98	167.64	170.42	135.91	101.14	62.21	47.20	52.98	49.84	50.95	56.18
免学费	0	0	42.60	88.00	79.00	163.94	159.07	246.80	210.05	200.11	199.71	219.66

图 5-12　2007—2018 年我国中等职业教育免学费、国家助学金和其他资助资金投入

(5) 普通高中学生资助资金投入。自 2010 年我国普通高中家庭经济困难学生国家资助制度正式建立，至 2018 年，全国普通高中学生资助资金共计 1 137.06 亿元。资助金额从 2010 年的 36.00 亿元增长至 2018 年的 189.79 亿元，增长了 4.27 倍，年均增幅 23.1%。

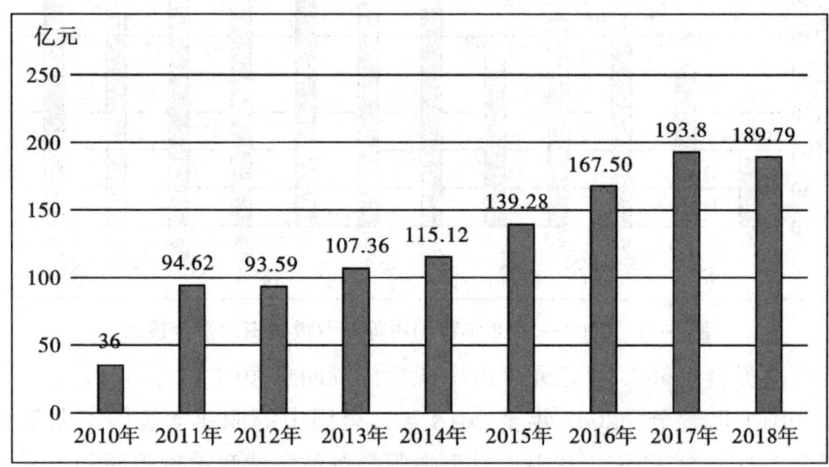

图 5-13　2010—2018 年我国普通高中教育资助资金投入

①国家助学金。2010 年实施普通高中国家助学金政策开始，到 2018 年我国累计到位资金 728.74 亿元，占普通高中资助资金总额的 64.1%，年投入额从 2010 年的 36 亿元增长至 2018 年的 99.3 亿元，增长了 1.76 倍，年均增长率为 13.52%。

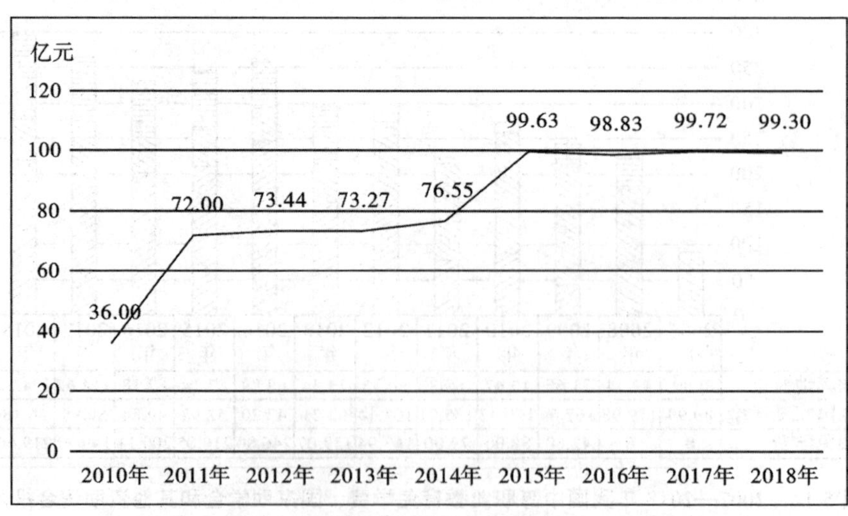

图 5-14　2010—2018 年我国普通高中国家助学金资金投入

②建档立卡等家庭经济困难学生免学杂费。2016 年，国家开始为普通高中建档立卡等家庭经济困难学生免学杂费，截至 2018 年，累计投入 58 亿元，年投入额由 2016 年的 9.24 亿元增长至 2018 年的 24.59 亿元，增长了 1.66 倍，年均增长率 63.13%。

③其他资助。2011 年至 2018 年，地方政府在落实国家助学金和建档立卡等家庭经济困难学生免学杂费资金的基础上，还另有资助投入：全国普通高中从事业收入中提取并支出资助，社会通过各种方式也对普通高中家庭经济困难学生进行资助，以上资助累计 350.33 亿元，年投入额从 2011 年的 22.62 亿元增长至 2018 年的 65.9 亿元，增长了 1.91 倍，年均增长率 16.5%。

（6）义务教育学校学生资助资金投入。2007 年至 2018 年，全国义务教育资助资金累计投入 3 106.49 亿元。资助金额从 2007 年的 54.97 亿元增长至 2018 年的 397.77 亿元，增长了 6.24 倍，年均增长率 19.71%。

①家庭经济困难寄宿生生活补助。2007 年至 2018 年，全国义务教育家庭经济困难寄宿生生活费补助资金共计 1 738.88 亿元。资助金额从 2006 年的 20.18 亿元增长至 2018 年的 190.99 亿元，增长了 8.46 倍，年均增长率 20.6%。

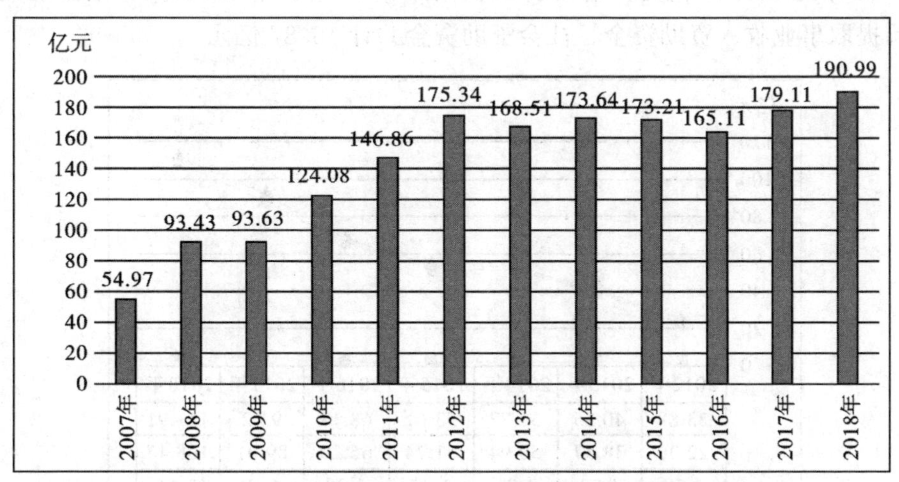

图 5-15　2007—2018 年我国义务教育困难寄宿生生活费补助资助资金投入

②免费教科书。2012 年至 2018 年，各级财政用于国家免费教科书资金总额累计 1 173.61 亿元，地方各级政府共计投入地方免费教科书资金 194 亿元。

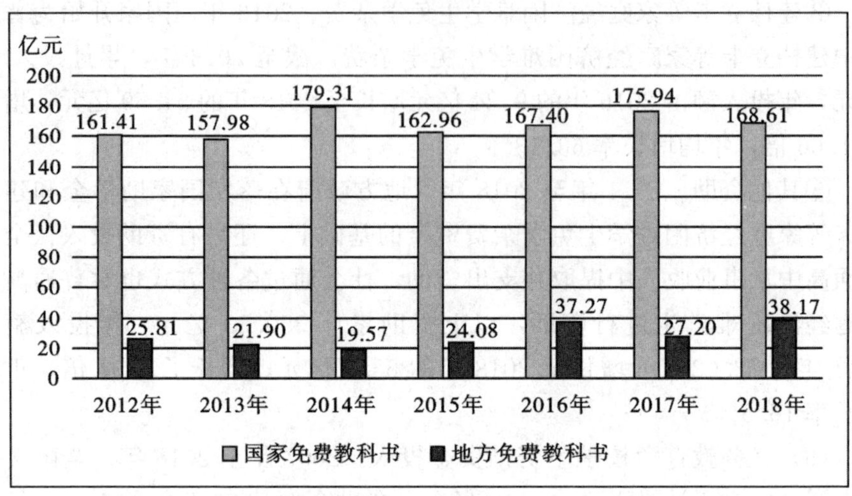

图 5-16　2012—2018 年义务教育国家和地方免费教科书资金投入

（7）学前教育资助资金投入。2012 年至 2018 年，全国学前教育资助资金共计 444.1 亿元。资助金额从 2012 年的 23.88 亿元增长至 2018 年的 111.91 亿元，增长了 3.69 倍，年均增幅 28.92%。其中，各级政府共投入学前教育资助资金 427.23 亿元，年投入额由 2012 年的 22.3 亿元增长至 2018 年的 108.47 亿元，增长了 3.86 倍，年均增长率 30.17%；全国幼儿园提取事业收入资助资金、社会资助资金共计 16.87 亿元。

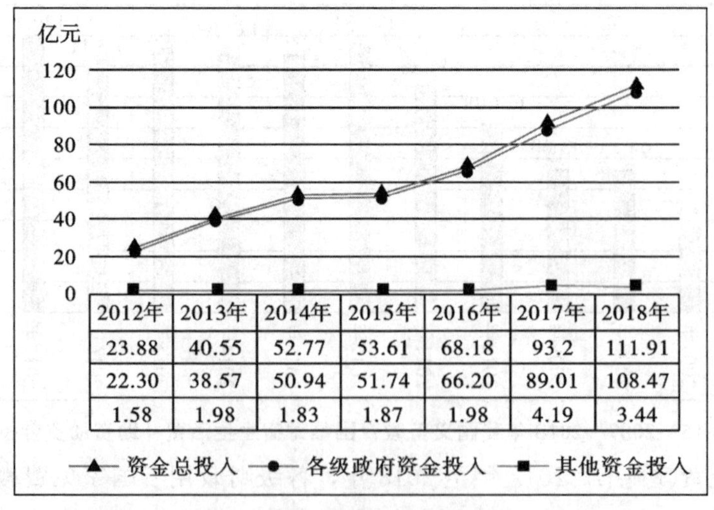

	2012年	2013年	2014年	2015年	2016年	2017年	2018年
资金总投入	23.88	40.55	52.77	53.61	68.18	93.2	111.91
各级政府资金投入	22.30	38.57	50.94	51.74	66.20	89.01	108.47
其他资金投入	1.58	1.98	1.83	1.87	1.98	4.19	3.44

图 5-17　2012—2018 年我国学前教育资助资金投入

2. 学生资助占比持续提升

资助占比是反映党和政府对学生资助关心程度的重要指标，也是学生资助资源保障能力的集中体现。新资助政策体系建立以来，在党和政府的高度重视及社会各界的积极参与下，伴随着我国经济发展水平的提高，学生资助占比呈现出持续提升的良好态势。具体反映在学生资助占GDP比例提升、占财政收入比例提升以及占教育投入比例提升等方面。

其一，学生资助占GDP比例提升。2007年至2018年，我国GDP总量为6 780 811.5亿元①，年均增长率23.67%。12年间，我国学生资助投入力度不断增大，占GDP的比例总体呈现提升趋势，2007年的占比为0.15%，2018年则为0.23%，12年间提升了0.08个百分点。由于我国GDP处于快速增长过程中，因此，微弱的百分比变化意味着投入学生资助的资金绝对数的较大增长。

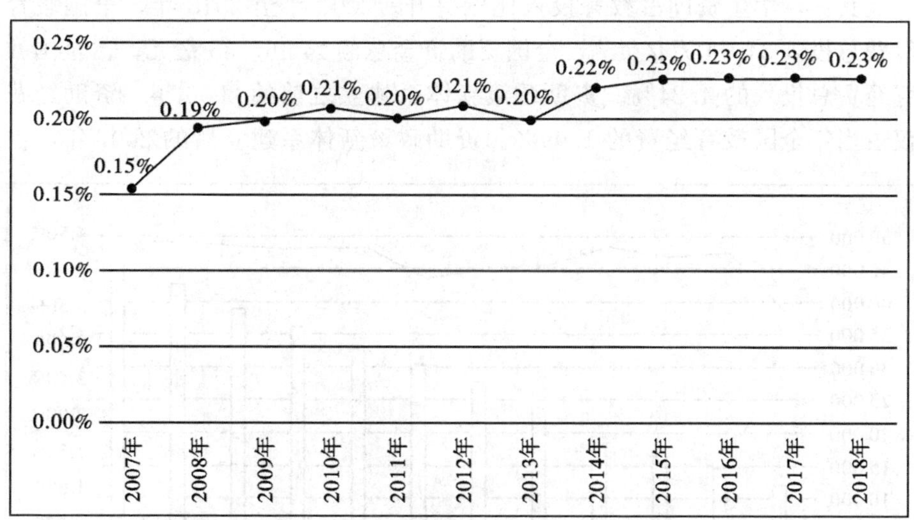

图5-18　2007—2018年我国学生资助占GDP比例变化情况

其二，学生资助占财政收入比例提升。我国学生资助金额从2007年到2018年间不仅绝对数在持续增长，而且其占财政收入的比例也持续提升，从2007年的0.81%提升至2018年的1.11%，12年间增长0.30个百分点②。

① 该数据为2007年至2018年国家统计局公布的国内生产总值（GDP）年度数据之和。

② 财政收入数据为2007年至2018年国家统计局公布的历年国家财政收支总额。

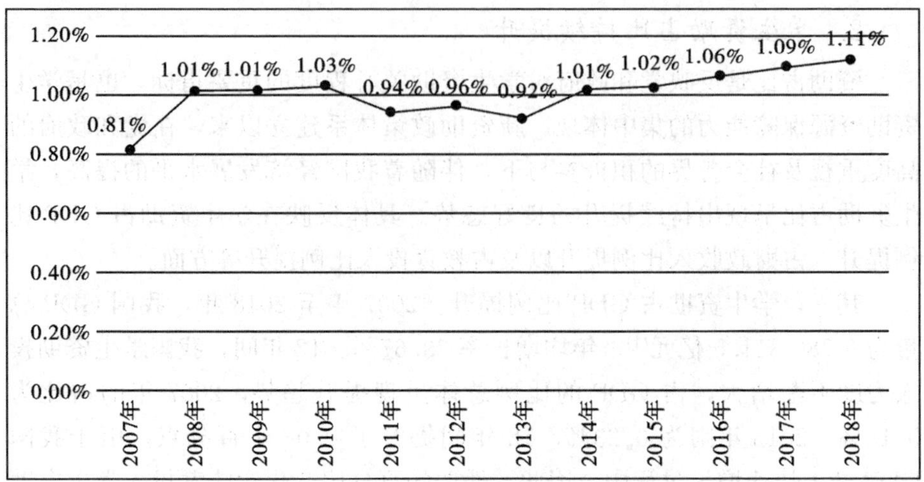

图 5-19 2007—2018 年我国学生资助占财政收入比例变化情况

其三，学生资助占教育投入比例提升。2007 年至 2018 年，全国教育经费总投入 34.11 万亿元①，全国资助资金总额 14 467.35 亿元，占全国教育经费总投入的 4.24%。资助政策新体系建立之前的 2006 年，资助经费仅占当年全国教育经费的 1.99%。资助政策新体系建立后的 2007 年，占

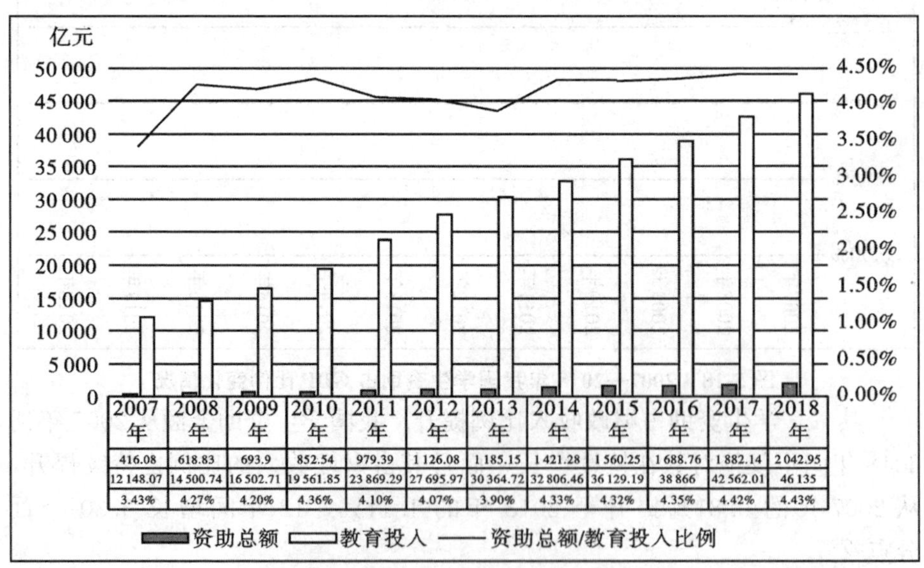

2007年	2008年	2009年	2010年	2011年	2012年	2013年	2014年	2015年	2016年	2017年	2018年
416.08	618.83	693.9	852.54	979.39	1 126.08	1 185.15	1 421.28	1 560.25	1 688.76	1 882.14	2 042.95
12 148.07	14 500.74	16 502.71	19 561.85	23 869.29	27 695.97	30 364.72	32 806.46	36 129.19	38 866	42 562.01	46 135
3.43%	4.27%	4.20%	4.36%	4.10%	4.07%	3.90%	4.33%	4.32%	4.35%	4.42%	4.43%

图 5-20 2007—2018 年我国资助总额与教育总投入资金、比例变化情况

① 教育经费总投入数据来源于中华人民共和国国家统计局官网（http://data.stats.gov.cn/easyquery.htm?cn=C01）。

比增长到 3.43%。2012 年之后，我国教育经费投入大幅增长，资助经费占教育经费的比例仍然保持增长，2014 年至 2018 年基本稳定在 4.3%以上。特别是资助政策新体系实施初期，2007 年全国教育经费投入增长率为 23.77%，同年资助资金增长率为 112.86%，是全国教育经费投入增长率的 4.75 倍。

（三）资助管理举措持续发力

2007 年以来，在党中央、国务院的坚强领导下，教育、财政等部门精心组织，周密部署，不断完善管理体系和工作机制，为全面落实好国家学生资助政策奠定了坚实基础。

1. 队伍建设不断加强

机构队伍是做好学生资助工作的基础。学生资助工作覆盖各级各类学校，是教育系统工作范围最广的业务之一。哪里有教育，哪里就有资助，就需要资助机构和队伍。多年来，教育、财政等部门想方设法，持续推进各地各校学生资助机构队伍建设。

其一，教育、财政等部门大力推进机构队伍建设。早在 2004 年，《国务院办公厅转发教育部 财政部 中国人民银行 银监会关于进一步完善国家助学贷款工作的若干意见的通知》就指出："进一步加强高等学校学生资助工作机构建设，是推进和落实以国家助学贷款为主体的资助高校贫困家庭学生政策和措施的基础性工作……多数高校的资助工作机构没有建立起来，专职工作人员配备不足，不能适应新形势下以国家助学贷款为主体的高校资助贫困家庭学生工作的需要。"① 文件明确提出，原则上按学校全日制普通本专科生、研究生在校生规模 2 500∶1 的比例，在现有编制内调剂落实编制，并配备相应的专职工作人员。各高校要根据核定的学生资助管理中心的人员编制，足额安排全面做好学生资助工作所需的工作经费，提供必要的办公场所，配备必需的办公设备，提供相应的保障条件。

2007 年 5 月，国务院出台《关于建立健全普通本科高校高等职业学校和中等职业学校家庭经济困难学生资助政策体系的意见》，明确要求地方政府要建立相应的工作机制，在整合现有资源的基础上，建立健全学生资

① 教育部关于转发《国务院办公厅转发教育部 财政部 中国人民银行 银监会关于进一步完善国家助学贷款工作若干意见的通知》的通知［EB/OL］.（2004-06-23）. http://www.moe.gov.cn/srcsite/A05/s7052/200406/t20040623_181381.html.

助管理机构，制定具体的管理办法，切实抓好落实。各学校要把资助家庭经济困难学生作为工作重点，实行校长负责制，设立专门的助学管理机构，具体负责此项工作。

2007 年 8 月，为更好地推进高等教育阶段生源地信用助学贷款和其他学段学生资助工作，教育部、财政部印发《关于要求县级教育行政部门成立学生资助管理中心的紧急通知》，要求各县（市、区）教育行政部门尽快成立学生资助管理中心，配备专职人员，落实人员编制，提供办公场所，配备办公设备，安排业务经费。

2009 年 10 月，教育部印发《关于进一步加强高校学生资助工作机构建设的通知》，要求各高校成立专门的学生资助管理中心（常设机构），由校级领导直接负责，统一归口管理全校学生资助工作。再次重申国务院办公厅 2004 年通知的精神，要求学校在编制和专职工作人员、资助工作经费以及办公场所和办公设备、相应的保障条件等方面，认真按照全日制普通本专科生、研究生在校生规模 2 500∶1 的比例切实做好工作。

各地教育部门和学校，克服困难，整合资源，协调相关部门，全面推进各级学生资助管理机构建设。经过多年的努力，我国已逐步形成了覆盖各级教育行政部门和各级各类学校的学生资助工作管理机构，从无到有打造了一支专业化的学生资助管理队伍，为全面落实国家资助政策提供了坚实的组织保障。这是我国教育公平事业发展史上了不起的成就。

其二，中央、省、市、县、校五级学生资助工作管理体系基本建立。

在原全国学生贷款管理中心基础上，教育部 2006 年成立了全国学生资助管理中心，统筹管理学前教育至研究生教育阶段的学生资助工作。

全国 31 个省（自治区、直辖市）、5 个计划单列市全部建立了学生资助管理机构，其中独立法人性质的省级学生资助管理机构达到 33 个，其余非独立的资助机构与省级教育行政部门其他相关业务处室合署办公。

全国 334 个地市中，有 328 个地市建立了学生资助管理机构，占地市总数的 98.20%。其中，东、中、西部地市建立学生资助管理机构分别为 83 个、116 个和 129 个，分别占各地区地市总数的 97.65%、97.48%和 99.23%。具有独立法人性质的地市学生资助管理机构 208 个，占地市总数的 62.28%。其中，东、中、西部地区建立独立法人性质的学生资助管理机构分别为 40 个、84 个和 84 个，分别占地区行政区划数的 47.06%、70.59%和 64.62%。

全国 2 876 个县区中，有 2 755 个县区建立学生资助管理机构。其中，东、中、西部地区县级建立学生资助管理机构分别为 696 个、1 016 个和 1 043 个，分别占各县区总数的 97.89%、93.38%和 96.84%。具有独立法人性质的县级学生资助管理机构 1 527 个，占县区总数的 53.09%。其中，东、中、西部地区建立独立法人性质的学生资助管理机构分别为 265 个、632 个和 630 个，分别占地区行政区划数的 37.27%、58.09%和 58.50%。

目前，全国已经形成中央、省、市、县、校五级学生资助工作管理队伍。全国省级学生资助管理机构平均编制为 8 人。抽样结果显示，市级独立法人机构平均编制 6.3 人；县级独立法人机构平均编制 4.1 人；普通高校平均每校资助管理人员 3.6 人，其中中央直属高校平均 4.8 人，地方高校平均 3.2 人。

为进一步提高广大从事学生资助工作者的业务能力和综合素质，教育部、各地各校高度重视学生资助管理人员业务培训。2008 年，生源地信用助学贷款全国铺开，也迎来了县级学生资助管理机构建设的蓬勃发展。与此同时，县级机构人员政策理解不到位、业务能力跟不上的突出问题也日益凸显。为此，全国学生资助管理中心将培训工作直接延伸到全国县级资助管理人员，启动三年轮训计划，全面提高基层资助人员业务水平，累计培训人员超过 5 000 人次。各地各校也全面开展各级各类培训，逐步形成了省级培训市县级和高校，市县级培训所辖高中学校、义务教育学校和幼儿园的分级培训模式。2010 年以来，累计培训专职资助管理人员超过 30 万人次。

2. 管理水平不断提升

学生资助工作线长、面广，政策内容丰富，项目形式多样，关系亿万群众切身利益，因此，大力推进学生资助工作科学化、规范化、制度化建设极为重要。没有学生资助的法制意识，就没有学生资助的公平公正。自 2007 年以来，教育、财政等有关部门牢固树立依法资助理念，不断创新方式方法，不断建立健全各项规章制度，全面推进学生资助规范管理。2017 年 4 月，教育部、财政部联合印发《关于开展“全国学生资助规范管理年”活动的通知》，决定将 2017 年定为“全国学生资助规范管理年”，提出“规范管理制度、规范监管责任、规范资助程序、规范资金管理、规范信息管理、规范机构队伍建设”的“六规范”要求，借以全面提升学生资助工作科学化、规范化水平。

其一，制定规范性文件。财政部、教育部大力推进学生资助制度化建设，如先后出台《关于对全国农村义务教育阶段学生免收学杂费的实施管理办法》《中等职业学校国家助学金管理暂行办法》《普通高中国家助学金管理暂行办法》《普通高校国家奖学金评审办法》《普通高校家庭经济困难新生入学资助项目暂行管理办法》等，明确学生资助范围、资助标准、资金管理、申请发放流程与时间及资金发放模式等，保障学生资助工作透明、公开、规范、有序开展。各地各校结合实际也先后制定相关资助政策的实施细则、管理办法，确保依法资助。

其二，强化监督检查。学生资助是民生工程、德政工程。花好每一分钱，把学生资助做得公平公正是党和政府的要求，也是群众的期望。学生资助监管特别是国家资助资金安全，一直是党中央、国务院高度关注的重点。教育、财政等部门将学生资助监管纳入重点工作，联合审计、纪检等职能部门，主动作为，积极介入。中央与地方审计部门每年成立学生资助专项审计工作组开展审计，驻教育部纪检组、监察局每年组织检查组在全国范围开展学生资助专项检查。

各省（区、市）监察部门与审计部门配合，加强对学生资助政策落实情况的监督检查。如安徽省将学生资助资金审计结果纳入市县党政领导干部教育工作考核内容，浙江省把各地各校学生资助资金使用情况纳入全省五年一轮的教育经费专项审计范围，江西、云南将学生资助资金审计监管工作纳入办学水平评估指标体系，安徽、河北将学生资助工作纳入民生工程强化审计监督等。

同时，教育系统高度重视社会监督，把群众监督纳入制度监督范围，积极畅通公众参与渠道，发动群众积极监督，积极回应群众关切。教育部自2005年开始，每年暑期都开通高校学生资助热线电话，常年开通中职学生资助投诉电话，直接受理广大学生和家长的政策咨询和问题投诉。

其三，建立绩效考核评价机制。全国学生资助管理中心每年对各地、各中央高校实施学生资助绩效考评，发挥“以评促建”作用。各地也逐步建立起学生资助绩效考评工作机制，全面推进学生资助工作科学化、规范化水平。各地也高度重视对学生资助工作的督查考核，如上海市对学生资助工作绩效实施第三方评估制度；浙江省将学生资助工作纳入全省各市县（区）教育科学和谐发展考核指标体系，还建立了《中小学资助工作监督检查制度》，使检查评价工作形成常规化的长效机制。

3. 精准资助稳步推进

精准资助是发挥资助资金效益最大化的最有力途径，是落实好国家学生资助政策的基本要求，也是资助工作公平公正的重要方面。我国历来高度重视学生资助公平公正：在制度设计上，考虑各学段上学成本、家庭经济贫困程度等，着力构建公平的资助政策；在政策落实上，牢固树立精准资助意识，认真花好每一分钱，全面推进资助工作精准化。

其一，资助对象认定精准化。2007 年，教育部、财政部印发《关于认真做好高等学校家庭经济困难学生认定工作的指导意见》，对家庭经济困难学生的认定原则、认定标准、认定程序、监督管理等作了明确规定。2018 年，教育部等六部门印发《关于做好家庭经济困难学生认定工作的指导意见》，对家庭经济困难学生认定对象、基本原则、组织管理、认定依据、工作流程等作出要求，努力提高家庭经济困难学生认定的规范化、科学化水平。

地方各级教育管理部门和各类学校积极探索，研究完善资助对象认定模式，采用大数据分析、多方调查评议、家庭走访等方式，全面深入了解学生家庭经济状况，实现家庭经济困难学生的精准认定。

其二，资助标准核定精准化。各地根据本地经济社会发展水平、城市居民最低生活保障标准以及财力状况等因素，综合确定本地家庭经济困难学生的资助标准。根据各地指导标准，各校也结合自身学校所在城市物价水平、学校收费水平、学生家庭经济能力等因素，确定家庭经济困难学生的资助档次，实行差异化资助。

其三，资助名额分配精准化。在分配资助名额时，中央和地方根据地区经济发展水平、政府财力和居民负担水平、家庭经济困难学生占比等因素，确定资助比例，不搞简单的一刀切。比如普通高中国家助学金东、中、西部地区平均资助比例按 10％、20％和 30％安排；地方分配时，重点向民族地区、连片特困地区和农村地区倾斜。高校国家助学金资助名额，重点向农林地矿油等艰苦专业院校倾斜，院校分配资助名额时重点向困难面较大的专业、院系倾斜。

其四，资助资金发放精准化。财政部、教育部、人社部、中国人民银行等有关部门不断改革、完善资助资金发放机制和办法，努力做到按时发放、精准发放。从 2010 年秋季学期起，在全国推广使用中职资助卡发放国家助学金，并探索国家助学金集中发放模式；从 2012 秋季学期起，推广使用普通高中学生资助卡发放国家助学金，切实发挥银行卡等金融工具的管理优势，基本实现了对高中阶段助学金发放情况的全程监管。

4. 资助宣传渐入人心

学生资助宣传是全面贯彻落实好国家资助政策的重要工作，得到了教育部、财政部的高度重视。十年来，各级教育行政部门、各级各类学校按照“坚持正面引导，团结加油鼓劲”的原则，弘扬正能量，发出好声音，讲出好故事，逐步构建起学生资助宣传体系。

一是五级宣传平台逐步夯实。部、省、市、县、校各级学生资助管理中心各司其职，上下联动，有计划、有重点、有针对性地开展各类学生资助宣传，让党和政府的惠民政策“听得到、看得见”。经过十年的努力，我国已经形成了一个由中央部门、省、市、县、校五级平台构成的学生资助宣传机制。

二是宣传手段与时俱进。各级学生资助管理部门和各级各类学校不断创新宣传形式，宣传手段从传统的报媒、电视、发布会、宣传册，逐步扩展到微博、微信、微视频、H5 等，同时为使宣传工作更接地气，县、校学生资助管理部门将政策带到田间地头、带进学校班级，既实现了上报、上网、上电视、上手机、上新媒体，也实现了入村、入校、入户、入班，更加方便了政策的传播，极大地提高了宣传效果。

三是主题活动形成品牌。连续多年来，全国学生资助管理中心在全国范围开展学生资助诚信教育主题活动、“国家资助，助我成才”学生资助励志成才典型评选活动、“助学·筑梦·铸人”学生资助主题征文活动等，鼓励广大学生讲述自己或身边受助学生的励志成长故事，积极培养诚信意识、感恩之情和回馈社会之情，激励贫困学子不畏困难，努力拼搏，改变命运。全国数万师生踊跃参与，影响广泛。

各地各高校也结合实际，开展形式多样的资助主题宣传活动，如河南、辽宁等省市持续开展“诚信校园行”专题宣传教育活动，福建省开展“奋斗的青春最美丽”演讲比赛活动，江苏省拍摄学生资助微电影，安徽省开展“百千万”学生家庭大走访活动，湖南省开展励志教育名师“感恩资助，诚信自强”校园巡回演讲活动，广东省开展“国家助学贷款政策下乡行”，浙江省开展“国家助学贷款和征信知识宣传月”，如此等等，形成独特的学生资助宣传活动品牌。

各级学生资助管理部门和学校，通过发布学生资助工作发展报告、资助宣传画、资助画册、电视专题片、专题文章、微电影、文艺汇演等各种形式，来“赞资助、颂祖国”，邀请广大受助学生共同分享与祖国同发展共命运的喜悦与感恩，取得了显著成效。

5. 信息系统建设有成

随着国家资助政策的不断健全，资助项目越来越多，资金规模越来越大。如何管好用好学生资助经费，精准地将资助资金发放到真正需要的学生手中，已成为我们迫切需要解决的问题。传统手工操作方式已不能适应目前资助工作的需要，建立一套全国统一、覆盖各级各类学校的学生资助信息管理系统，已是大势所趋。

一是“金教工程”初步建成。2013年，教育部启动全国学生资助管理信息系统建设工作。全国学生资助管理信息系统，是教育部“金教工程”的重要组成部分，是学生资助的基础性工程，对于推进精准资助、规范资助管理等具有重要作用。全国学生资助管理信息系统基于学籍，包括学前教育、义务教育、高中教育、中等职业教育、高等教育本专科生和研究生等六个子系统建成后，将实现对各学段的在校学生、困难学生、受助学生等三大类数据的规范化、流程化、信息化管理，为资金预算、资助监管、信息查询、统计分析等提供技术支持。2014年，中职资助子系统上线运行；2016年，普通高中、义务教育和学前三个资助子系统上线运行；2017年，本专科生和研究生两个资助子系统上线运行。

二是互联互通有效推进。2018年，启动系统完善升级及外部系统对接项目。目前，已完成与国务院扶贫办建档立卡人员数据在线对接，完成与民政部、中国残联相关数据离线对接，完成特殊困难学生管理功能全国上线运行工作。截至目前，各省、市、县、校均可通过资助信息系统，查看本地本校就读、跨区域就读的建档立卡、城乡低保、特困救助供养、孤儿、残疾人员特殊困难学生名单。各地各校通过使用资助信息系统中特殊困难学生数据，能够支撑困难学生精准认定、资助资金精准发放等工作。

三、学生资助新体系的成效和不足

自2007年学生资助新体系实施以来，我国学生资助事业取得长足进展，走出了一条具有中国特色、符合国情的学生资助之路。其间，成绩显著，道路艰辛，既取得值得总结和发扬的成效，也存在亟须调整和完善的不足。

（一）成效

十余年来，我国学生资助政策体系逐步健全完善，学生资助规模不断扩大，数以千万计的家庭经济困难学生在资助政策帮助下，顺利入学，完成学业，充分保障了“不让一个学生因家庭经济困难而失学”。2007 年至 2018 年，学前教育、义务教育、普通高中、中职教育、高等教育等各教育阶段全国累计资助学生（包括幼儿）9.69 亿人次。资助学生（包括幼儿）从 2006 年的 2 525.19 万人次增长至 2018 年的 9 801.48 万人次，增长了 2.88 倍，年均增幅 11.97%。加上营养膳食补助受助学生 3 700 万人，2018 年合计资助学生达 1.35 亿人次①。

学生资助事业的显著发展，促进了教育公平实现质的飞跃，保障了教育事业健康快速发展，促进了人力资源有效配置，加快了小康社会建设步伐，对经济和社会事业发展作出了突出贡献。

1. 促进公平享受教育成果

国家学生资助新政策的相继出台，健全了我国学生资助政策体系，资助政策由 2006 年的 12 项增加到 2018 年的 29 项，实现了“三个全覆盖”，即从学前教育到研究生教育所有学段全覆盖，公办民办学校全覆盖，家庭经济困难学生全覆盖，在制度上基本保障了家庭经济困难学生顺利入学、完成学业，使教育公平这一崇高理念落地生根，成为实实在在的社会现实。

在高等教育阶段，实施国家奖助学金、助学贷款、学费减免、补偿代偿、勤工助学和“绿色通道”等多元混合资助；在中职教育阶段，以国家助学金、免学费、国家奖学金为主，学校资助、社会资助和顶岗实习为补充；在普通高中教育阶段，以国家助学金、建档立卡等家庭经济困难学生免学杂费、地方政府资助项目为主，学校资助和社会力量积极参与；在义务教育阶段，免除全部学生学杂费，免费提供教科书，补助家庭经济困难寄宿生生活费，实施营养改善计划；在学前教育阶段，按照“地方先行，中央补助”的原则，各地因地制宜确定学前教育资助政策，确保建档立卡家庭儿童、低保家庭儿童、特困救助供养儿童、孤儿和残疾儿童受到资助。

总体来看，家庭经济困难学生不再因学费问题失去上学机会，从而享有公平的教育机会。在校家庭经济困难学生不再为生活费用发愁，不再因

① 本节数据均来自 2007 年至 2018 年全国教育事业发展统计公报。

经济问题辍学或流失，可以踏踏实实地安心学习，可以像其他同学一样顺利地完成学业。这是人民群众实实在在得实惠的制度设计，不仅让数以千万计的家庭经济困难学生共享社会发展成果、赢得人生出彩的机会，更有力地促进了教育公平，提升了人民对教育发展成果的获得感，促进了社会和谐，让广大人民群众亲身感受到党和政府的关怀，充分体现了党领导开辟的中国特色社会主义制度的优越性。

2. 保障教育事业快速发展

国家学生资助新政策的制定与实施，有力促进了我国各教育阶段入学率和巩固率的提高，保障了教育事业的快速发展，为加快我国从人口大国向人力资源大国乃至人力资源强国转变进程打下了坚实的基础。

在高等教育阶段，国家学生资助新政策有力保障了考入高校的家庭经济困难学生特别是农村家庭经济困难学生顺利入学，为扩大高等教育规模提供了有力支撑。2018 年，全国高等教育在学总规模 3 833 万人，比 2007 年增加 1 133 万人，增长 41.96%，占世界高等教育总规模的比例达到 20%，我国成为世界高等教育第一大国；高等教育毛入学率达到 48.1%，比 2007 年提高 25.1 个百分点，提前实现《国家中长期教育改革和发展规划纲要（2010—2020 年）》确定的 40%目标，即将进入国际公认的高等教育普及化阶段。在高等教育阶段学生资助政策的助力下，我国教育普及程度不断提升，高等教育发展与国民经济发展基本同步，并适度超前，教育总体发展水平进入中高收入国家行列。

在中职教育阶段，国家学生资助新政策吸引了更多的学生接受中等职业教育，有力推动了职业教育发展。2018 年，全国中等职业学校在校生 1 555.26 万人，毕业生 487.28 万人，就业率保持在 95%以上。

在普通高中教育阶段，国家学生资助新政策切实减轻了部分家庭的经济负担，对高中阶段教育普及和发展起到了积极推动作用。2018 年，全国共有高中阶段在校生 3 934.67 万人，比 2007 年减少 592.82 万人。其中，普通高中在校生 2 375.37 万人。高中阶段毛入学率由 2007 年的 66%提高到 2018 年的 88.8%，超过中高收入国家平均水平 7 个百分点。

在义务教育阶段，国家学生资助新政策有力推动了义务教育的发展，进一步巩固了“普九”成果。2018 年，全国共有义务教育阶段在校生 1.5 亿人。其中，小学在校生 10 339.25 万人，初中在校生 4 652.59 万人。2007 年以后，小学净入学率保持在 99.4%以上，初中毛入学率保持在

98%以上，2010 年以后均超过 100%；2018 年义务教育巩固率达到 94.2%，比 2012 年高出 2.4 个百分点，义务教育高水平普及，超过高收入国家平均水平。

在学前教育阶段，按照“地方先行，中央补助”的原则，各地因地制宜确定学前教育资助政策，确保建档立卡家庭儿童、低保家庭儿童、特困救助供养儿童、孤儿和残疾儿童受到资助。资助新政策的实施，对提高学前教育毛入园率产生了积极影响，全国学前教育毛入园率从 2010 年的 56.6%快速提高到 2018 年的 81.7%，提前完成了《国家中长期教育改革和发展规划纲要（2010—2020 年）》确定的 70%基本普及目标，也超过了中高收入国家 73.7%的平均水平。

在出国留学阶段，坚持资助国家公派出国留学人员赴国外学习、访问、交流，奖励优秀自费出国留学人员，支持出国留学人员回国服务。目前，我国留学生出国学习、回国服务规模双增长，继续保持世界最大留学生生源国地位。从 2007 年到 2018 年底，各类出国留学人员累计达 464.54 万人，留学回国人员总数达 333.17 万人。与 1978 年至 2007 年间的统计数据相比，各类出国留学人员总数增加 343.37 万人，增长 3.8 倍；留学回国人员总数增加 301.2 万人，增长 10.4 倍。

3. 提升人力资源开发水平

国家学生资助新政策的实施，改善了家庭经济困难学生（儿童）的营养结构，增强了我国高等教育阶段艰苦专业、急需专业和师范专业的吸引力，激励了一大批贫困学子成长成才，培育了一大批优秀学生投身农村基层教育、扎根基层和艰苦行业、服务国防建设，充分开发了人力资源，为引导高素质人才流向国家人才紧缺行业和地区作出了巨大贡献。

其一，改善了家庭经济困难学生（儿童）的营养结构。学生资助保障力度的不断加大，较大幅度提高了各教育阶段家庭经济困难学生（儿童）的物质生活水平，明显改善了家庭经济困难学生（儿童）的营养结构，有效地增强了家庭经济困难学生（儿童）的身体素质。如农村营养改善计划的实施，覆盖所有国家级贫困县，让 3 700 万名农村学生受益，其营养健康状况得到显著改善，身体素质明显提升，营养改善计划试点地区男、女生各年龄段的平均身高、体重均有不同程度的增长。

其二，引导学生投身农村基础教育。截至 2017 年，北京师范大学、华东师范大学、东北师范大学、华中师范大学、陕西师范大学、西南大学等六所教育部直属大学通过师范生免费教育政策，已累计招收免费师范生10.1万人，在校就读3.1万人，毕业履约7万人，其中90%到中西部省份中小学任教，源源不断地为地方补充了具有较高素质的优秀教师。同时，师范生免费教育试点工作还带动了28个省（区、市）实施地方师范生免费教育，每年培养补充4万余名毕业生到农村中小学任教。2018年8月，《教育部直属师范大学师范生公费教育实施办法》正式颁布，标志着我国师范生“免费教育”升级为新时代的“公费教育”，通过资源倾斜和引导机制，以实现生源、培养、服务等质量的全面提升。2007年至2018年，享受师范生免费与补助政策的中央部属六所师范院校及部分地方师范院校学生共计64.26万人，师范生免费与补助政策资助资金累计投入59.79亿元。

其三，激励学生扎根基层和艰苦行业。基层就业学费补偿、贷款代偿新政策的实施，把家庭经济困难学生资助从入学前延伸至毕业后，对引导高校毕业生调整就业心理，解决就业“下不去”的问题起到积极作用，对满足基层用人单位高层次人才需求，特别是贫困边远地区、中西部地区县级及以下基层单位和农、林、地、矿、油等艰苦行业生产第一线的人才需求发挥了重要作用，有力促进了人才结构协调发展，有效改善了我国基层人才队伍的素质结构。2007年至2018年，享受基层就业学费补偿、贷款代偿政策的学生共计51.63万人，从2007年的0.07万人迅速增长至2018年的7.95万人，增长了112.57倍，年均增长率53.76%；国家投入基层就业学费补偿、贷款代偿政策资金累计52.37亿元，年投入额从2007年的0.11亿元增长至6.61亿元，增长了59.1倍，年均增长率45.11%。

其四，鼓励学生服务国防建设。在服兵役高等学校学生国家教育资助新政策的激励下，广大高等学校学生积极响应国家号召应征入伍，我国义务兵兵源质量不断改善，加快了军队现代化建设进程。2007年至2018年，享受服兵役高等学校国家教育学生资助新政策的学生共计91.03万人，国家投入服兵役学生国家教育资助资金115.3亿元。

4. 加快小康社会建设步伐

“扶贫必扶智，扶贫先扶智。”让贫困地区的孩子们接受良好教育，是扶贫开发的重要任务，也是阻断贫困代际传递的重要途径。以习近平同志为核心的党中央高度重视家庭经济困难学生的受教育问题，国家资助新政策的实施，在帮助贫困人群脱贫、帮助他们高质量脱贫、稳定脱贫，防止因学返贫和因学致贫方面取得重大进展，为加快小康社会建设步伐、打赢脱贫攻坚战提供了强有力的支撑。

其一，学生资助帮助有学龄子女经济困难家庭脱贫。当前，我国现有经济困难家庭中，有不少家庭的子女正在接受教育。尽管在义务教育阶段，目前已全面实行"两免一补"，在非义务教育阶段，学生家庭也只分担相对较少的部分费用，但对于经济困难家庭而言，即便是只承担少量学费和生活费，也会带来不小的经济压力，从而增加脱贫难度。通过学生资助解决这些家庭经济困难学生的上学费用问题，确保"人人有学上"，既减轻经济困难家庭的经济负担，也有利于他们集中精力发展生产，尽快摆脱贫困。如2007年至2018年，全国普通高校学生学费减免金额累计106.42亿元，学费减免资助累计303.3万人次，其中，年投入额由2007年的7.83亿元增长至2018年的13.82亿元，增长了76.5%。2016年至2018年，国家为普通高中建档立卡等家庭经济困难学生免除学杂费，累计投入58亿元，受助学生人数累计531.13万人次，其中，年投入额由2016年的9.24亿元增长至2018年的24.59亿元，增长了1.66倍。学生资助资源的大力投入，促进了教育扶贫事业的发展，担当起了助力脱贫攻坚的历史使命。

其二，学生资助帮助有学龄子女经济困难家庭稳定脱贫、高质量脱贫。学生资助通过帮助经济困难家庭子女接受教育，提高他们的知识文化水平，促使他们掌握职业就业技能，积极增强其自身脱贫致富能力，实现"教育一人、就业一人、脱贫一户"的扶贫效果。其中，职业教育被称为打开脱贫之门的"金钥匙"，是见效最快、成效最显著的扶贫方式之一。目前，面向职业教育的家庭经济困难学生资助新体系逐步健全，中职免学费、助学金分别覆盖超过90%和40%的学生，高职奖学金、助学金分别覆盖近30%和25%以上学生。在学生资助新政策保障下，更多的家庭经济困难学生顺利完成学业，确保"个个有技能"，并实现高质量就业，中职毕业生就业率保持在95%以上，高职毕业生半年后就业率超过90%，就业质量持续向好，每年有近300万家庭的子女通过职业教育实现了拥有第一代大学生的梦想，为他们职场成功、人生出彩提供了更多机会。学生资助新政策的引导，有效促进了职业教育发展，提高了贫困地区劳动者的劳动技能水平，进而带动经济困难家庭稳定脱贫和高质量脱贫。

其三，学生资助有效防止有学龄子女低收入家庭因学致贫和刚脱贫家庭因学返贫。不论是贫困人群还是低收入群体，他们的发展能力和抗风险能力都较弱，彻底摆脱贫困的基础不够牢固，如果他们的子女上学缺乏有效资助，就很可能会因学致贫、因学返贫。学生资助一方面可以减轻他们的教育支出压力，有效防止他们因学致贫或因学返贫，更重要的是树立靠知识、凭技能来摆脱贫困、迈向幸福生活的自信，激发自强不息、自力更生、艰苦奋斗的精神面貌，加快他们的人力资本和社会资本积累，提供代际上升的发展能力，满足其更高层次的发展需求，促进社会流动，确保“人人有发展基础，家家有致富希望”。

（二）不足

尽管新资助体系已经取得令人瞩目的成效，但是面对不断出现的新形势和新任务，面对不断提升的人民群众新期盼，学生资助工作依然还存在着一些问题。其主要表现在以下几个方面。

1. 资助政策体系有待进一步完善

就当前现状而言，资助对象存在尚未覆盖的“夹心层”。义务教育生活补助只覆盖寄宿的家庭经济困难学生，非寄宿的家庭经济困难学生无法享受；普通高中免学杂费的资助对象并没有包含城市低保家庭学生；非普惠性学前教育的家庭经济困难儿童（含建档立卡家庭儿童、低保家庭儿童、特困救助供养儿童等）还不能享受学前教育资助。此外，学前教育资助政策在个别地方甚至是空白。所有这些，说明资助政策新体系还有不少工作要做，在走向完善方面还有相当长的一段路要走。

2. 资助队伍建设有待进一步加强

一些地方片面认为脱贫攻坚的目标即将实现，学生资助工作的重要性已不再突出，出现了弱化学生资助工作的苗头；一些高校和地方长期以来专职工作人员配备严重不足，工作中只能疲于应付，无法探索发展型资助项目，资助育人的探索和实践无法跟上新发展的需要；一些高校和地方资助工作人员流动性大，专业化、职业化水平存在差距。这些说明，建立和健全资助机构，建设和提质资助队伍，已成为一件不可轻忽的组织工作。

3. 资助精准化水准有待进一步提高

在资助对象精准方面，家庭经济困难学生的认定工作仍需各部门积极探索可操作性的细则，与学生资助信息系统和大数据分析技术的结合还需加强。在资助标准精准方面，一些省（区）在预算分配中，将资助标准和资助比例全省一刀切，助学金没有做到分档发放，资助比例对经济条件好和经济条件差的区市县采用同一个标准，甚至省会城市和边远贫困区市县采用同一个标准。在资助发放精准方面，一些省高中阶段助学金发放不及时，不但做不到按月发放，连按学期发放都难以做到，严重影响了政策效果和家庭经济困难群众的获得感。

4. 规范管理水平有待进一步提升

一些高校没有从事业收入中足额提取经费用于资助学生，或者提取了但没有足额用于学生资助，甚至存在对资助专项资金的侵占和挪用现象；一些高校和地方存在附加额外受助条件、降低资助标准、“轮流坐庄”、平均资助等不规范现象；一些高校和地方在资助过程中，忽视家庭经济困难学生的尊严和隐私，伤害受助学生心理……这些现象的改善，不仅要依靠资助政策新体系的完善，还需要学校各方面工作尤其思想政治工作的全面配套和立体协调。

历史的结语

1949年10月1日，毛泽东主席在天安门城楼上向全世界庄严宣告中华人民共和国成立。光阴荏苒，斗转星移，共和国如今已迎来了她的70华诞。70年的砥砺奋进，我们的国家发生了翻天覆地的巨变，中华民族已经站起来、富起来，并向着强起来的目标阔步前行。

在共和国70年波澜壮阔的历史进程中，学生资助在艰难曲折中改革创新，在不懈奋斗中快速发展。从公平优先的供给制、公费制和人民助学金制，到公平优先兼顾效率的助奖并存和奖贷并行制度，再到效率优先兼顾公平的“奖、贷、助、补、减”多元混合资助体系，最后到公平效率有机统一的全员参与、全程监督、全域覆盖、全面发展的学生资助政策新体系，每一项改革、每一种创新，无不折射出中国特色社会主义社会的发展与进步，集中反映出社会主义社会学生资助的先进性与人民性。

新中国成立以来的70年，是党和国家高度重视学生资助和教育发展的70年。

改革开放以前的30年，我国实行高度集中统一的社会主义计划经济，制度创新的动力和经济发展的活力未能充分激发，经济增长速度较慢、水平较低，GDP总量和财政收入分别在4 000亿元和1 000亿元内徘徊，人均GDP不超过500元。人民群众的教育需求与支付能力及国家财政保障能力之间的矛盾异常尖锐。但党和国家坚持为人民谋幸福的宗旨，不忘人民教育为人民的初心，高度重视学生资助工作，积极致力于探索中国特色社会主义学生资助发展道路。学生资助从无到有，受资助面从窄到宽，保持了人民助学金制度的长期稳定和与时俱进，促进了新中国社会主义教育事业的持续发展。

改革开放以后的40年，伴随着思想解放和工作重点转向以经济建设为中心，党和政府带领全国人民，彻底摆脱了高度集中计划经济体制的羁绊，通过发展有计划的商品经济，构建社会主义市场经济体系，全面解放和发展社会生产力，使我国经济保持了长期高速和中高速增长，社会建设步伐显著加快，综合国力和核心竞争力持续增强。它不仅使我国一跃成为世界第二大经济体，而且使“中国模式”“中国道路”成了描述中国经济长期增长现象的专有名词。我国 GDP 从 1978 年的 3 679 亿元增加到 2018 年的 900 306 亿元，同期人均 GDP 从 385 元增加到 64 644 元。经济的发展与综合国力的增强，不但为学生资助政策的改进与创新提供了坚实的财力支持，而且为资助内涵的丰富、资助理念的更新创造了良机时运。

面对“文革”十年动乱造成经济发展的动力不足、活力不够、实力不强与载力不佳，我国自改革开放之初就开始改进以助学金为唯一形式的学生资助制度。以奖代助、奖贷结合，不仅是为了打破资助中的绝对平均主义，更是为了发挥市场机制在资源配置中的基础作用、提升资助效率。从单轨向双轨再到多元混合，由农村优先走向城乡一体，自高等教育转向全程全域全员覆盖，学生资助已经突破传统济困助学的单一职能，向着济困、助学、励志、树人的现代资助多元职能迈进，成为这个时代一张强大的保护伞和一道靓丽的风景线。

1952 年，我国财政投入的教育事业费总共才 11.61 亿元，到 2018 年，我国教育经费的总支出达到了 46 135 亿元，其中财政性教育经费为 36 990 亿元，学生资助总投入为 2 042.95 亿元，其中财政投入 1 290.08 亿元，受助人数达到 1.35 亿人次。

我国各级各类学校在校生人数已从 1949 年的 2 577.6 万人，增加到 2018 年的 21 571.87 万人；公派出国留学人数从 1950 年的 35 人，提高到 2018 年的 6.58 万人。

新中国成立以来的 70 年，是学生资助促进和保障教育公平的 70 年。

“建国君民，教学为先。”教育公平是社会公平的基石。保障公民平等享有受教育权，是通往教育公平之路的起点。1978 年，我国总人口为 9.62 亿，贫困人口近 9.4 亿，贫困发生率为 97.5%；时隔三十年后，2018 年初，我国总人口为 13.95 亿，贫困人口为 1 660 万人，贫困发生率则下降到 1.7%。但是，日益增长的教育支出，还是成为经济困难家庭子女获得平等入学机会的巨大拦路石。“不让学生因家庭经济困难而失学”，不仅是我国党和政府对全体人民的庄严承诺，更是党和政府殚精竭虑促进教育公平的奋斗目标。

70 年来，通过对少数民族地区的免费入学、工农干部供给制以及职工与一般人民助学金、普及小学教育和九年义务教育、“两免一补”以及“奖、助、贷、工、免、补、偿”混合资助等多种资助政策，我国党和政府兑现了承诺，实现了目标，完成了从保障“有学上”向促进“上好学”的华丽转身。人民群众的教育获得感明显增强，教育满意度不断提升。

1949年，在我国约5.5亿的总人口中，文盲率高达80%。半个世纪后的2000年，我国文盲人口下降至8 507万，文盲率下降至6.72%。在2010年文盲人口下降为5 466万、文盲率下降为4.08%以后，我国文盲率不降反升。2017年的文盲人口为7 923万人，文盲率重新回到5.28%。虽然它表明我国的扫盲工作依然在路上，但相比新中国成立初期的文盲率，确实已不值一提。

2018年，全国超过80%的县实现义务教育基本均衡发展，更多农村和中西部地区孩子享受到更好更公平的教育。农村义务教育学生营养改善计划每年惠及3 700多万人。80%以上进城务工人员随迁子女在公办学校就读，留守儿童关爱服务体系不断健全。视力、听力、智力障碍三类儿童义务教育入学率达90%以上。

我国教育不公平状态发生明显好转，地区、城乡、教育层级与类型、学校、个体教育机会之间的差异明显缩小。基尼系数是评价贫富差距的国际通用指标，也是衡量发展是否均衡或资源配置是否公平状态的重要标准。2003年至2017年间，城乡居民收入基尼系数在0.46到0.5之间，处于极不公平状态；相比之下，2003年到2015年间，中国教育的基尼系数平均值为0.228，无疑处于比较公平的状态。尤其是东北三省、华北地区的北京、天津、山西，东南的上海、广东等地，在2015年就已经低于0.2，达到绝对公平的水平；高于0.3的只有青海和西藏两省。这些数据及其反映的现状，说明我国教育发展已经进入均衡发展的历史时期。在促进教育公平的进程中，学生资助功不可没。

新中国成立以来的70年，是学生资助促进人才充分开发和经济社会发展的70年。

70年来，学生资助围绕宗旨、勇于担当，成为人才资源开发和经济社会发展的助推器，资助保障和供给水平逐步提高，服务经济和社会发展的能力不断增强。

从20世纪50年代的培养工农干部，到六七十年代鼓励知识青年上山下乡，到80年代的新一代大学生到祖国最需要的地方去，再到90年代参与人才市场的优胜劣汰，21世纪前20年的扶贫扶志、自主创业、支持乡村教育振兴、基层公共服务和服兵役保家卫国等，每一次时代变革都离不开学生资助的推波助澜。从教育先行到科教兴国与人才强国，每一次战略转移都融入了学生资助的久久为功。

在我国，受益于学生资助，有效破除了贫困家庭子女的上学难与上学贵之藩篱；受惠于教育的精准扶贫，发挥了学生资助在克服建档立卡贫困人群脱贫、防止刚刚脱贫人群返贫和低收入人群因教致贫等多重贫困陷阱过程中的独特功能。特别是在帮助人民大众子女实现“人人有学上、个个有技能、生生好就业、家家有希望”的伟大进程中，学生资助通过发挥济困助学、立德树人、促进就业等多元职能，可以使贫困家庭依托一个孩子顺利就业，就可带动整个家庭脱贫，从而增强贫困人口脱贫的内生动力，从根本上阻断贫困代际传递。

学生资助还通过提供人力支持和智力保障、促进人力资源的有序流动与高效配置来达到学以致用、人人成才、人尽其才，进而助推经济与社会的持续健康发展。2007 年免费师范生政策实施以来，截至 2017 年底，我国共培养免费师范生 10.1 万人，其中 7 万人履约，90%以上的免费师范生到中西部中小学任教，为我国中西部城乡教师队伍结构的优化立下了汗马功劳。通过实施基层就业毕业生学费补偿和贷款代偿政策，从 2007 年到 2018 年的 12 年间，享受政策的学生总计 51 万多人，国家投入资金 52 亿多元；享受服兵役大学生特殊资助政策的学生总计 91 万余人，投入资助资金共计 115 亿多元。所有这些政策，对有效改善我国社会人力资源结构，满足国家发展和安全的战略需求，具有重大的现实作用与深远的历史意义。

风砥雨砺不忘初心，春华秋实继往开来。党的十九大描绘了全面建设小康社会和中华民族伟大复兴的宏伟蓝图，并作出了中国特色社会主义进入新时代的科学论断。我国学生资助要继续发挥独有的政治优势和制度优势，按照从严治党、依法治国的要求，以办好人民满意的教育为宗旨，以保障家庭经济困难学生充分平等享有受教育权为使命，坚持问题导向、责任导向、实效导向。历史的经验和教训已昭示：依法治助，大幅提升资助管理规范化与法治化水平；合力共助，有效加强学生资助的专业化、协同化治理；精准施助，大力推进资助工作的信息化与智能化建设；立德弘助，不断夯实资助育人的长效化与实效化机制。唯此，我们才能充分发扬“雄关漫道真如铁，而今迈步从头越”的精神，精心打造一个人民更加满意的中国特色社会主义学生资助新体系，为实现中华民族伟大复兴的中国梦作出新的更大贡献。

中华人民共和国学生资助大事记

1949 年

新中国成立以前，从土地革命时期的根据地到后来各解放区的学校包括军政干部学校，均实行学生（员）供给制。

9 月 27 日，《中国人民政治协商会议共同纲领》获得通过，其中确立的新中国首个教育方针及对学校教育的阐释，既反映新教育的性质，又为学生资助制度体系提供了政策依据。

10 月 1 日，中华人民共和国成立。

10 月 19 日，中央人民政府委员会任命马叙伦为教育部部长，钱俊瑞、韦悫为副部长。

11 月 1 日，中央人民政府教育部举行成立典礼。

12 月 23—31 日，教育部在北京召开第一次全国教育工作会议。会议确定全国教育工作的总方针，明确改革旧教育的方针、步骤和发展新教育的方向；强调教育工作主要任务是提高人民文化水平、培养国家建设人才，教育工作发展方针是普及与提高的正确结合；教育必须为国家建设服务，学校必须为工农开门。

1950 年

3 月 23 日，教育部印发《华北区国立高等学校学生人民助学金暂行条例及各校人民助学金暂行限额的规定》，规定学生人民助学金分五等，研究生人民助学金分三等；人民助学金根据“自报公议、民主评定”的原则进行评议。

6 月 19 日，毛泽东就学生健康问题写信给教育部部长马叙伦，要求各校注意“健康第一、学习第二”，学生营养不足“宜酌增经费”，病者“应有特殊待遇”。

7 月 25 日，政务院公布《关于救济失业教师与处理学生失学问题的指示》，要求各地学校“减低学费，多收学生”；于公立学校适当增加人民助学金名额，“使真正因经济困难而失学的学生复学”；于办理较好但难以维持的私立学校“应予以适当的经费补助”。

9月6日，新中国首次派出25名留学生启程前往波、捷、罗、匈、保5国留学，其经费均由国家负担。

11月24日，政务院第60次政务会议批准《培养少数民族干部试行方案》，规定在专门的少数民族干部培养机构就读者，学生均按供给制待遇；在高等学校的少数民族学生一律实行公费待遇。

12月24日，政务院发出《关于举办工农速成中学和工农干部文化补习学校的指示》，规定这两类学校的学生由各机关、工厂、学校有计划地抽调或选送，工农干部及产业工人学习期间“享受供给制待遇”。

1951年

1月15日，毛泽东就学生健康问题再次写信给教育部部长马叙伦。在此前后，教育部采取调整学生人民助学金，增设照顾患病学生营养的“特种人民助学金”等一系列措施。

2月22日，就中国教育工会第一次全国代表大会提出的“乡村小学公办民助”问题，刘少奇批示“允许乡村小学向学生收一点学费”，“但贫苦家庭的学生，经村政府同意，得免收学费”。

8月6日，政务院第93次政务会议通过《关于改善各级学校学生健康状况的决定》，要求各级学校人民助学金的评定应照顾经济困难的学生，经费不准挪作别用。

9月28—29日，教育部在北京召开第一次全国民族教育会议，讨论新中国民族教育的工作方针及发展民族教育的措施。会议提出除按一般标准拨给少数民族地区教育经费外，应另拨专款解决特殊困难。

1952年

3月18日，教育部颁布《中学暂行规程（草案）》，规定中学酌收学杂费，标准由各省、市文教厅、局根据当地情况制定；同时设置人民助学金，其最高标准以能解决学生膳食及一部分书籍、文具费用为原则。凡经济困难的学生均可向学校申请，青年工农、工农子女、少数民族学生、归国华侨学生、教师子女应在可能条件下尽先予以照顾。

6月5日，政务院印发《派送出国留学生暂行管理办法》，明确规定各相关部门在经费管理方面的职能分工。

6月14日，鉴于北京市委《关于北京市中小学校学生负担及生活情况的报告》反映的“多数学生交费困难，生活也较苦，目前的助学金和减免费办法还不能解决问题”的状况，毛泽东批示“如有可能，应全部接管私立中小学”。

同日，毛泽东指示“干部子弟，第一步应划一待遇，不得再分等级；第二步废除这种贵族学校，与人民子弟合一”。

7月8日，政务院发布《关于调整全国高等学校及中等学校学生人民助学金的通知》，决定将全国高等学校及中等学校学生的公费制一律改为人民助学金制，并自9月份起适当调整原有人民助学金的标准。

7月16日，教育部发出《关于大量短期培养初等及中等教育师资的决定》，提出今后5至10年内培养师资的工作以短期训练为重点，入短期训练班的学生“一律享受人民助学金”。

7月23日，教育部发布通知，规定了各级各类学校人民助学金的调整原则、标准、助学金的使用原则和评定方法。

10月7日，教育部发布通知，对全国中等技术学校学生人民助学金的标准及实施办法作出规定。

11月15日，中央人民政府委员会第19次会议通过决议，成立高等教育部。

11月29日，教育部、财政部、人事部联合发出文件，对工农速成中学、工农速成初等学校学生待遇作出规定。

本年，政务院会议决定，1953年春季起，高等学校的学生享受公费医疗预防的待遇。

1953年

2月，教育部发布《关于少数民族教育工作上几个具体问题的指示》，规定高等与中等学校少数民族学生的助学金可按照1952年制定的统一标准，且可以根据本地区实际需要适当提高。

5月17日、18日、27日，毛泽东主持中共中央政治局会议，讨论教育工作，其间决定对大、中学学生“要增加助学金”。

12月，高等教育部规定凡考入工农速成中学或中等技术学校的产业工人，一律按工资的75%发给人民助学金。经各产业工会全国委员会评为全国性生产劳动模范的学生，助学金按原工资发给。

1954 年

5 月，教育部、华侨事务委员会联合下发《关于华侨学生福利补助办法的通知》，明确补助对象的标准是因经济发生问题，生活或学习上确实有困难而自己又无法解决者，补助额度一般以不超过人民助学金已有的制度为原则，个别特殊困难，在助学金制度内无法解决者，作个别特殊问题解决。

7 月 31 日，教育部复函同意广西省《关于奖励设置私立学校暂行办法草案》，建议区别情况订出收费标准，“设减免学费名额，照顾贫苦子女入学”。

12 月 3 日，高等教育部、教育部联合发出《关于改进全国高等学校、中等专业学校及工农速成中学的调干学生人民助学金的使用办法的通知》，规定从 1955 年 1 月起，按五个等级发给调干学生人民助学金。

1955 年

2 月 5 日，高等教育部、教育部联合发出《关于制发 1955 年高等学校一般学生人民助学金分地区标准的通知》，按十类地区规定了本科和专科学生助学金标准。

3 月 2 日，教育部发布通知：逐年降低普通中学学生人民助学金享受比例，并逐步将助学金制度改为奖学金制度；在评定助学金工作上，应增加奖励因素，切实照顾品学兼优的学生，要为改为奖学金制度积累经验、创造条件。

7 月 29 日，财政部、教育部、国务院人事局联合发出《关于取消中小学、幼儿园学生供给制待遇的通知》：原在干部子弟学校或一般中学、小学、幼儿园享受供给制待遇的公费生，自本年 8 月份起一律停止供给；其在校一切费用，均由学生家长负担。

8 月 22 日，高等教育部发布执行《全国高等学校一般学生人民助学金实施办法》的指示。规定自 1955 年 10 月开始，除高等师范学校外，全国高等学校学生助学金由全体发给改为部分发给，发放款项包括定期补助费和临时补助费两大类。另外还对宣传教育、审批程序、监督检查等分别作出规定。

9月19日，教育部、财政部下发《关于中小学杂费开支管理办法的几点意见的通知》，提出合理地征收杂费并发挥杂费的作用与效能，以补助中、小学校教育经费的不足，保证中、小学校的教育工作及发展的需要。

10月28日，中共中央批发教育部党组《关于逐步取消各地干部子弟学校的报告》，要求干部子弟学校逐步变为普通小学，公费生待遇一律取消。

11月5日，财政部、教育部、内务部、国务院人事局联合发出通知，对原享受公费生待遇的烈属子女和革命遗孤提出照顾办法。

12月28日，高等教育部、教育部、财政部、国务院人事局联合发布《关于改进调干学生及产业工人学生人民助学金几个问题的处理办法的联合通知》，对调干生和产业工人学生享受助学金的工龄和发放比例进行调整。

1956年

1月10日，教育部发出通知，防止中学在校学生流动。针对其中因家庭困难但学校在评定人民助学金时未能解决这种贫困生问题而出现退学的情况，要求学校做好评定学生助学金的工作。

6月28日，国务院副总理陈毅批准教育部《关于目前侨办学校存在的问题和今后改进意见的报告》。报告中说明侨办学校学生也应与公立学校学生一样享受包括人民助学金在内的同等待遇。

9月，周恩来就少数民族教育事业经费问题作出指示。其中第二点就民族地区的小学学杂费的收取问题，指示应“依据当地群众的生活情况规定”。

11月23日，教育部在规定盲童学校、聋哑学校经费开支标准的通知中，规定这些学校的人民助学金相当于当地初级中学的定额标准。

12月30日，高等教育部发布《关于全国高等学校研究生人民助学金标准问题的通知》，规定凡参加工作不满2年的研究生，一律每人每月发给45元的助学金，另加地区差价补助；凡参加工作2年以上的研究生，一律按离职前原工资的80%发给助学金，另按地区差价折合计算。研究生在校学习期间，原工资的级别和标准一般不进行调整。

1957年

5月5日，针对各地不少高校、中学开展多种形式的勤工俭学活动，

《中国青年报》率先发表社论，提倡组织学生参加课余劳动，开展勤工俭学活动。

5月18日，高教部、教育部将5月4日国务院关于调干助学金给高等教育部的补充批复通知各地：自本年起，取消入学新生中调干生的调干助学金待遇；除原在工农速成中学已享受调干助学金而考取高校者仍予保留外，其他被录取的在职干部一律不再发给调干助学金，经济困难者可申请一般人民助学金。在校学生中已享受调干助学金的维持到毕业为止。

11月8日，《参考资料》刊载《美国大学生有三分之二半工半读》一文，随后刘少奇批示送共青团中央研究“中国是否可以个别试办”。当月19日，团中央即通知各省（区、市）团委考虑选择个别单位，重点试行“勤工俭学、半工半读的制度”。

1958年

1月31日，毛泽东在《工作方法六十条（草案）》中，肯定中等技术学校和技工学校“学生实行半工半读”，并指示其他各级各类学校学生应当参加生产劳动。

2月11日，高等教育部与教育部合并为教育部。

3月，华侨事务委员会、教育部、共青团中央联合发布《关于传达〈归国华侨学生教育工作方针政策若干问题〉的工作计划的联合通知》，强调归国华侨如果家庭经济困难，可在学校人民助学金制度内申请人民助学金和其他生活补助。

1959年

2月4日，中共中央发出《关于全日制高等学校和普通中学学生供给问题的几项暂行规定》，指示各地根据当地经济情况，从国家教育经费、人民公社的供应、学生家庭负担、学校的劳动收入四方面解决学生供给；首先解决确有困难及家庭贫苦的工农子女上学和外出上学学生的膳食问题。

2月27日，华侨事务委员会、教育部抄转上年全国侨务工作会议提出的《关于华侨学生工作的几点意见》。其中提出人民公社化后，对侨生除按照人民公社供给的范围、标准供给外，其他各项费用自理；无法自理者可申请助学金，由国家补助。

12 月 9 日，国务院发布《关于归侨侨眷和归国华侨学生因国外排华引起的困难问题解决办法的通知》。

1960 年

1 月 18 日，国务院转发教育部《关于工人、农民、干部学生和研究生人民助学金标准问题的报告》，同意全国自本年 2 月起执行《关于改进工人、农民、干部学生人民助学金标准的暂行规定》和《关于研究生人民助学金标准的暂行规定》，主要解决以下两方面的问题：教育事业管理权力下放后，各地规定的工人、农民、干部学生享受人民助学金的条件和标准不一；1957 年实行毕业生临时工资待遇后，各地规定的研究生助学金标准不一。

2 月 2 日，国务院发出《关于接待和安置归国华侨的指示》，“归国华侨学生和具有学习条件的职业青年”，凡适合条件安排就学而经济有困难者，“国家给予助学金”。

3 月 21 日，财政部、教育部联合发出《关于人民公社社办中小学经费补助的规定》，其中提出人民公社举办的中小学经费筹措办法可以多种多样，包括向学生收杂费或分摊工分，以及用学生参加生产劳动的收入解决等。对山区、少数民族地区或重灾区和经济条件较差地区的公社办学，国家可予临时性或一定时期的补助。

7 月 16 日，苏联政府突然照会我国政府，单方面撕毁中苏签订的几百个协定合同，决定一个月内撤走全部在华专家，停止供应重要设备。

1961 年

1 月 14—18 日，中共八届九中全会在北京举行。全会制定对国民经济实行“调整、巩固、充实、提高”的方针。

2 月 7 日，中共中央批转中央文教小组《关于 1961 年和今后一个时期文化教育工作安排的报告》，提出当前文教工作必须贯彻执行“调整、巩固、充实、提高”的方针。其中要求全日制学校必须切实保证教学时间，劳动时间应有所控制。

9 月 15 日，中共中央批准试行《教育部直属高等学校暂行工作条例（草案）》（简称“高教六十条”）。

1962 年

1 月 11 日—2 月 7 日，中共中央在北京召开有 7 000 人参加的扩大的中央工作会议。会议初步总结“大跃进”中的经验教训，开展批评和自我批评。

8月7日，教育部通知，各地指定一些办得好的城市中学可招少量优秀的农村学生，这些学生入学后的口粮由国家供应。后于当月21日又补发通知，这部分学生不带口粮入学，全部由国家供应商品粮。

1963年

1月14—31日，教育部在北京召开高校研究生工作会议。其间讨论通过了《关于高等学校培养研究生的经费、人员编制和研究生助学金及其他生活待遇问题的几点规定》等文件草案。

8月2日，国务院批转教育部《关于调整中等专业学校学生人民助学金问题的报告》。该报告指出：逐步改变中等技术学校学生的伙食费用全部由国家包下来的状况，将人民助学金的享受比例由原来的100%降低到60%～80%。中师和护士、助产、艺术、体育、采煤等专业的学生仍按100%发给。

10月11日，教育部、财政部联合下发《关于高等学校培养研究生的经费、人员标准和研究生的助学金及其他生活待遇问题的几点规定》。其中对在职研究生学习期间的待遇、脱产研究生病休期间的待遇、研究生特殊困难补助及住房等生活待遇作出补充规定；对于脱产研究生每人每年发放书籍补助40元，没有参加过工作的研究生病休期间以及休学期间的研究生分别给予不同的补助安排。

11月，华侨事务委员会、教育部、财政部发布《关于国营华侨农场归侨子女在场外中学生活补助问题的通知》。

12月16日，周恩来在国务院第137次全体会议上宣布教育部再次分设为高等教育部和教育部。次年3月，两部才正式分开办公。

1964年

1月，《人民教育》1月号发表山东日照、山西黎城办简易小学的材料，并发表《办好农村简易小学》短论。这种简易小学使儿童就近入学，课程精简集中，费用少，家长负担轻。同年9月23日教育部通知其改名为“工读小学”或“耕读小学”。

3月22日，中共中央批转高教部党组《关于提高高等学校学生伙食标准和相应提高助学金补助比例的请示报告》。根据邓小平指示，建议自本年4月份起，高校学生伙食费每人每月增加3元；自5月份起，高校学生助学金补助比例由70%提高到75%左右。

6月12日，教育部、冶金工业部联合发出《关于在北京钢铁学院试办产业工人班的通知》，规定产业工人班的学生在学习期间，由学校发给原工资80%的助学金。毕业后回原单位工作。

6月17日，教育部、财政部联合通知，在外国语学校设置人民助学金：外国语学校中学部助学金的享受面和开支标准，可以略高于一般中学；其小学部亦可设置助学金，享受面一般不超过学生总数的10%，开支标准平均一般不超过10元。

6月，教育部、财政部联合通知各地高校，所有享受助学金的高校一般学生伙食补助费每人每月增加3元。

1965年

7月13日，《人民日报》发表教育部部长何伟《办好半农半读学校，促进农村教育改革》一文，认为半农半读不仅可以迅速普及小学教育，发展中等教育，更能贯彻勤工俭学的方针，减轻国家和群众的经济负担。

1966年

6月1日，中央人民广播电台广播了北京大学聂元梓等人于5月25日在校内贴出的“第一张大字报”，《人民日报》发表社论《横扫一切牛鬼蛇神》。“文化大革命”运动迅即席卷全国。

7月23日，中共中央通知，同意中宣部建议，决定将高教部与教育部合并为教育部。

8月8日，中共八届十一中全会通过《中国共产党中央委员会关于无产阶级文化大革命的决定》（即“十六条”）。

9月5日，中共中央发出通知，组织外地高校、中学革命学生代表和革命教职工代表来北京参观“文化大革命”运动（俗称“大串连”），“来京参观一律免费坐火车”，“生活补助费和交通费由国家财政中开支”。

1967年

2月4日，中共中央发出《关于小学无产阶级文化大革命的通知（草案)》，规定春节后各地小学一律开学，在外地串连的小学师生应当返回本校。

3月7日，《人民日报》发表社论《中小学复课闹革命》。

1968年

7月21日，毛泽东在《人民日报》关于《从上海机床厂看培养工程技术人员的道路》的编者按清样中加写了一段话（即“七·二一指示”），提出“大学还是要办的”。

11月14日，《人民日报》发表山东嘉祥县马集小学教师侯振民、王庆余的一封信（即“侯王建议”），“建议所有（农村）公办小学下放到大队来办，国家不再投资或少投资小学教育经费”。

12月2日，《人民日报》发表沪、津、京等地读者来信，提出城市的中学由工厂办、街道办的建议。

1969年

8月7日，《人民日报》发表题为《搞好中等技术学校的教育革命》的调查报告。报告中关于学生资助的问题，调查组提出“工厂来的学员在学习期间待遇不变，由原单位负责；中技班从农民中选拔的学员应由国家经费和学校办工厂的收入来解决他们的待遇问题；农电班学员的待遇，由大队负责，保留基本工分。困难者酌情补助”。

1970年

6月22日，中共中央对国务院的报告批示，成立国务院科教组，主管原教育部和国家科委的工作。

6月27日，中共中央《关于北京大学、清华大学招生（试点）的请示报告的批示》，供各地参考。其中的附件二，明确规定了工农兵大学生的“伙食费加津贴”的补助待遇：10年以上工龄的老工人由原单位照发工资（扣除学校所发19.5元），其他来自工厂、农村的学生每月伙食费和津贴费19.5元；解放军学生由部队负责供给。

1971年

7月6日，周恩来接见全国教育工作会议领导小组成员时，指出普及小学教育“是一个大政”，指示教育经费不能减少，“还要逐年增加”。当年国家教育经费有所增加，且自1972年起，国家财政预算中教育事业费单列，专款专用。

10月13日，国务院科教组、财政部联合通知：高校录取的学员，工龄满5年者，一律从本年8月起，由原单位发给学员扣除学校伙食费、津贴费后的工龄差额；入学时工龄不够5年者，入学后不再发给工资，由学校按当地规定标准发给伙食费、津贴费。

10月25日，二十六届联合国大会以压倒多数通过决议，恢复中华人民共和国在联合国的一切合法权利。

1972年

4月20日，《人民日报》发表短评《坚持多种形式办学》，指出“必须坚持两条腿走路的方针”，在农村尽快普及小学5年教育。

7月15日—8月9日，国务院科教组在北京召开高校招生工作座谈会。会议对学生待遇作出新规定：5年以上工龄者，在校学习期间计算工龄，工资由原单位照发；入1年进修班的国家职工，由原单位发给工资，非国家职工者由学校发生活费。

1973年

4月3日，《国务院批转国务院科教组关于高等学校1973年招生工作的意见》，规定入学满5年工龄和入学1年左右进修班的国家职工，工资由原单位照发，学校不再发伙食费和津贴费；其他学生发伙食费和津贴费。伙食费普遍发给；津贴费分定期补助和临时补助，由学校视情况而定。

5月22日，外交部、国务院科教组联合发布《关于1973年接受来华留学生计划和留学生工作若干问题的请示报告》，规定对外国留学生免收学费、医疗费。由我国政府提供奖学金的留学生，在华学习期间每人每月发给生活费：大学生人民币100元，进修生人民币120元。

7月3日，国务院批转国家计委、国务院科教组《关于中等专业学校、技工学校办学几个问题的意见》，规定中等专业学校、技工学校的学生入学时满5年工龄的国家职工，在校期间的工资由原单位照发；工龄未满5年的国家职工、退伍回乡军人、民办小学教师等由学校发给伙食费和津贴；应届初中毕业生考入的，家庭经济困难者可享受人民助学金。

9月27日—10月25日，国务院科教组、卫生部、财政部在北京召开座谈会，研究讨论教育、卫生财务管理问题。会议提出，学校要积极开展勤工俭学，中小学勤工俭学收入不上缴财政，并在税收上适当照顾；在中学设人民助学金；要注意帮助解决少数民族地区、边境地区的一些特殊困难。

1974年

1月17日，国务院科教组、卫生部、财政部共同印发《关于中小学财务管理若干问题的意见》，规定中学助学金，暂定城市每生每年2元，县镇和农村每生每年3元。另外，校办工厂、农场的收入，按专项资金管理，不缴纳所得税，此资金用于学生学工学农时的困难补助和解决学生的学习费用。

7月11日，中央军委转发总参谋部、总政治部、总后勤部《关于地方大专院校学生到部队学军问题的请示报告》，规定学生的伙食费按陆军一类灶标准缴纳，差额部分由地方院校解决；必须开支的训练经费、公交费、水电费、烤火费等由地方院校负担；旅差费和医疗费凭单据由地方院校报销；粮食按军队标准，交足本人定量，差额部分由部队列价购粮报销。学生个人服装由本人自理，专业所需用的工作服由院校解决，有困难时军队可临时借用。

1975年

1月13—17日，四届全国人大一次会议在北京举行。会议任命周荣鑫为教育部部长，恢复教育部，撤销国务院科教组。

4月10日，国务院批转教育部《关于边疆和少数民族地区普及小学五年教育问题的请示报告》。

1976年

9月9日，中共中央主席毛泽东在北京逝世。

1977年

5月24日，邓小平与中央两位同志谈话时指出：“我们要实现现代化，关键是科学技术要能上去。发展科学技术，不抓教育不行。靠空讲不能实现现代化，必须有知识，有人才。”

8月4—8日，中共中央副主席邓小平召开科学和教育工作座谈会。8日，邓小平在《关于科学和教育工作的几点意见》中指出：“我们国家要赶上世界先进水平，从何着手呢？我想，要从科学和教育着手。”

10月12日，国务院转批教育部《关于1977年高等学校招生工作的意见》及《关于高等学校招收研究生的意见》，正式恢复高等学校招生统一考试制度。

12月17日，教育部、财政部联合发布《关于普通高等学校、中等专业学校和技工学校学生实行人民助学金制度的办法》：国家职工被录取为研究生和工龄满5年的国家职工进入普通高校、中专、技校，在学习期间，工资由原单位照发，一切费用自理；“其他学生一律实行人民助学金”；“高等师范、体育（含体育专业）和民族学院的学生，以及中等专业学校中的师范、护士、助产、艺术、体育和冶炼、采煤等专业的全部学生享受人民助学金，其他专业学生的人民助学金享受面按75%计算”。该办法还指出：中等专业学校和技工学校人民助学金的标准，六类地区每人每月17元，少数民族学生可再增加2元。人民助学金中的伙食费标准，六类地区中等专业学校和技工学校每人每月14元。人民助学金中的困难补助费，中等专业学校和技工学校每人每月3元，少数民族学生每人每月再增加2元。

1978年

4月22日—5月16日，全国教育工作会议在北京召开，邓小平就教育的重要性和如何培养社会主义的人才发表了重要讲话。

8月，中共天津市委决定高校扩大招生，扩招的学生由天津市自备经费，自己解决校舍，设立分校培养。

9月28日，教育部发出通知，要求学校改进伙食工作。

10月12日，教育部、国家体委、财政部、商业部联合发出通知：恢复对大中小学体育教师、体育专业学生的粮食定量按体力劳动者定量标准供应，以及供应教学工作（运动）服装的办法。

12月4日，教育部、国家计委联合发出1978年高校扩招计划，规定各地在国家计划外扩大招生任务列为地方计划，其校舍、经费、设备等办学条件及基建投资均由地方解决。

12月21日，教育部、财政部就勤工俭学收益纳税、分配使用等问题函复各地：用于本校教学、科研、生产方面的校办工厂产品不征税；学生的劳务收入不征收工商税；勤工俭学收益不缴纳所得税，也不上缴利润。中小学办工厂、农场的收益，除用于改善校办厂、场生产条件和扩大再生产外，主要用于改善办学条件、师生劳动补助和解决学生的学习费用。

1979年

8月4日，教育部、财政部、国家劳动总局颁发实行职工助学金的规定，指出：凡连续工龄满5年以上的国家职工考入高校后，一律实行职工助学金制度，不再享受原工资和原单位其他待遇；一般学生实行人民助学金制度，除高等师范、体育、民族学生全部享受人民助学金外，其他学生的人民助学金享受面按75%计算。

9月，全国职工教育工作会议后，“文革”期间各地创办的“七二一”工人大学均先后自行改称为职工大学。

10月24日，教育部、财政部联合发出通知，增加中等专业学校学生的助学金，作为副食品价格补贴。

1980年

4月7日，中共中央转发的《西藏工作座谈会纪要》中提出关于文教工作的若干政策，其中规定“继续实行各族群众和学生免费医疗、免费看电影的制度”。

5月5日，《人民日报》发表社论《全社会都要尊师爱生》。

10月23日，中共中央书记处听取并讨论教育部党组关于小学教育问题的汇报。中央书记处在讨论中指出，普及小学教育的口号一定要坚持，对少数民族地区的小学教育采取特殊措施，最贫困的地区要由国家包下来，实行免费教育。

1981年

1月14日，国务院批转教育部、外交部等七部门《关于自费出国留学的请示》和《关于自费出国留学的暂行规定》，指出自费留学是培养人才的一条渠道，应和公费者在政治上一视同仁。

7月，国务院批转教育部等六部门《关于出国留学人员管理工作会议情况报告的通知》，第一次明确提出单位也可派出留学人员。

12 月 10 日，教育部通知，自 1982 年 1 月 1 日起，国家职工被录取为研究生者，不再享受原单位发放的工资待遇，一律实行人民助学金；对未参加过实际工作的研究生助学金标准及研究生在学期间的书籍费等亦作出规定。

1982 年

1 月 2 日，中共中央、国务院决定，在全面整顿国营企业中把全员培训列为当前要围绕提高经济效益着重做好的五项工作之一，对学习态度好、成绩优良的学员发给奖学金。

1 月 15 日，教育部颁发《普通高等学校、中等专业学校生产实习经费开支办法》，对生产实习过程中的各种经费负担作出规定，明确师范、艺术和文科院校的实习、体检生活、社会调查等有关费用开支照此办法执行。

8 月 1—10 日，教育部、国家计委、国家经委、财政部在北京联合召开第一次全国中小学勤工俭学工作会议，讨论并制定了《全国中小学勤工俭学暂行工作条例》和《普通中学开设劳动技术教育课的试行意见》。

8 月 19 日，教育部通知，高校举办的函授和夜大学不再收费，并规定在教育事业经费中，按函授教育和夜大学事业计划及每增招一名学生每年 80 元的公用经费定额核给经费。书籍及讲义费由学生自理。

9 月 1—11 日，中共第十二次全国代表大会召开，第一次在党的历史上将教育提高到全党战略重点之一的地位，从而确立了教育在党和国家的重要政治地位。同时提出“正确贯彻计划经济为主、市场调节为辅的原则”，承认了市场调节在社会主义条件下的必要性和有益性。

10 月，根据国务院印发的《关于加强边远地区科技队伍建设的意见》中提出的“办好一批管吃、管穿、管住的公办民族中、小学”的精神，截至本月，据不完全统计，新疆、内蒙古、青海、云南、贵州等 14 个省、自治区已办起寄宿制民族小学 2 720 所，在校生 271 717 人，寄宿制民族中学 725 所，在校生 205 332 人。

10 月 28 日，煤炭工业部发出《关于加强煤炭高等教育工作的决定》，提出师生下井实习、劳动，享受煤炭职工一样的津贴和待遇，学生全部享受助学金。

1983 年

2 月 20 日，国务院批转教育部、国家计委、国家经委、财政部《关于进一步开展勤工俭学的请示》和《全国勤工俭学暂行工作条例》，指出各级领导和有关部门要把勤工俭学列入日程，全力关心和推动勤工俭学工作。

5 月 7—19 日，教育部在武汉召开全国高等教育工作会议。会议期间讨论并初步拟订了扩大地方、部门和学校的管理权限以及试行人民奖学金制度等 5 个条例（草稿）。

7 月 11 日，教育部、财政部对 1977 年制定的人民助学金制度进行改革，在继续实行人民助学金制度的同时增加人民奖学金制度，颁发《普通高等学校本、专科学生人民助学金暂行办法》和《普通高等学校本、专科学生人民奖学金试行办法》。暂行办法说明三点：一是将资助形式分为职工学生人民助学金和一般学生人民助学金两种。凡连续工龄满 5 年以上的国家职工被录取到高等学校后，全部享受职工学生人民助学金；连续工龄不满 5 年的国家职工和应届高中毕业生及其他社会青年被录取到高等学校后，生活困难而又符合条件者，可申请享受一般学生人民助学金。二是缩减了原有人民助学金的资助比例。除高师、体育（含体育专业）和民族学院的学生仍按 100％享受人民助学金，煤炭、矿业、地质、石油院校（含单设专业）按学生人数的 80％享受人民助学金外，其他各类院校发放人民助学金的比例由 75％降至 60％。三是对部分专业的学生发放伙食补助。对于高等学校中的体育、航海、舞蹈、戏曲、管乐专业，水产院校中的海洋捕捞、轮机业和刑警院校的学生，不论是否享受人民助学金，加发 40％以内的专业伙食补助，由学校集中掌握并保证用于这些专业学生的伙食之中。试行办法规定：人民奖学金按学年评定，按学期发放。评发人民奖学金暂按学生总人数的 10％～15％掌握；每生享受奖学金的最高金额每年不超过 150 元。“具体分等和每个等级的奖学金标准，由各省、市、自治区高教（教育）、财政厅（局）确定。”

8 月 22 日，上海市下发《上海市普通高等学校本、专科学生人民助学金实施细则》和《上海市普通高等学校本、专科学生人民奖学金实施细则》。文件规定，1983 年秋季入学的新生开始实行助学金和奖学金“双轨制”，老生仍然实行原助学金发放办法。

9月9日，邓小平为北京景山学校题词：教育要面向现代化、面向世界、面向未来（即“三个面向”）。

1984年

2月29日，中共中央总书记胡耀邦于新华社记者采写的《青海玛多县发展民族教育的几项特殊措施》一文上批示：玛多县发展民族教育的特殊措施，“经济好转了的县才能搞，而且要经过人代会讨论”。该县措施之一是对牧民子女上学实行奖罚制度——按每户二送一的比例送子女上寄宿小学，超送的每人每年奖励200元，少送的则每年每人罚款300～400元。

10月30日，中共中央、国务院批转《胡启立、田纪云同志赴西藏调查研究的报告》，其中就教育和人才培养问题，提出在西藏本地办理实行“三包”（包吃、住、穿）的学校，大体上每地区办一所高中、每县办一所初中、每公社办一所小学；在北京、成都、兰州三地筹建三所西藏学校；在上海、天津、辽宁等16省市的中等以上城市各选一所条件较好的中学校举办西藏班。

12月7日，共青团中央、全国学联在北京召开纪念“一二·九”运动49周年勤工俭学座谈会，要求鼓励学生在校内和到社会上开展勤工俭学活动。

12月13日，为了增加农村普及小学教育的经费来源，国务院发出《关于筹措农村学校办学经费的通知》，规定除国家拨给的教育经费外，在农村征收教育事业费附加，征收的对象是农业收入与乡镇企业收入。

12月26日，国务院颁发《关于自费出国留学的暂行规定》，同时废止1982年出台的《关于自费出国留学的规定》。暂行规定指出，凡我国公民通过正当合法手续取得国外资助或国外奖学金，办好入学许可证，不受经历、年龄和工作年限的限制，均可申请自费出国留学。

1985年

1月12—29日，全国政协教育组和教育部联合进行社会力量办学情况调查。针对现实中存在的问题，调查组建议，国家尽快制定社会力量办学管理条例，明确社会力量应以助学和短期培训为主，所办学校的学生由学校发结业证书，不必由国家承认学历，办学单位要配备与办学规模相应的管理队伍来加强管理。

1月21日，六届全国人大常委会第九次会议通过国务院关于建立教师节的议案，决定9月10日为教师节。

3月23日，《光明日报》报道：共青团中央学校部负责人就上年暑假以来大学、中专学生普遍开展勤工俭学活动发表谈话，分勤工俭学为劳务型、智力开发型和社会服务型，应大力提倡以区域性综合开发为主要内容的勤工俭学，并坚持按劳付酬。

3月27日—4月1日，教育部在上海召开全国弱智教育经验交流会，研究讨论进一步发展我国特殊教育事业的指导思想和方针政策，提出各级教育行政部门应重视特殊教育，切实改变特殊教育事业长期停滞不前的落后局面。

3月28日，国务委员兼国家计委主任宋平在六届全国人大三次会议上作《关于1985年国民经济和社会发展计划草案的报告》，提出高校在完成国家招生计划前提下，可以接受委托培养、联合办学，可以集资办学。关于教育事业经费，亦可调动社会各方面积极性，通过各种渠道筹集资金。

5月27日，中共中央发布《关于教育体制改革的决定》，指出“要改革人民助学金制度，师范生和一些毕业后工作环境特别艰苦的专业的学生，国家供给膳宿并免收学杂费。对学习成绩优异的学生实行奖学金制度，对确有经济困难的学生给予必要的补助。现已在校的学生，仍按原来的规定办理”。此外，《关于教育体制改革的决定》还提出“把发展基础教育的责任交给地方，有步骤地实行九年制义务教育”。

6月18日，六届全国人大常委会第十一次会议决定设立国家教育委员会（简称“国家教委”）。国家教委设立后，教育部即予撤销。

6月25日，财政部、国家教委、外交部联合发出《公费出国留学人员经费开支规定》，自6月1日起执行。公费出国留学人员由国家发给相应衣物补助费，在国外期间实行生活费包干制度；留学人员经考试获取的国外奖学金、资助费和其他费用均由本人支配；出国后在国家资助期间获取国外奖学金或资助费者，停发国家资助；工龄2年以上进修者和大专毕业后工作5年以上攻读硕士学位以上者以及硕士毕业后工作2年出国攻博者，在批准出国留学年限内，国内工资由原单位照发。

12月12日，国家教委、财政部发出《研究生在校学习期间生活待遇等问题的规定》，从1985年9月1日起，调整提高普通高校脱产学习研究生学习期间的生活待遇和书籍补助费标准，设立研究生临时困难补助费，并对入学前为国家职工的研究生待遇等作出规定。

本年，高等学校废除“铁饭碗”，实行由“助”改“奖”，通过勤工助学解决生活困难成为家庭贫困学生的现实需要，大学校园相应出现第一次“勤工助学”热潮。

1986年

1月1日，国家教委外事局发布《外国留学生来华学习的有关规定》，指出凡根据政府双边协议来华学习者，由国家教委提供奖学金。

3月13日，国家教委发布《博士后研究人员管理工作暂行规定》，指出博士后的工资在第一个站工作期间暂按工资改革后讲师工资的最低标准发给，并按规定享受与建站单位正式职工同等的福利待遇。

4月12日，六届全国人大四次会议通过《中华人民共和国义务教育法》，7月1日起施行。其中规定：“国家对接受义务教育的学生免收学费”，“国家设立助学金，帮助贫困学生就学”。

4月19日，邓小平会见包玉刚、王宽诚、霍英东、李兆基等，赞赏他们捐资帮助内地兴教办学。

6月20日，邓小平、赵紫阳分别会见李嘉诚，赞赏他捐资建设汕头大学的爱国精神。

7月8日，国务院批转国家教委、财政部《关于改革现行普通高等学校人民助学金制度的报告》，指出现行人民助学金制度的三种弊端：“一是国家对高等学校学生包得过多。二是不利于鼓励先进和调动广大学生奋发向上、刻苦学习的积极性。三是不利于促进学生思想、品德健康成长。”改革的主要内容是将人民助学金制度改为奖学金制度和学生贷款制度。其中奖学金分优秀学生奖学金、专业奖学金、定向奖学金。

7月26日，国家教委、财政部联合发出《普通高等学校本、专科学生实行奖学金制度试行办法》和《普通高等学校本、专科学生实行贷款制度试行办法》，对三类奖学金的发放范围，金额控制比例，贷款申请人的条件、金额、还贷办法等作出规定。

9月11日，国务院办公厅转发国家教委、国家计委、财政部、劳动人事部《关于实施〈义务教育法〉若干问题的意见》，指出“义务教育阶段免收学费”，“条件尚不具备的地区在地方财政状况许可时免收杂费”，“国家在初级中学和部分小学实行助学金制度”。

11 月 11 日，劳动人事部、国家教委联合颁发《技工学校工作条例》，其中规定：技工学校按国家计划招收的学生，实行助学金和奖学金相结合的办法。

12 月 13 日，国务院批转国家教委《关于出国留学人员工作的若干暂行规定》，规定逐步实行出国留学人员经费包干使用的办法，由派出单位掌握。

本年，国家教委在全国 85 所普通高等学校进行奖、贷学金试点。

自本年起，全国大规模地开展有组织、有目标的扶贫工作。

1987 年

3 月 28 日，国家教委转发辽宁省《关于校办企业改革的意见》。该意见提出，校办企业具有生产和教育双重职能，是勤工俭学的主要形式，是发展职业教育、普及义务教育的一项重要措施。

6 月 24 日，国家教委、财政部联合通知，由国家教委归口管理外国来华留学生经费，由国家教委同财政部制定来华留学生工作经费开支项目、标准和拨款办法。

7 月 4 日，国家教委发出《关于进一步加强对企事业中小学领导的意见》，指出企事业办学是适应国情的一种办学形式，是社会主义教育事业的重要组成部分。

7 月 8 日，国家教委发出《关于社会力量办学的若干暂行规定》，指出社会力量办学是我国教育事业的组成部分，是国家办学的补充，应予以鼓励和支持。

7 月 31 日，国家教委、财政部联合颁发了《普通高等学校本、专科学生实行奖学金制度的办法》和《普通高等学校本、专科学生实行贷款制度的办法》，普通高校中奖学金制度和学生贷款制度正式确立。奖学金共分三种：优秀学生奖学金，用于奖励德、智、体全面发展的优秀学生，分三个等级。其中一等按学生人数的 5%评定，每人每年 350 元；二等按学生人数的 10%评定，每人每年 250 元；三等按学生人数的 10%评定，每人每年 150 元。专业奖学金，用于考入师范、农林、体育、民族、航海等专业的学生，分三个等级。入学第一年，学生一律享受三等，每人每年 300 元。从第二学年开始，按学生人数的 5%评出一等，每人每年 400 元；按学生人数的 10%评出二等，每人每年 350 元；其余 85%仍享受三等。定向奖学金，用于立志毕业后到边疆地区、经济贫困地区和艰苦行业工作的学生。学生贷款为无息贷款，由国家向学生提供，主要用于帮助部分家庭经济确有困难、无力解决学习期间生活费用的学生。

10月12—17日，国家教委在北京召开全国幼儿教育工作会议。会议提出幼儿教育是我国社会主义教育事业不可缺少的重要组成部分，具有社会公共福利事业性质，要坚持国家、集体和个人多种渠道、多样形式办园的方针。

10月25日—11月1日，中共十三大在北京召开，指出“社会主义有计划商品经济的体制，应该是计划与市场内在统一的体制”。

12月30日，国家教委发布《关于进一步贯彻中央出国留学人员工作的通知》，将派出人员的结构重新调整为以进修人员和访问学者为主，并提出派出留学人员的结构要向高层次发展。一方面，要提高访问学者的派出比例；另一方面，原则上不派遣本科生，出国研究生的派遣也坚持少而精的原则。

12月31日，国家教委发出《为香港人士设立研究生奖学金的规定》，决定自本年12月1日起，北京大学等19校为香港人士设立博士生和硕士生奖学金。

1988年

3月9日，国家教委、财政部联合发出《关于加强普通教育经费管理的若干规定》，要求中小学收取的杂费、考生报名考务费项目和标准，由各省、自治区、直辖市教育行政部门会同财政、物价部门统一制定。

3月31日—4月1日，国家教委副主任何东昌指出，有条件的高等院校要有组织地开展有偿社会服务，中小学主要是发展勤工俭学，社会各方面要支持。

5月3日，国务院办公厅转发国家教委《关于推动联合办学和校际协作若干问题的意见》，提出国家提倡和支持跨部门、跨地区联合办学，以及高校间各种形式和内容的协作。

5月20日，国家教委发出《高等学校聘用研究生担任助教工作的试行办法》，规定高等学校可从学有余力的在学研究生中聘用部分研究生担任助教工作，并对聘用期限、聘用办法、补贴费的发放等作出规定。

8月16—22日，国家教委在北戴河召开暑期高等学校会议，讨论《关于加强对高等学校学生勤工俭学和经商活动管理的几点意见》等文件草案。

10月17日，国家教委发出《关于社会力量办学几个问题的通知》，指出社会力量办学属地方教育事业。当月24日，出台《社会力量办学教学管理暂行规定》。

11月18—20日，国家教委、国家计委、财政部、劳动部联合在北京召开全国中小学勤工俭学工作会议。会议指出，勤工俭学要把育人放在重要地位，积极发展校办产业，不断深入勤工俭学自身的改革，坚持因地制宜的原则。

1989年

1月5日，国务院批转国家教委、财政部、人事部、国家税务局《关于进一步发展中小学勤工俭学若干问题的意见》，提出开展勤工俭学兴办的各类企业，除按原规定免征各种费、税外，对产品税、增值税、营业税的征收与减免亦作出优惠规定。

3月，经中国人民银行和民政部批准，中国青少年发展基金会正式成立。

5月5日，国家教委发出《1989年普通高等学校试行招收自费生意见》，指出普通高校招收自费生必须坚持面向社会公开招生、择优录取的原则。自费生在校期间应缴纳培养费、学杂费，其收费标准应向社会公布。

8月22日，国家教委、国家物价局、财政部联合发出《普通高等学校收取学杂费和住宿费的规定》，从政策上肯定了高等教育成本分担和成本补偿制度，宣布对“按国家计划招收的学生（除师范生等）收取学杂费和住宿费”，标志着我国“免费上大学”时代的结束。

9月1日，北京市提高市属五所高师院校七千余名学生的生活补助费，本月起，每人每月由37元增加到50元。北京市政府还决定按师范生每人每月4元的标准拨给各院校，用以解决学生在校期间学习、生活的临时困难。

10月30日，中国青少年发展基金会推出第一项重大救助活动，即设立“希望工程”，用于救援贫困地区失学少年。具体资助方式包括三类：一是设立助学金，长期资助我国贫困地区品学兼优而又因家庭困难失学的孩子重返校园；二是为一些贫困乡村新盖、修缮小学校舍；三是为一些贫困乡村小学购置教具、文具和书籍。

本年，在全国妇联领导下，中国儿童少年基金会发起并组织实施了“春蕾计划”儿童公益项目。这一项目专门针对女童，致力于资助贫困地区失学辍学女童继续学业，改善贫困地区办学条件，辅助国家发展儿童少年教育福利事业。

1990 年

2 月 16 日，国家教委新闻发言人就进一步制止一些地方中小学乱收费现象发表讲话，重申接受义务教育的学生免交学费，学校应严格控制代收代管费项目，各地政府有关部门要坚决杜绝乱收费现象。

4 月 12 日，国家教委、国家物价局、财政部联合发出通知，原教育部、财政部 1985 年所定函授、夜大学收费标准和办法已不适合当前实际需要，决定从 1990 年起提高经常费和实验实习费收费标准。

6 月 6—10 日，国家教委在潍坊召开全国农村学校勤工俭学现场会暨 1990 年全国中小学勤工俭学工作会议，强调大力推进农村学校勤工俭学活动，将其纳入农村教育综合改革总体规划。

7 月 9 日，国家教委、人事部、国家计委、公安部、商业部联合发布《普通高等学校招收自费生暂行规定》，其中就收费标准作出规定：原则上不高于国家任务培养同类学生所需的实际经常费用，也不低于其 80%。

11 月 26 日，中国农业银行、国家教委联合发出《关于支援农、林中专和农村职业中学开展生产经营活动的联合通知》，决定农、林中专和农村职业中学可以使用农业贷款，以发展生产实习基地和从事生产经营活动。

1991 年

1 月 18—25 日，国家教委、国家计委、劳动部、人事部、财政部联合在北京召开全国职业技术教育工作会议，在总结过去十年工作经验基础上，明确职业技术教育要广泛发动和依靠各行各业、社会各种力量来共同兴办，逐步形成多渠道、多层次、多形式的办学体制。

1 月 24—26 日，国家教委在北京召开 1991 年教育工作会议，提出今后十年教育工作的主要任务，并提出坚持多渠道筹措教育经费的方针，确立以国家财政拨款为主、多渠道筹措教育经费的理念和体制。

4月13日，国家教委在北京召开全国中小学勤工俭学电话会议，在总结“七五”期间经验的基础上，指出在“八五”时期要继续坚持“从实际出发，因地制宜”的原则，既要积极进取，又要量力而行，普及与提高一起抓。

5月3日，国家教委发出《关于坚决制止中小学乱收费的规定》，要求中小学在每学期开学前，将本学期经批准的收费项目、标准张榜公布；各级教育行政部门应加强对收费工作的管理。

6月14日，国家教委、财政部联合发出通知，从本年6月1日起，对享受专业奖学金的师范、农林、民族、体育、航海专业的学生，在现有专业奖学金的基础上，增发生活补助费，标准为每生每年136元；各校可根据实际情况，于此次新增生活补助费中按每生每月不超过2元提取困难补助费，连同原有困难补助费，用于学生特殊困难补助。

7月20日，国家教委、国家物价局、财政部、劳动部联合下发《中等职业技术学校收取学费的暂行规定》，提出自1991学年起，对中等专业学校（不含中师）、技工学校和职业高中新入学的学生适当收取学费，但对工作条件艰苦或者国家重点扶持的专业则可以免收或减收学费。

7月20日，国家教委、国家计委、财政部、民政部、劳动部、人事部、中国社会福利有奖募捐委员会、中国残疾人联合会联合发出《关于切实做好“八五”期间残疾人教育工作的通知》，提出残疾人教育工作要认真贯彻《中华人民共和国义务教育法》和《残疾人保障法》，纳入“八五”教育发展计划，缩小残教与全国教育发展水平的差距。

12月8日，国务院发出《关于进一步贯彻实施中华人民共和国民族区域自治法若干问题的通知》，提出国家设立的“少数民族教育补助专款”实行专款专用，保证直接用于少数民族教育事业；在“八五”期间此项专款可适当增加。

12月29日，国家教委、财政部印发《普通高等学校研究生奖学金制度试行办法》（自1992年1月1日起执行），规定研究生奖学金分为普通奖学金和优秀奖学金。普通奖学金：博士生每生每月90元，其中入学前为国家正式职工且大学毕业后累计工作时间2年以上者，每生每月100元，满4年以上者则每生每月110元；硕士生每生每月70元，其中入学前为国家正式职工且大学毕业后累计工作时间2年以上者，每生每月80元，满4年以上者则每生每月 90 元。优秀奖学金：博士生每生每月 200 元，评比不超过 15%；硕士生每生每月 150 元，评比不超过 10%；优奖每学年末评定，一次发给。另，学习期间书籍补助费，博士生每生每年 100 元、硕士生每生每年 60 元；学校可按每生每月 2 元标准编列预算来掌握研究生的临时生活困难补助费，解决研究生的特殊困难。

年底，国家教委决定改变国家公派、单位公派、自费出国留学的划分办法，将出国留学分为“公费出国留学”和“自费出国留学”两类。

1992 年

2 月 19 日，国家教委印发《全国中小学勤工俭学“八五”期间发展计划要点》，提出其主要目标在于提高普及率和经济效益，以及积极发挥其育人功能。

3 月 14 日，教育部发布《义务教育法实施细则》，其中对贫困学生的资助政策是：“对家庭经济困难的学生，应当酌情减免杂费。依照《中华人民共和国义务教育法》第十条第二款规定，享受助学金的贫困学生是指初级中等学校、特殊教育学校的家庭经济困难的学生，少数民族聚居地区、经济困难地区、边远地区的小学及其他寄宿小学的家庭经济困难的学生。实行助学金制度的具体办法，由省级人民政府规定。”

3 月 28 日，《人民日报》报道，自 1980 年以来，我国利用外资发展教育事业取得明显成效，受益领域涉及高等教育、师范教育、中职中技教育、广播电视教育和教材出版印刷等。

4 月 15 日，中国青年发展基金会在北京举行新闻发布会，宣布从即日起在全国实施“希望工程——百万爱心行动”计划，以动员更多的社会力量更大规模地救助失学儿童。

9 月 8—9 日，国家教委、财政部、国家计委联合召开全国筹措教育经费改善办学条件河南现场会。会议认为，十多年来，我国已建立起以国家财政拨款为主、辅之以多渠道筹集教育经费的体制。这些渠道主要包括国家财政拨款，征收城乡教育费附加，收取学杂费，发展校办企业、勤工俭学，社会集资、捐资，建立人民教育基金等，从而突破了教育经费完全由国家包干的制度和办法。

9 月 23—25 日，首届私人办学理论研讨会在天津举行。会议认为民办、私立学校的兴起，为教育体制改革提供了新思路。

10月12—18日，中共十四大在北京召开。会议宣布“我国经济体制改革的目标是建立社会主义市场经济体制”。

10月19日，国家教委办公厅发出《关于对全国143个少数民族贫困县实施教育扶贫的意见》，提出由经济、教育较发达的省、直辖市安排属下有关县（市）及高校，与民族贫困县建立对口协作支援关系，以帮助和推动少数民族地区贫困县发展教育事业，促进各族共同富裕和繁荣。

11月2日，国家教委办公厅发出《关于加强民族散杂居地区少数民族教育工作的意见》，提出各级教育行政部门要加强这方面工作的领导，采取有效措施为少数民族子女入学创造条件。

11月2日，国家教委发出《关于支持中国青少年发展基金会实施“希望工程”的通知》，指出各级教育行政部门必须予以重视并切实支持此项活动。

1993年

1月12日，国务院批转国家教委《关于加快改革和积极发展普通高等教育的意见》，其中提出改革原由国家包办高等教育的单一体制与模式，逐步形成国家投资为主、学生缴费和社会集资为辅，学生缴费和社会集资为主、国家资助为辅，民办自费，企业办学等多种办学形式。

2月13日，中共中央、国务院印发《中国教育改革和发展纲要》，提出改革和完善教育投资体制，增加教育经费，逐步建立以国家财政拨款为主，辅之以征收用于教育的税费、收取非义务教育阶段学生学杂费、校办产业收入、社会捐资集资和设立教育基金等多种渠道筹措教育经费的体制。

3月5—7日，中共十四届二中全会在北京召开，讨论通过机构改革方案。随后在15—31日，八届全国人大一次会议在北京举行，会议审议通过了《国务院机构改革方案》，其核心任务即建立适应社会主义市场经济体制的行政管理体制。

7月15日，国家教委印发《关于重点建设一批高等学校和重点学科点的若干意见》。随后，国家成立“211工程”协调小组，国家教委成立“211工程”领导小组。

7月26日，国家教委、财政部联合发出《关于对高等学校生活特别困难学生进行资助的通知》，提出各高校要把解决特困生问题抓细抓好：从

“奖贷基金”或“专业奖学金”总额中按每生每月 2 元标准提取的困难补助费，应首先集中用于补助特困生；现有贷款总数内应首先考虑特困生的贷款需要，并可适当提高贷款额度，集中使用；组织学生（特别是特困生）勤工俭学以取得一些收入；可根据困难程度减免特困生学杂费；加强食堂管理工作，尽可能降低伙食价格。

8 月 27 日，国家教委、财政部联合发出《关于进一步做好高等学校勤工助学工作意见的通知》，就如何做好高等学校勤工助学工作作出部署，并要求首先安排家庭经济特别困难的学生。

9 月 24 日，国务院办公厅发出《关于加强中小学收费管理工作的通知》，指出各级政府要认识乱收费问题的严重性和危害性，坚决贯彻党中央、国务院及有关部门关于纠正不正之风和制止乱收费的规定，严格区分义务教育阶段与非义务教育阶段关于收费的政策界限。

11 月 14 日，中共十四届三中全会通过《中共中央关于建立社会主义市场经济体制若干问题的决定》，其中关于教育体制改革部分提出，切实落实《中国教育改革和发展纲要》，加快教育体制改革的步伐，“改革政府包揽办学的状况，形成政府办学为主与社会各界参与办学相结合的新体制”。

1994 年

2 月 28 日—3 月 3 日，全国扶贫开发会议在北京召开，国务院公布《国家八七扶贫攻坚计划》（简称“八七计划”）。

3 月 15 日，国务院决定从总理预备金中抽出 1.735 亿元作为启动经费，支持全国 369 所中央部（委）属院校的特困生勤工助学。

3 月 22—25 日，中国与联合国儿童基金会 94/95 周期贫困地区小学教育项目主任会在北京举行。会议就贫困地区女童教育项目、特殊教育项目、制定学习标准及建立教学质量检测机制等工作进行部署。

3 月 29 日，国家教委、中国福利会发出《关于在全国中小学设立“宋庆龄奖学金”的通知》，这是面向中小学设立的第一个大规模的社会类奖学金。

5 月 10 日，国家教委、财政部发出《关于在普通高等学校设立勤工助学基金的通知》，要求各高校从四个渠道充实勤工助学基金：一是在教育事业费中，根据国家任务学生数，按每生每月 3～5 元标准提取的经费；二是从学杂费收入中划出5%的经费；三是从学校预算外收入中划出一定比例的经费；四是基金自身的增值。

6月10日，国家教委办公厅发出《关于对委属高校在校学生实行定向补贴的通知》。

8月11日，上海宝山钢铁（集团）公司宣布以3 500万元巨资设立面向全国的宝钢教育基金。这是当时我国最大数额的由企业设立的教育基金。

9月8日，国家教委与深圳中华自行车集团公司在人民会堂联合举行新闻发布会。深圳中华自行车集团公司捐赠1 000万元人民币，设立“中华育人教育基金”，支持基础教育事业发展。

9月26日，国家教委、财政部印发《调整普通高等学校研究生奖学金办法》，分研究生奖学金为普通奖学金和优秀奖学金，研究生同时享受学校所在地政府规定的高校学生的粮、油、副食品价格补贴。

11月19日，由企业出资承办的我国最大的教育事业奖励基金——宝钢教育奖首次颁发。总数180万元的奖金颁发给全国高校的800名优秀教师和学生。

12月16—18日，国家教委在上海召开全国高等教育体制改革座谈会，会议形成了“共建”“合作办学”等五种可操作的途径。

本年，普通高等学校招生“并轨”开始试点。

1995年

2月17日，《中国教育报》发表柳斌《关于制止中小学乱收费工作的意见》一文。该文指出严禁把捐资助学同录取学生挂钩，严格控制择校生，严格控制私立学校收费项目和收费标准。

2月28日，国家教委、财政部联合召开全国普通高校资助困难学生工作经验交流会。会议宣告中央财政近年已拨款2.3亿元，今后每年将增拨奖学金款1亿元，确保高校贫困学生完成学业。

3月18日，《中华人民共和国教育法》经八届全国人大三次会议审议通过，并于当年9月1日开始实施。

7月7日，国家教委、财政部联合印发《关于健全中小学学生助学金制度的通知》，指出各地应根据实际情况，在初级中等学校（含职业初中）和部分小学（主要是有困难的少数民族地区、其他贫困地区和需要寄宿就读的地区）实行助学金制度，并对享受助学金的条件、助学金经费来源和管理等作出规定。

9月25—28日，中共第十四届五中全会把实施“科教兴国”战略列为加速中国社会主义现代化建设的重要方针。

11月8—11日，国家教委在山东潍坊召开潍坊捐企助教现场研讨会，对近年来潍坊市先后有100家私营企业经营者将其固定资产和流动资金计共5 000万元捐赠给学校进行考察和论证，并给予充分肯定。

11月18日，国家发布《“211工程”总体建设规划》（简称“211工程”），即面向21世纪，重点建设100所左右的高等学校和一批重点学科的建设工程。

1996年

1月4日，中宣部、国家教委、文化部、新闻出版署和共青团中央举行仪式，向全国100个贫困县赠送“百种爱国主义教育图书”。

1月16日，新华社香港分社社长周南在香港设宴欢迎内地教育代表团参加邵逸夫先生捐款活动。国家教委副主任张天保在致辞中说：邵逸夫先生自1985年以来，通过国家教委向各地提供的教育捐款已超过10亿港元，援助项目达720多个。

1月22—24日，国家公费出国留学选派工作会议在北京举行。其间国家教委正式公布关于国家公费出国留学人员选派管理工作的改革方案，并宣布本年将在全国试行。

2月29日，国家教委发出《关于做好1996年国家公费出国留学人员选派办法改革全面试行工作的通知》。

3月1日，香港电讯资助内地教育发展计划签字仪式在北京举行。香港电讯教育基金将向内地捐资300万港元，兴建三所农村小学。

3月22日，“OMRON中国教育基金”在北京举行签字仪式。根据协议，日本欧姆龙株式会社将在北京、上海、大连和天津一些理工科大学设立总额为500万元人民币的教育基金，用于向这些院校赠送文献、书籍、实验室设备，以及实行奖学金和教师奖励金等。

5月15日，《职业教育法》经八届全国人大常委会第十九次会议通过，于当年9月1日起施行。

5月27—30日，由国家教委、财政部、国家计委、世界银行联合举办的“第三个贫困地区基础教育发展项目启动会”在郑州召开。该项目向世界银行贷款 1 亿美元，国内配套资金 9.28 亿元人民币，主要用于安徽、福建、甘肃、河北、河南、吉林、青海 7 省 124 个国家级贫困县发展九年义务教育。

10 月 18 日，中国建设银行爱心基金资助贫困大学生捐赠仪式在北京举行。该行拟从全系统 35 万职工捐款设立的爱心基金每年增值部分拿出 200 万元，用于资助全国 86 所高校的 1 466 名贫困生。

12 月 16 日，《高等学校收费管理暂行办法》出台，因高校属于非义务教育，学校依据国家有关规定向学生收取学费。其中“农林、师范、体育、航海、民族专业等享受国家专业奖学金的高校学生免缴学费”；“对家庭困难的学生应酌情减免收取学费”，同时可采取奖学金、贷学金、勤工俭学、困难补助等多种方式帮助他们解决学习和生活上的困难。

12 月 16 日，《普通高级中学收费管理暂行办法》出台，指出高中教育属于非义务教育阶段，学校依据国家有关规定向学生收取学费，但对家庭经济困难的学生应酌情减免收取学费。

12 月 16 日，《中等职业学校收费管理暂行办法》出台，指出中等职业教育属于非义务教育，学校依据国家有关规定向学生收取学费，其中少数特殊专业对家庭经济困难的学生应酌情减免学费。

本年，660 余所高校实现“并轨”。

1997 年

1 月 14 日，国家教委发布《关于规范当前义务教育阶段办学行为的若干原则意见》，指出义务教育主要是政府行为，所以建立以政府办学为主、社会广泛参与的基础教育办学格局是一项长期的任务，必须由政府统筹规划；义务教育必须坚持“免收学费”“就近入学”“平等教育”的原则。

2 月 19 日，邓小平同志在北京逝世。

3 月 23—26 日，“国家贫困地区义务教育工程”试点县工作会议在广西田东举行。“国家贫困地区义务教育工程”本年将在广西、云南、贵州、西藏、青海、新疆、宁夏、内蒙古、甘肃 9 省、区的 32 个县（旗）进行项目试点，经费达 3.9 亿元，覆盖人口 915 万，项目学校 1 396 所。

3 月 28 日，国家教委办公厅印发《外国留学生奖学金年度评审暂行办法》。

7月3日，国家教委、财政部、民政部、中国社会福利有奖募捐委员会、中国残联印发《“九五”期间特殊教育补助费使用的几点意见》。

7月31日，国务院发布《社会力量办学条例》，自10月1日起施行。该条例进一步肯定了社会力量办学的意义和作用，也标志着民办教育逐步进入相对规范发展的时期。

8月18日，国家教委“邵逸夫先生捐款项目优秀工程颁奖典礼”在杭州市举行。

10月25日，共青团中央、全国学联与福建恒安集团共同设立的“中国大学生跨世纪发展基金·恒安济困助学金”在人民大会堂举行首发仪式。该基金是由福建恒安集团有限公司捐资1 000万元人民币设立，用于扶助高校经济困难的学生。

11月17—19日，中央召开金融工作会议，强调要深化和加快金融体制改革，建立健全符合我国国情的现代金融体系和金融制度。

12月10日，国家教委、团中央和人民日报社在北京举行胡楚南优秀大学生奖学金颁发暨表彰大会。110名全国高校的大学生获得奖励和表彰。

本年，全面实现并轨招生。

1998年

2月28日，国家教委在北京举行捐赠仪式，接受深圳市华为技术有限公司2 500万元人民币的捐赠，从本年起设立“华为寒窗学子基金”，用以资助品学兼优、家境贫寒的在校大学生完成学业。

3月10日，九届全国人大一次会议审议通过了《关于国务院机构改革方案的决定》，“中华人民共和国国家教育委员会”更名为“中华人民共和国教育部”。

8月18日，教育部办公厅发出《关于切实做好洪涝灾区困难学生入学工作的紧急通知》。

8月29日，九届全国人大常委会第四次会议通过《中华人民共和国高等教育法》，1999年1月1日起施行。其中规定高校学生应按国家规定缴纳学费，家庭经济困难的学生可申请补助或减免学费；国家设立奖学金，并鼓励高校、企事业组织、社会团体及其他社会组织和个人设立各种形式奖学金，用以奖励品学兼优生、国家规定的专业的学生和到国家规定地区工作的学生；国家设立高校学生勤工俭学基金和贷学金，并鼓励高校、企事业组织、社会团体和其他社会组织及个人设立各种形式助学金，对家庭经济困难的学生提供帮助；获贷、助学金的学生应履行相应的义务。

9月4日，解放军和武警部队官兵支援灾区教育事业捐款仪式在北京举行。解放军四总部领导向教育部部长陈至立和来自湖北、湖南等10个省、区、市的代表转赠1.3亿元捐款，用以支援灾区教育事业。

12月24日，教育部印发《面向21世纪教育振兴行动计划》，进一步规划跨世纪教育改革和发展的施工蓝图。

1999年

3月19日，由IBM国际商业机器中国有限公司与国家留学基金管理委员会联合设立的“IBM中国优秀学生奖学金”的合作协议文本交换仪式及首届奖学金颁奖仪式在北京举行。根据协议，IBM公司从1998年开始分5年提供总值450万元人民币的资金，设立“IBM中国优秀学生奖学金”，以奖励中国国内与IBM公司有合作关系的高校中计算机专业的优秀师生。

4月2日，《关于普通高等学校招收和培养香港特别行政区、澳门地区及台湾省学生的暂行规定》出台，要求普通高校招收、培养港澳台学生应当坚持保证质量、一视同仁、适当照顾的原则；国家设立和发放“港澳台学生政府奖学金”；学校应按照国家有关规定向港澳台学生收取学费和其他费用。

4月8日，为了保护高校知识产权，鼓励广大教职工及学生发明创造和智力创作的积极性，教育部发布《高等学校知识产权保护管理规定》。

6月13日，中共中央、国务院发出《关于深化教育改革全面推进素质教育的决定》。

6月16日，上海浦东发展银行宣布将率先在全国范围内推出留学贷款，从7月1日起在北京、上海、南京、杭州、宁波5个城市的17个营业网点同步试点受理。

6月17日，国务院办公厅批转中国人民银行、教育部、财政部《关于国家助学贷款的管理规定（试行）》和《国家助学贷款管理操作规程（试行）》。管理规定说明，国家助学贷款是以帮助经济确实困难的学生支持在校期间的学费和日常生活费用为目的，运用金融手段支持教育，资助经济困难的高校全日制本、专科学生完成学业的主要形式；为保证国家助学贷款制度的顺利实行，由教育部、财政部、中国人民银行和中国工商银行组成全国助学贷款部际协调小组，教育部设立全国学生贷款管理中心为协调组的日常办事机构；为减轻学生的还贷负担，财政部给予学生所借贷款利息的50%财政贴息，其余50%由学生个人负担，国家鼓励社会各界以各种形式为困难学生提供助学贷款担保和贴息。

6月18日，教育部、财政部下发《关于进一步加强高校资助经济困难学生工作的通知》，规定“各学校每年须从学费收入中划出10%的经费，专门用于勤工助学工作”。

10月10日，北京商业银行与清华大学在北京签署合作协议。北京商业银行向清华大学提供10亿元贷款额度，并向该校捐赠100万元，设立“清华大学京行奖学金”。

10月18日，第三届胡楚南优秀大学生奖学金颁奖暨表彰大会在北京举行。

12月21日，教育部在北京召开中小学开设信息技术必修课和计算机收集捐赠工作座谈会。

本年，中央作出扩大高等教育规模的决定，高等教育也由“精英教育”跨入“大众教育”时代。

2000年

1月14日，国家出台《关于进一步加快高等学校后勤社会化改革的意见》，提出高等学校后勤社会化改革的重点是学生生活后勤改革，对全国高校后勤社会化改革工作进行指导和部署。

1月31日，教育部、外交部、公安部联合发布《高等学校接受外国留学生管理规定》，指出高校应按照国家有关规定确定并公布对外国留学生的收费项目及收费标准，并以人民币计算；中国政府为外国留学生设有“中国政府奖学金”，其类别有本科生奖学金、研究生奖学金和进修生奖学金等；此外，教育部根据需要，设立其他专项研究或培训等奖学金。

2月1日，国务院办公厅转发中国人民银行、教育部、财政部《关于助学贷款管理若干意见的通知》，进一步明确助学贷款相关政策实施和具体管理方案，指明助学贷款包括国家助学贷款和一般商业性助学贷款两类。

3月7日，曾宪梓教育基金会从本年开始实施“优秀大学生奖学金计划”，主要资助在北京大学、清华大学、北京师范大学等 35 所高校就读、品学兼优而生活贫困的大学生。首期资助大学生 1 750 名。

3 月 28 日，中国人民银行出台《教育储蓄管理办法》，指出为了鼓励城乡居民以储蓄存款方式为其子女接受非义务教育积蓄资金，特开办教育储蓄，其对象为在校小学四年级（含四年级）以上学生。

3 月 28 日，全国高校资助经济困难学生工作会议在西安召开，通报全国资助经济困难学生工作情况，并就进一步做好资助经济困难学生的工作进行部署。

8 月 26 日，国务院办公厅转发中国人民银行、教育部和财政部制定的《关于助学贷款管理的补充意见》，决定将中央财政贴息的国家助学贷款由 8 个试点城市扩大到全国范围，并在本年 9 月 1 日前要开办此项业务，以此推进国家助学贷款进程。

8 月 24 日，《中国人民银行助学贷款管理办法》出台，规定助学贷款可采取无担保（信用）助学贷款和担保助学贷款方式，各商业银行和城乡信用社（即贷款人）均可根据贷款通则自主办理助学贷款。

11 月 15 日，旨在改善我国中小学生营养状况的国家“学生饮用奶计划”开始在全国分步启动。

2001 年

3 月 3 日，中宣部、中央文明办、教育部联合在北京召开“西部开发助学工程”座谈会，贯彻落实党中央西部大开发的战略决策，推进“西部开发助学工程”的顺利实施。

5 月 29 日，国务院发布《国务院关于基础教育改革与发展的决定》，决定采取有力措施，坚决刹住一些地方和学校的乱收费，控制学校收费标准，切实减轻学生家长特别是农村学生家长的负担。在国家扶贫开发工作重点县等农村贫困地区义务教育阶段，实行由中央有关部门规定杂费、书本费标准的“一费制”收费制度；其他地区由省政府按照国家有关规定，结合当地实际，确定本地区杂费、书本费的标准。

6 月 7 日，教育部、财政部印发《关于对全国部分贫困地区农村中小学生试行免费提供教科书的意见》，指出从 2001 年秋季开始，在全国部分贫困地区农村中小学，对家庭经济困难学生试行免费提供教科书。

6 月 11—12 日，全国基础教育工作会议在北京召开，国务院总理朱镕基发表“努力开创基础教育改革和发展的新局面”的讲话，指出为保证基础教育特别是农村义务教育经费，当务之急是要采取“一保二控三监管”的措施。所谓“控”，就是控制学校收费标准，坚持制止乱收费，切实减轻学生家长尤其是农村学生家长的负担。会议期间，李岚清副总理指出，从 2001 年开始，针对贫困地区农村家庭经济困难的中小学生，要完善助学金制度，逐步实行由国家免费提供教科书的制度。

6 月 12 日，国务院纠风办、教育部印发《关于进一步做好治理教育乱收费工作的意见》。

6 月 13 日，国务院办公厅在北京召开学校对口支援工作经验交流会，加大学校对口支援工作的力度，促进贫困地区和少数民族地区义务教育的发展。

6 月 22 日，教育部、中国人民银行、财政部在北京召开全国国家助学贷款工作会议，研究进一步落实国家助学贷款政策，全面推进国家助学贷款工作。

7 月 9 日，为贯彻落实《国务院关于基础教育改革与发展的决定》，发扬中华民族济困助学的优良传统，教育部、共青团中央、全国少工委联合发出通知，决定组织城市和经济发展较快地区向贫困地区学生捐赠教科书及其他图书。

9 月 24 日，教育部、财政部、国务院扶贫开发领导小组办公室发出《关于落实和完善中小学贫困学生助学金制度的通知》，指出国家对义务教育阶段的贫困学生实行助学金制度；各地应设立中小学贫困学生助学金专款，并逐步加大投入力度，切实保证助学金制度的顺利实施。

11 月 16 日，国家计委、财政部、教育部发出《关于坚决落实贫困地区农村义务教育阶段试行“一费制”收费制度的通知》。

12 月 11 日，中国成为 WTO 正式成员国。

2002 年

2 月 7 日，中国人民银行、教育部、财政部发出《关于切实推进国家助学贷款工作有关问题的通知》，要求统一思想，提高认识，全面推进国家助学贷款工作。针对经济困难学生，为确保其能够及时得到国家助学贷款，实行“四定”“三考核”：定学校，定范围，定额度，定银行；中国人民银行及各分行与教育行政部门要按月考核经办银行国家助学贷款的申请人数和申请金额，考核已审批贷款人数和贷款合同金额，考核实际发放贷款人数和发放金额。

2月9日，中国人民银行、教育部、财政部在北京召开全国国家助学贷款工作电视电话会议，进一步落实国务院关于国家助学贷款政策，全面推动国家助学贷款工作。

3月11日，中宣部、中央文明办、教育部发出《关于进一步做好“西部开发助学工程”实施工作的通知》。

4月14日，国务院办公厅发布《关于完善农村义务教育管理体制的通知》，进一步强调农村义务教育实行“在国务院领导下，由地方政府负责、分级管理、以县为主”的体制，建立义务教育经费保障机制，保证农村义务教育的投入。

4月16日，财政部、教育部印发《国家奖学金管理办法》，指出为帮助家庭经济困难的普通高等学校学生顺利完成学业，激励他们勤奋学习、努力进取，促进学生全面发展，特设立“国家奖学金”。

5月21日，教育部、财政部在北京举行新闻发布会宣布，决定设立“国家奖学金”，并于2002年9月1日起实行。

5月31日，教育部办公厅发出《关于高等学校切实配合经办银行做好国家助学贷款工作的通知》。

6月12—13日，全国“西部开发助学工程”工作座谈会在乌鲁木齐举行。从2002年起，中央文明办加大对“西部开发助学工程”的资助力度。

9月1日，由中国扶贫基金会发起，教育部、国务院扶贫办支持的“新长城——特困大学生资助项目”在北京启动。

9月4日，教育部办公厅发出《关于高等学校积极配合经办银行大力推进国家助学贷款工作的通知》。

9月15日，中宣部、中央文明办、教育部在北京联合召开“西部开发助学工程”座谈会，要求切实搞好“西部开发助学工程”，以实际行动迎接党的十六大。

10月30日，教育部办公厅发出《关于认真做好国家奖学金评定工作的通知》。要求各地区、各部门、各高校高度重视国家奖学金的评定工作，各高校要认真研究制定切实可行的操作办法，坚持公开、公平、公正的原则。

12月28日，共青团中央、全国学联在北京召开表彰会，颁发2002年中国大学生“五四奖学金”“建昊奖学金”，150人受到表彰。

12月28日，九届全国人大常委会第三十一次会议通过《中华人民共和国民办教育促进法》，定于2003年9月1日起施行，标志着民办教育进入了一个比较健全的法制化阶段。《中华人民共和国民办教育促进法》认定民办教育事业属于公益性事业，是社会主义教育事业的组成部分，国家鼓励捐资兴学。

2003年

2月14日，教育部、中央组织部、国家计委、财政部、人事部和国务院扶贫办在北京召开全国学生对口支援工作经验交流暨表彰电视电话会议。

2月24日，教育部和财政部在人民大会堂联合举行首届国家奖学金发放仪式。

3月10日，十届全国人大一次会议第三次全体会议通过了《关于国务院机构改革方案的决定》，特别提出“决策、执行、监督”三权相协调的要求。

3月24日，教育部召开全国教育系统治理中小学乱收费工作电视电话会议，强调必须加大工作力度，从严治教，狠抓政策落实，进一步做好学校乱收费的治理工作。

5月19日，教育部、国务院纠风办、国家发改委、财政部、审计署、新闻出版总署六部委建立治理教育乱收费部际联席会议制度，加强对治理教育乱收费工作的组织协调，统一领导。

8月29日，教育部公布2002年全国普通高校资助经济困难学生各项政策的实际执行情况，显示我国目前建立起来的以“奖、贷、助、补、免”为主体的多元化资助高校经济困难学生的政策体系已基本上保证了家庭经济困难的学生能够完成学业。

9月3日，国家发改委、教育部、国务院纠风办、监察部、财政部、审计署和新闻出版总署七部委联合发出《关于开展全国治理教育乱收费专项检查的通知》，决定自9月15日起，在全国范围内开展治理教育乱收费专项检查。

9月17日，国务院办公厅转发教育部等部门《关于进一步做好进城务工就业农民子女义务教育工作的通知》，要求进城务工就业农民流入地政府切实负责进城务工就业农民子女接受义务教育工作。

12 月 16 日，国家发展改革委召开新闻发布会，通报 2003 年全国治理教育乱收费专项检查共查出 12 600 多件教育乱收费案件，违规收费金额达 21.4 亿元。

12 月 18 日，曾宪梓教育基金会在人民大会堂举行 2003 年度优秀大学生奖学金颁奖大会，1 750 名家境贫困、品学兼优的大学生获得奖励。

2004 年

2 月 5 日，财政部、国家税务总局联合发出《关于教育税收政策的通知》，规定对从事学历教育的学校提供教育劳务取得的收入和对学生勤工俭学提供劳务取得的收入，均免征营业税。

3 月 1 日，教育部、国务院纠风办等七部门在北京联合召开全国治理教育乱收费工作电视电话会议。

3 月 8 日，国务院以第 400 号令公布《基金会管理条例》，自 6 月 1 日起施行。在法律上规范基金会的组织和活动，维护基金会、捐赠人和受益人的合法权益，为基金会的发展和运作提供法律保障。

3 月 17 日，教育部、国家发展改革委、财政部印发《关于在全国义务教育阶段学校推行“一费制”收费办法的意见》。“一费制”是指在严格核定杂费、课本和作业本费标准的基础上，一次性统一向学生收取费用。从 2004 年秋季新学年开学，在全国政府举办的普通小学和普通初中（含义务教育阶段的特殊教育学校及特教班）推行“一费制”收费办法；国家扶贫开发工作重点县的农村小学和初中继续按照原规定的收费范围和标准实行“一费制”。

6 月 12 日，国务院办公厅转发教育部、财政部、人民银行、银监会《关于进一步完善国家助学贷款工作的若干意见的通知》，强调推进并加强国家助学贷款工作，应坚持“方便贷款、防范风险”的原则，理顺国家、高校、学生、银行之间的经济关系，健全国家助学贷款管理机制，改革贷款审批、发放办法，强化普通高校和银行的管理职责，完善还贷体系机制和风险防范机制，确保该项工作持续而健康发展。

6 月 28 日，教育部、财政部、人民银行、银监会印发《国家助学贷款风险补偿专项资金管理办法》，指出国家助学贷款风险补偿专项资金是根据“风险分担”的原则，按当年实际发放的国家助学贷款金额的一定比例对经办银行给予补偿。具体比例按照国家助学贷款管理中心与经办银行签订的贷款合作协议执行。

7 月 13 日，教育部、财政部印发《关于进一步完善高等学校经济责任制 加强银行贷款管理 切实防范财务风险的意见》。

8 月 25 日，财政部和教育部决定从 2004 年秋季新学期开始将免费教科书专项资金从 2004 年春季的 3 亿元增加到 8.7 亿元，将免费教科书发放范围扩大到中西部农村义务教育阶段全部的家庭经济困难学生，同时推动地方政府加快“两免一补”（免书本费、免杂费和补助寄宿生生活费）资助政策的落实。

8 月 27 日，民政部、教育部发出《关于进一步做好城乡特殊困难未成年人教育救助工作的通知》。

9 月 1 日，国务院总理温家宝主持召开国务院常务会议，研究解决高校贫困家庭学生困难问题。

9 月 3 日，国务院发布《国务院办公厅关于切实解决高校贫困家庭学生困难问题的通知》，强调要“建立规范的高等学校勤工助学制度”。

9 月 9 日，教育部下发《关于进一步做好资助贫困家庭学生工作的通知》，要求“把资助工作与做好学生思想政治工作有机地结合起来”。

9 月 22—27 日，教育部副部长章新胜赴奥地利出席国际大学生体育联合会执委会会议，与奥地利联邦教育、科学与艺术部部长盖勒和奥地利研究委员会副主任波恩签署了《关于资助联合奖学金的双边合作备忘录》。

2005 年

2 月 2 日，财政部、教育部印发《关于加快国家扶贫开发工作重点县“两免一补”实施步伐有关工作的通知》。

4 月 4 日，中宣部、中央文明办、教育部发出《关于做好 2005 年度“西部开发助学工程”组织实施工作的通知》。

4 月 5—12 日，中国和巴基斯坦签署《中华人民共和国教育部与巴基斯坦伊斯兰共和国教育部教育交流与合作执行计划》，计划在 3～5 年内接收 1 000 名由巴基斯坦政府资助的来华留学生，并且选派 100 名中国软件专业学生赴印度 INFOSYS 公司实习。

5 月 25 日，教育部发布《关于进一步推进义务教育均衡发展的若干意见》，指出要切实贯彻落实“巩固、深化、提高、发展”的工作方针，把义务教育工作重心进一步落实到办好每一所学校和关注每一个孩子健康成长上来，逐步实现义务教育的均衡发展。其中特别提出落实各项政策，切实保障弱势群体学生接受义务教育。

5月30日，教育部办公厅、国家发展改革委办公厅、财政部办公厅发出《关于进一步做好在全国义务教育阶段学校推行“一费制”收费办法工作有关问题的通知》。

8月5日，财政部、教育部印发《国家助学奖学金管理办法》。为进一步加大资助高校贫困家庭学生的力度，经国务院批准，从2005年开始，中央政府每年出资10亿元设立“国家助学奖学金”，分为国家奖学金和国家助学金两种形式。

8月23日，教育部、国家发展改革委、财政部、国务院台湾事务办公室发出《关于调整祖国大陆普通高校和科研院所招收台湾地区学生收费标准及有关政策问题的通知》，对在大陆高校和科研院所就读的台湾学生，与大陆学生收取相同费用。

9月1日，教育部办公厅发出《关于采取措施进一步推动以国家助学贷款为重点的高校贫困家庭学生资助工作的通知》。在中央部委属高校中，凡未落实资助政策、学生或家长反映较多的学校，若是“985工程”学校，一律暂时停拨有关经费；若不是“985工程”学校，一律暂停安排修购专项经费。

12月26日，全国农村义务教育经费保障机制改革工作会议在北京召开，计划未来五年中央与地方各级财政累计将新增农村义务教育经费约2 182亿元。

2006年

1月17日，教育部发出《关于做好落实农村义务教育经费保障新机制若干工作的紧急通知》，确保惠及西部地区广大农民群众和农村中小学生。

1月19日，财政部、教育部印发《全国农村义务教育阶段学生免收学杂费的实施管理办法》，规定享受免除学杂费政策的对象，包括在农村地区（含镇）义务教育阶段公办学校就读的学生，在农垦、林场等所属义务教育阶段学校就读的学生，在县城所在地义务教育阶段公办学校就读的贫困家庭学生。

2月9日，教育部办公厅发出《关于进一步做好农村义务教育经费保障机制改革实施工作的通知》。各省级教育行政部门要在工作重心和工作精力的安排上，把农村义务教育经费保障机制改革工作作为头等大事，一把手亲自抓，精心组织，周密部署，建立责任制，倒计时地予以落实。

2月14日，教育部、国家发展改革委、财政部、国务院港澳办发出通知，明确从2006年秋季入学开始，在内地高校和科研院所就读的港澳学生，执行与内地学生相同的收费标准。同时设立港澳学生奖（助）学金，并对招收港澳学生的单位给予专项补助。

3月5日，国务院总理温家宝在十届全国人大四次会议上作政府工作报告时宣布，两年内农村义务教育免除学杂费。

4月18日，教育部办公厅发出《关于建立国家助学贷款工作巡回督察、督办机制的通知》，规定定期报送普通高等学校国家助学贷款情况报表。同年学校设立学生资助中心，资助项目包括奖学金、国家助学贷款、勤工助学、学费减免、国家助学金、困难补助、社会捐助等。

5月12日，教育部、国家发展改革委、财政部发出《关于进一步规范高校教育收费管理若干问题的通知》，进一步加强公办高校收费管理，规范高校收费行为，坚决治理乱收费，维护高校和学生的正当权益。

6月5日，吉利教育资助计划新闻发布会在北京吉利大学举行，计划将在2006年秋季资助1 000名贫困学生走进大学校门。

6月29日，十届全国人民代表大会常务委员会第二十二次会议对《义务教育法》进行修订。

7月6日，教育部、国务院纠风办、监察部、国家发展改革委、财政部发出《关于在农村义务教育经费保障机制改革中坚决制止学校乱收费的通知》，规定在农村义务教育经费保障机制改革实施的地区，进一步明确收费项目，严格执行收费标准；对暂时未进行农村义务教育经费保障机制改革的地区，严格执行现行“一费制”收费办法，不准擅自设立收费项目和提高收费标准，同时，要严格执行收费公示制度。

7月24日，财政部、教育部印发《中等职业教育国家助学金管理暂行办法》与《关于完善中等职业教育贫困家庭学生资助体系的若干意见》。

8月25日，财政部、教育部印发《港澳及华侨学生奖学金管理暂行办法》，规定港澳及华侨学生奖学金的资金来源于中央财政，面向在内地普通高校和科研院所就读的全日制港澳本专科学生、硕士和博士研究生及华侨本专科学生。

9月9日，第九次中欧领导人会晤在芬兰赫尔辛基举行，根据双方领导人联合声明，中国将设立为期五年的“中国—欧盟学生交流奖学金项目”，从2007年开始，每年向100名欧盟青年学生提供政府奖学金，为欧方学生来华留学提供更多的机会。

12月5日，教育部全国学生资助管理中心在北京大学召开中央部属高校国家助学贷款代偿资助工作会议，布置2007年中央部属高校的国家助学贷款代偿资助工作。

2007年

年初，财政部、教育部联合成立完善家庭经济困难学生资助政策体系小组并展开调研。在调研的基础上，两部共同起草关于建立健全普通本科高校、高等职业学校和中等职业学校家庭经济困难学生资助政策体系的方案，并上报国务院。

5月13日，国务院印发《关于建立健全普通本科高校、高等职业学校和中等职业学校家庭经济困难学生资助政策体系的意见》，阐述充分认识建立健全家庭经济困难学生资助政策体系的重大意义，提出建立健全家庭经济困难学生资助政策体系的主要目标与基本原则、主要内容与工作要求。其中特别强调完善国家奖学金、助学金制度以及完善和落实国家助学贷款政策。同时规定从2007年起部属师范大学师范生实行免费教育。

6月21日，财政部、教育部印发《中等职业学校国家助学金管理暂行办法》，对中职国家助学金资助范围、对象、标准、申请、评审和发放程序及管理监督等作了详细规定。

6月21日，财务部、原劳动社会保障部印发《关于做好技工学校国家助学金发放管理工作的通知》，对技工学校国家助学金的资助范围、对象、标准、申请流程、管理与监督等作出了具体规定。

6月26日，教育部、财政部印发《中等职业学校学生实习管理办法》，对中职学生实习的资格、时间、岗位、组织、管理、报酬等作出了规定与要求。

6月26日，教育部、财政部印发《关于认真做好高等学校家庭经济困难学生认定工作的指导意见》，对高等学校家庭经济困难学生认定原则、认定标准、认定程序及组织实施作出规定。

6月26日，教育部、财政部印发《高等学校学生勤工助学管理办法》，对高等学校勤工助学组织机构、学校的职责、学生勤工助学管理服务组织的职责、校内勤工助学岗位的设置、校外勤工助学活动的管理、勤工助学酬金标准及支付作出规定。

6月26日，财政部、教育部印发《普通本科高校、高等职业学校国家奖学金管理暂行办法》，对国家奖学金的奖励标准与申请条件、名额分配与预算下达、申请与评审程序以及发放、管理及监督作出规定。

6月27日，财政部、教育部印发《普通本科高校、高等职业学校国家励志奖学金管理暂行办法》和《普通本科高校、高等职业学校国家助学金管理暂行办法》，分别对国家奖学金和助学金的标准与申请条件、名额分配与预算下达、申请与评审程序以及发放、管理与监督作出规定。

6月29日，按照财政部、教育部印发的《高等学校毕业生国家助学贷款代偿资助暂行办法》，经全国学生资助管理中心审核，首批164名赴西部地区基层单位就业的中央部署高校毕业生享受国家助学贷款代偿政策。

7月10日，教育部印发《关于认真做好2007年高等学校新生入学“绿色通道”和贯彻落实新资助政策有关工作的通知》，要求各地、各高校切实做好全日制公办普通高校家庭经济困难新生入学“绿色通道”工作，使家庭经济困难新生都能顺利报到入学，全面贯彻落实高校家庭经济困难学生新资助政策。

7月12日，教育部印发《关于进一步做好农村义务教育经费保障机制改革有关工作的通知》，要求进一步落实农村义务教育阶段寄宿生生活补助政策，做好补助资金的发放和管理工作。

8月13日，财政部、教育部、国家开发银行联合印发《关于在部分地区开展生源地信用助学贷款试点的通知》，决定在江苏、湖北、重庆、陕西、甘肃等5个省市开展生源地信用助学贷款试点工作。

11月26日，财政部、教育部印发《关于调整完善农村义务教育经费保障机制改革有关政策的通知》，明确中西部农村义务教育阶段家庭经济困难寄宿生的生活费基本补助标准，向全国农村义务教育阶段学生免费提供教科书，提高中央财政免费教科书补助标准，推进教科书循环使用工作。

12月25日，教育部、财政部印发《关于全面实施农村义务教育教科书免费提供和做好部分教科书循环使用工作的意见》，决定从2008年春季学期起，实行部分国家课程教科书的循环使用制度。

12月27日，教育部、财政部印发《国家奖学金评审办法》，为规范国家奖学金评审和保证评审工作公平、公正、依法进行，两部成立评审领导小组，设立评审委员会，对评审组织、评审条件、评审程序作出规定。

12 月 29 日，教育部发布《关于 2006—2007 学年度国家奖学金获奖者的公告》，批准 5 万名学生获得此奖学金并将获奖学生名单刊登在教育部门户网站上。

2008 年

1 月 6 日，教育部召开落实农村中小学免费教科书工作会议。

1 月 17 日，2006—2007 学年度国家奖学金颁奖大会在北京召开。

2 月 19 日，教育部在京召开全国省级教育行政部门主要负责同志会议。会议部署了进一步做好农村义务教育经费保障体制有关工作，并就免除城市义务教育阶段学生学杂费有关问题进行了座谈讨论。

2 月 21 日，教育部印发《关于做好高校受灾家庭经济困难学生资助工作的通知》。

3 月 10 日，财政部、教育部发出通知，要求中央、地方财政共拿出 16 亿元对全国 2 000 万名本专科生、研究生在 2008 年 3—6 月间每人每月补贴 20 元。

3 月 12 日，财政部、教育部决定在已经给予普通高校学生伙食补助的基础上，再拨出专项资金，对家庭经济困难学生增加伙食费，并要求各地财政部门、教育部门迅速将补贴发放到学生手中，切实做好高校学生临时补贴发放工作。

3 月 20 日，中央财政拨付 3 亿元用于资助中西部地区县镇和农村普通高中家庭特困学生。

4 月 24 日，教育部印发《关于进一步做好城市义务教育免除学杂费试点工作的通知》，部署北京等地开展城市义务教育免学杂费试点工作。

5 月 6 日，全国中等职业学校学生管理信息系统正式运行。该信息系统为中央、省、市、县、中职学校做好学生学籍与资助信息管理提供技术支持。

5 月 22 日，财政部、教育部印发《关于切实做好高校地震受灾学生资助工作的紧急通知》，将生源地为地震重灾区的农村学生和城市家庭经济困难的学生全部纳入当年国家助学金资助范围，并发放特殊困难补助和伙食补助。

7 月 8 日，教育部印发《关于认真做好 2008 年高等学校新生资助有关工作的通知》。

7 月 12 日，全国学生资助管理中心开通中职学生资助政策咨询投诉电话并向社会公布电子信箱。

7 月 30 日，国务院总理温家宝主持召开国务院常务会议，研究部署全面免除城市义务教育阶段学生学杂费工作。会议决定，从 2008 年秋季学期开始，在全国范围内全部免除城市义务教育阶段学生学杂费。对享受城市居民最低生活保障政策家庭的义务教育阶段学生，继续免费提供教科书，对家庭经济困难的寄宿生补助生活费。

8 月 12 日，国务院印发《关于做好免除城市义务教育阶段学生学杂费工作的通知》，决定从 2008 年秋季学期开始全面免除城市义务教育阶段公办学校学生学杂费，同时承担义务教育任务的民办学校就读的学生按当地公办学校免除学生学杂费标准享受补助，切实解决好进城务工人员随迁子女就学问题。

8 月 29 日，财务部、教育部印发《关于对汶川地震重灾区家庭经济困难学生实施特别资助政策的通知》，对生源地为 51 个地震重灾县的高中阶段和高校家庭经济困难学生，在 2008 年秋季学期至 2009 年春季学期实施免除学费、补助生活费的特别资助政策。

9 月 8 日，国家发展和改革委员会等七部委印发《关于开展全国教育收费专项检查的通知》，部署全国第六次教育收费专项检查工作，以进一步规范教育收费行为，减轻群众负担。

9 月 9 日，财政部、教育部、银监会印发《关于大力开展生源地信用助学贷款的通知》，进一步扩大生源地信用助学贷款覆盖范围，同时对承办银行、贷款性质与条件、贷款政策、贷款贴息与风险补偿、组织实施作出规定。

10 月 30 日，中央财政已经下拨 2008 年农村中小学公用经费（取暖费）补助资金 20.6 亿元，专项用于北方地区农村义务教育阶段中小学校冬季取暖支出。

12 月 9 日，教育部、财政部联合召开国家奖学金评审工作会议，组织开展 2007—2008 学年度全国高校国家奖学金评审工作。

2009 年

1 月 16 日，2007—2008 学年度国家奖学金获奖者名单公布，共有

49 983 名大学生获得每人 8 000 元奖励。教育部和财政部联合成立了国家奖学金评审领导小组，设立了国家奖学金评审委员会，对各省（区、市）、计划单列市及新疆生产建设兵团教育行政部门，中央有关部门（单位）教育司（局）和教育部直属各高等学校报送的国家奖学金评审材料进行了认真评审。

2 月 22 日，2007—2008 学年度国家奖学金颁奖大会在北京召开，中央政治局委员、国务委员刘延东为国家奖学金获奖学生代表颁奖并作讲话。

3 月 11 日，财政部、教育部印发《高等学校毕业生学费和国家助学贷款代偿暂行办法》，对高校毕业生到中西部地区和艰苦边远地区基层单位就业、服务期在 3 年以上（含 3 年）者，其学费由国家实行代偿；在校学习期间获得国家助学贷款者，代偿的学费优先用于偿还国家助学贷款本金及其全部偿还之前产生的利息。

4 月 1 日，国务院总理温家宝主持召开国务院常务会议，决定正式启动全国中小学校舍安全工程。

4 月 17 日，教育部办公厅印发《关于第二届“助学政策　祝我成才”征文评选结果的通报》。

4 月 20 日，财政部、教育部、总参谋部印发《应征入伍服义务兵役高等学校毕业生学费补偿国家助学贷款代偿暂行办法》，决定从 2009 年起对应征入伍服义务兵役的普通高等学校应届毕业生实施学费补偿贷款代偿政策，并对补偿或代偿的标准、年限及方式，申请与审核，预算下达，补偿或代偿的实施、管理与监督作出规定。

4 月 29 日，由中国青年报、中国教师报二报社主办，财政部教科文司、教育部新闻办、全国学生资助管理中心为指导单位的第二届“助学政策　助我成才”征文活动颁奖仪式在陕西师范大学举行。

5 月 7 日，国务院办公厅转发教育部、中国残联等部门《关于进一步加快特殊教育事业发展的意见》，要求全面提高残疾儿童少年义务教育普及水平，不断完善残疾人教育体系和完善特殊教育经费保障机制。

5 月 25 日，教育部、财政部、银监会、国家开发银行在安徽省合肥市联合召开 2009 年全国家庭经济困难学生资助工作会议。

6 月 18 日，教育部办公厅印发《关于当前做好高校困难毕业生就业帮扶工作的通知》。

10 月 21 日，总参谋部、总政治部、教育部、公安部、民政部和财政部联合印发《征集各级各类学校应届毕业生工作暂行规定》，明确规定普通高校在读翌年毕业生参军入伍服义务兵役可享受学费补偿贷款代偿政策。

10 月 22 日，教育部、财政部联合发出《国家建设高水平大学公派研究生项目学费补助办法（试行）》，资助对象为“国家建设高水平大学公派研究生项目”赴国外攻读博士学位或硕博连读的留学人员。

12 月 10 日，财政部、教育部、国家发改委、人力资源社会保障部联合召开落实中等职业学校免学费工作视频会议。

12 月 14 日，财政部、国家发改委、教育部和人力资源社会保障部联合印发《关于中等职业学校农村家庭经济困难学生和涉农专业学生免学费的工作意见》，决定从 2009 年秋季学期起，实行中等职业教育免学费政策。

12 月 22 日，财政部、教育部、国家发改委、人力资源社会保障部联合召开视频会议，部署全国中等职业学校农村家庭经济困难学生和涉农专业学生免学费政策工作。

2010 年

1 月 4 日，教育部发布《关于贯彻落实科学发展观进一步推进义务教育均衡发展的意见》，提出力争在 2012 年实现区域内义务教育初步均衡，到 2020 年实现区域内义务教育基本均衡。

1 月 4 日，全国治理教育乱收费部际联席会议在京召开 2009 年治理教育乱收费专项督查工作汇报会。

1 月 12 日，中华少年儿童慈善救助基金会成立大会在京举行。新成立的中华少年儿童慈善救助基金会救助的对象是无人监管抚养的儿童、流浪儿、闲散于社会的辍学儿童、问题儿童和其他有特殊困难的少年儿童。

1 月 26 日，国家民族事务委员会和中国建设银行在北京举行“少数民族地区大学生成才计划”启动仪式。中共中央政治局委员、国务院副总理回良玉出席并为启动仪式揭牌，向优秀少数民族大学生代表颁发奖学金。

1 月 28 日，财政部、教育部、人力资源社会保障部联合印发《中等职业学校免学费补助资金管理暂行办法》，对中等职业学校免学费范围、对象、标准、资金分担及监督管理等作出规定。

3 月 3 日，为保证中等职业学校国家助学金及时足额发放到受助学生手中，中央财政预拨 2010 年中等职业学校国家助学金 59.8 亿元，预计受助学生达 1 136 万人。

3 月 17 日，教育部印发《关于切实做好普通高校全日制硕士专业学位研究生资助工作的通知》。

5 月 27 日，财政部、教育部、国家发改委、人力资源社会保障部印发 44 万份《国家中职学生资助政策助你翱翔、助你成功》宣传画，张贴到全国中职学校、初中学校及街道、乡镇。

6 月 1 日，“关爱儿童，读书成长”——新闻出版总署在北京市朝阳区祁庄小学举行向北京市进城务工人员子弟捐献百种优秀少儿图书活动。

7 月 26 日，教育部与中国银行签署《中央部门所属高校 2010—2014 学年国家助学贷款业务合作协议》，中国银行继续承办中央部署高校校园地国家助学贷款业务。

7 月 29 日，中共中央、国务院正式颁布《国家中长期教育改革和发展规划纲要（2010—2020 年）》，把“促进公平”作为今后一段时期我国教育改革发展的一项重大工作方针，将“家庭经济困难学生资助”列入教育领域十个重大项目之一，健全国家资助政策体系。

8 月 11 日，中国儿童少年基金会和中国人民解放军空军在北京共同举行了空军第八次向“春蕾计划”捐款仪式。

8 月 26 日，财政部、教育部决定从 2010 年秋季学期起，将本、专科学生国家助学金平均资助标准由原来的每生每年 2 000 元提高至每生每年 3 000 元。

9 月 14 日，财政部、国家发改委、教育部、人力资源社会保障部印发《关于扩大中等职业学校免学费政策覆盖范围的通知》，决定自 2010 年秋季学期起，将中等职业学校城市家庭经济困难学生纳入免学费政策范围。

9 月 16 日，教育部办公厅印发《关于开展中等职业教育国家助学金和免学费政策落实情况检查工作的通知》，要求各地和中等职业学校开展自查自纠。

9—12 月，教育部组织开展全国中等职业教育国家助学金和免学费政策落实情况专项检查。在各地自查自纠基础上，教育部于 11 月 2 日召开专项检查工作部署会议，对专项检查工作提出明确要求。

9 月 21 日，财政部、教育部印发《关于建立普通高中家庭经济困难学生国家资助制度的意见》，从 2010 年秋季学期起，建立以政府为主导、国家助学金为主体、学校减免学费等为补充、社会力量积极参与的普通高中家庭经济困难学生资助政策体系。

9 月 27 日，中国人民银行、财政部、教育部、人力资源社会保障部印发《关于全面推行中职学生资助卡加强中职国家助学金发放监管工作的通知》，决定从 2010 年秋季学期起，使用中职资助卡发放国家助学金，并探索国家助学金集中发放模式。

11 月 3 日，财政部、教育部发布《普通高中国家助学金管理办法》，确定普通高中国家助学金的资助对象为具有正式注册学籍的普高在校生中家庭经济困难学生。其资助面约占全国普高学生总数的 20%，平均资助标准为每生每年 1 500 元，用于资助家庭经济困难者学习和生活费用开支，具体标准在 1 000～3 000 元，分为 2～3 档。

11 月 3 日，财政部、教育部决定，从 2010 年秋季学期起，上调中西部地区农村义务教育阶段家庭经济困难寄宿生生活费基本补助标准。

11 月 9 日，财政部、教育部印发《普通高中国家助学金管理暂行办法》，对普通高中国家助学金资助对象、标准、评审程序以及资金发放与管理等作出明确规定。

11 月 21 日，国务院印发《关于当前发展学前教育的若干意见》，把发展学前教育摆在更加重要的位置，对多种形式扩大学前教育资源、多种途径加强幼儿教师队伍建设、多种渠道加大学前教育投入、加强幼儿园准入管理、强化幼儿园安全监管、规范幼儿园收费管理等作出了明确规定。

12 月 20 日，教育部在北京召开 2010 年高校国家奖学金获奖学生暨全国学生资助工作先进单位表彰大会。

12 月 21 号，教育部、国家发改委、财政部、人力资源社会保障部印发《关于做好 2009 年秋季学期至 2012 年春季学期中职学校第三学年顶岗实习困难专业家庭经济困难学生免学费工作的通知》，对中等职业学校第三学年顶岗实习困难的专业范围、免学费标准、免学费资金补助方式及资金分担比例等作出具体规定。

2011 年

1 月 26 日，全国治理教育乱收费部际联席会议召开了治理教育乱收费专项督查汇报会。会上，检查组汇报了 12 个省市教育收费专项督查的情况，并对 2011 年治理工作提出建议。

2 月 28 日，教育部与多家企业签订校企合作协议，企业捐助金额超过

1 亿元人民币，主要用于汽车运用与维修专业和数控技术应用专业的设备捐赠、师资培训、教材开发及奖学金等方面的教学实践活动。

6 月 16 日，香港实业家钟建国捐资 4 680 万元设立的“明德师范教育奖励基金”在北京师范大学举行捐赠仪式。

7 月 20 日，为加快培养经济社会发展需要的高素质劳动者和技能型人才，中央财政已下拨国家中等职业教育示范学校补助资金 13.73 亿元，用于支持评审通过的第一批 276 所学校实施教育教学内容改革、校企合作人才培养模式创新、师资队伍建设等。

8 月 9 日，《国务院关于促进牧区又好又快发展的若干意见》提出，我国将加快普及牧区高中阶段教育，大力发展符合牧区发展需要的中等职业教育，逐步免除中等职业学校牧区学生学费，逐步提高牧区义务教育阶段家庭经济困难寄宿生生活补助标准。

8 月 25 日，教育部办公厅印发《关于开展中等职业教育国家助学金和免学费政策落实情况检查工作的通知》，决定 2011 年继续在全国开展中等职业教育国家助学金和免学费政策落实情况检查工作。

9 月 5 日，财政部、教育部印发《关于建立学前教育资助制度的意见》，要求地方政府对县级以上教育行政部门审批设立的普惠性幼儿园在园家庭经济困难儿童、孤儿和残疾儿童给予资助。

9 月 5 日，财政部、教育部印发《关于加大财政投入支持学前教育发展的通知》，就加大财政投入支持学前教育发展提出了要求。

9 月 8 日，由全国特级教师网发起、中华社会救助基金会批准设立的“中华助学助教专项基金”在北京宣布成立，“大爱中华——助学助教行”大型公益活动同时启动，该活动拟在一年内陆续向全国老少边穷地区和贫寒学子捐赠面值总额 5 000 万元的全国特级教师网学习卡，全国 250 万名贫寒学子将获捐赠。

10 月 19 日，财政部、教育部、总参谋部印发《应征入伍服义务兵役高等学校在校生学费补偿国家助学贷款代偿及退役复学后学费资助暂行办法》，决定从 2011 年秋季学期起，对应征入伍服义务兵役的全日制普通高校在校学生实施相应的学费补偿或国家助学贷款补偿，对退役后复学的原高校在校学生实施相应的学费资助。

10 月 25 日，财政部、教育部、民政部、总参谋部、总政治部印发《关于实施退役士兵教育资助政策的意见》，决定从 2011 年秋季学期起，对退役1年以上考入全日制普通高等学校的自主就业退役士兵给予学费资助。

11月8日，全国高校学生资助育人工作实践与理论研讨会在湖南省衡阳市召开。

11月23日，国务院办公厅印发《关于实施农村义务教育学生营养改善计划的意见》，决定从2011年秋季学期起，在集中连片特殊困难地区启动农村义务教育学生营养改善计划试点工作。

11月24日，国务院召开部署实施全国农村义务教育学生营养改善计划电视电话会议。

12月21日，曾宪梓教育基金会优秀大学生奖励计划2011年度优秀大学生颁奖大会在清华大学举行，来自内地35所高校的1 750名优秀贫困大学生获得总额为630万元的资助。

12月30日，财政部、教育部决定，从2011年秋季学期起，上调中西部地区农村义务教育阶段家庭经济困难寄宿生生活费基本补助标准。

2012年

1月29日，中共中央政治局委员、国务委员刘延东视察全国学生资助管理中心，并作出重要讲话，对家庭经济困难学生资助工作给予充分肯定，同时对进一步做好学生资助工作提出明确要求。

2月，全国学生资助管理中心首次拍摄学生资助公益广告片，并在中国教育电视台播出。

4月10日，经教育部教育信息化推进办公室批准，“全国学生资助管理信息系统”子项目正式立项。

5月23日，中国教育发展基金会、全国学生资助管理中心印发《普通高校家庭经济困难新生入学资助项目暂行管理办法》，决定利用中央专项彩票公益金润雨计划部分专项资金，设立普通高校家庭经济困难新生入学资助项目，资助普通高校家庭经济困难新生到校报到。

教育部等十五部门联合发布《关于印发〈农村义务教育学生营养改善计划实施细则〉等五个配套文件的通知》。

6—9月，全国学生资助管理中心开展首届“国家资助　助我成长”主题征文活动，面向全国所有获得国家资助的普通高校、中等职业学校和普通高中在校生及当年毕业生征文。

7月19日，财政部、教育部、中国人民银行印发《全面推行普通高中学生资助卡　加强普通高中国家助学金发放监管工作的通知》，从2012年秋季学期起，在全国推行普通高中学生资助卡，进一步规范了普通高中国家助学金发放管理工作。

8月，教育部、财政部印发70万份"国家学生资助政策伴我行"宣传画，全面宣传从学前教育到高等教育国家学生资助政策，并将宣传画张贴到各级教育部门、各级各类学校、乡镇（街道）、村组（居委会）。

8月20日，全国学生资助管理中心编写《中国学生资助发展报告（2007—2011年）》，全面总结过去5年国家学生资助政策体系建立健全的历程以及学生资助成效。

9月20日，中国教育出版传媒股份有限公司出版《完善家庭经济困难学生资助体系》（"中国教育改革发展丛书·典型经验系列"之一）。

9月29日，财政部、教育部发布《研究生国家奖学金管理暂行办法》，为发展中国特色研究生教育，促进研究生培养机制改革，提高研究生培养质量，设立研究生国家奖学金，每年奖励4.5万名在读研究生，其中博士生1万名，硕士生3.5万名。

10月9日，财政部、教育部印发《研究生国家奖学金管理暂行办法》，设立研究生国家奖学金，对奖励标准与基本条件、名额分配与预算下达等作出规定。

10月22日，财政部、国家发改委、教育部、人力资源社会保障部印发《关于扩大中等职业教育免学费政策范围　进一步完善国家助学金制度的意见》（财教〔2012〕376号），中职免学费政策覆盖所有农村（含县镇）学生、涉农专业学生和城市家庭经济困难学生。

10月30日，财政部、国家发改委、教育部、人力资源社会保障部联合召开落实中等职业教育国家助学政策工作视频会议。

2013年

2月28日，财政部、国家发展改革委、教育部联合印发《关于完善研究生教育投入机制的意见》，根据我国研究生教育情况，重点就完善研究生教育财政拨款制度、完善研究生国家奖助政策体系、建立健全研究生教育收费制度三方面内容提出了意见。

3月，全国学生资助管理中心联合教育部财务司召开中央部属高校所属普通高中学生资助工作推进会。

4月19日，教育部办公厅发布《关于开展高校学生资助诚信教育主题活动的通知》，决定部署各地、各高校自2013年起于每年5月份集中开展高校学生资助诚信教育主题活动。

5—12月，全国学生资助管理中心发布首届《关于开展“国家资助助我飞翔”全国励志成长成才优秀学生典型宣传评选活动的通知》，在全国遴选出100名励志成才优秀学生典型，宣传展示国家资助政策的育人成果。

6月3日，财政部、教育部和人力资源社会保障部研究修订了《中等职业学校免学费补助资金管理办法》和《中等职业学校国家助学金管理办法》，进一步明确中职免学费和国家助学金预算依据及拨付程序，并提出加大监督检查力度和惩罚力度的要求。

7月29日，财政部、教育部印发《研究生学业奖学金管理暂行办法》，为激励研究生勤奋学习、潜力研究、勇于创新、积极进取，决定从2014年秋季学期起，设立研究生学业奖学金。该项奖学金按照博士生每人每年10 000元、硕士生每人每年8 000元标准以及在校人数的一定比例给予支持并列入年度部门预算。

7月29日，国务院办公厅转发教育部等部门《关于实施教育扶贫工程的意见》，将“提高学生资助水平”作为教育扶贫工程的五大主要任务之一。

7月29日，财政部、教育部发布《研究生国家助学金管理暂行办法》，决定自2014年起秋季学期起，研究生普通奖学金调整为研究生国家助学金。其资助标准为：博士研究生不低于每生每年10 000元，硕士研究生不低于每生每年6 000元。

8月6日，财政部、教育部印发《研究生学业奖学金管理暂行办法》，决定从2014年秋季学期起，设立研究生学业奖学金，对学业奖学金的资金来源、奖金比例、标准与申请条件、评审组织与程序、资金管理等作出规定。

8月6日，财政部、教育部印发《研究生国家助学金管理暂行办法》，决定从2014年秋季学期起，将研究生普通奖学金调整为研究生国家助学金，对资金来源、资助标准、预算下达、资金发放、管理与监督等作出规定。

8月19日，全国学生资助管理中心组织拍摄学生资助公益广告片，在中央电视台各频道播出。

8月20日，财政部、教育部、总参谋部印发《高等学校学生应征入伍服义务兵役国家资助办法》，对应征入伍服义务兵役的高校学生，在入伍时对其在校期间缴纳的学费实行一次性补偿或获得的国家助学贷款实行代偿；应征入伍服义务兵役前正在高等学校就读的学生，服役期间按国家有关规定保留学籍或入学资格，退役后自愿复学或入学的，国家实行学费减免。

10月，全国学生资助管理中心、中国青年报社、中国银行组织联合举办首届全国高校学生“助学·筑梦·铸人”主题征文活动。

12月5日，李克强总理主持召开国务院常务会议时突出强调，“不让贫困家庭的孩子输在成长‘起点’”，把学生资助工作摆在了国家社会进步事业中异常重要的位置上。

2014年

1月8日，国务院办公厅转发教育部等部门《特殊教育提升计划(2014—2016年)》，提出进一步提高残疾学生资助水平。

2月21日，财政部、教育部印发《普通高等学校研究生国家奖学金评审办法》，进一步规范普通高等学校研究生国家奖学金评审工作。

4月24日，财政部、教育部印发《生源地信用助学贷款风险补偿金管理办法》，明确可将生源地信用助学贷款风险补偿金结余部分，按一定比例用于奖励县级学生资助管理中心。

6月，全国学生资助管理中心启动县级资助工作管理人员业务培训。

6月3日，财政部、教育部、人力资源社会保障部印发《关于下达2014年第四批义务教育等转移支付预算的通知》，规定从2014年起，对公办中职学校第三学年免学费财政补助比例由原来的50%提高至100%，将民办学校免学费范围由原来的一、二年级学生扩大至一、二、三年级学生。

7月18日，财政部、教育部、人民银行、银监会印发《关于调整完善国家助学贷款相关政策措施的通知》，提高国家助学贷款额度并调整学费补偿贷款代偿、退役士兵学费资助标准，相应标准提高到本专科生每生每年8 000元、研究生每生每年12 000元。

8月26日，全国学生资助管理中心主任张光明在教育部报告厅介绍2013年学生资助工作进展的成效及2014年学生资助政策调整情况。

10月，全国学生资助管理中心、中国银行和中国青年报社联合举办第二届“助学·筑梦·铸人”主题征文系列活动。

11月5日，财政部、教育部印发《关于追加下达2014年农村义务教育学生营养改善计划中央专项资金预算的通知》，将农村义务教育营养改善计划国家试点地区中央补助标准从3元提高到4元。新标准从2014年11月起执行。

11月25日，财政部、教育部、人力资源社会保障部联合印发《关于下达2014年第四批义务教育等转移支付预算的通知》，规定从2014年起，对公办中职学校第三学年免学费财政补助比例由原来的50%提高至100%，将民办学校免学费范围由原来的一、二年级学生扩大至一、二、三年级学生。

12月25日，国务院印发的《国家贫困地区儿童发展规划（2014—2020年）》提出，完善学前教育资助制度，帮助家庭经济困难儿童、孤儿和残疾儿童接受普惠性学前教育。

2015年

1月，财政部、教育部决定，从2015年开始，将中央部属高校附中国家助学金纳入部门预算给予安排。

1月21日，财政部、教育部发布通知，决定完善中国政府奖学金资助体系，提高资助标准。来华留学生本科生、硕士研究生、博士研究生每人每年资助标准最高档分别为66 200元、79 200元和99 800元。

2月25日，国务院常务会议决定，将普通高中和中职学校国家助学金标准由每生每年1 500元提高到2 000元。财政部、教育部《关于下达2015年学生资助补助经费（普通高中国家助学金）预算的通知》规定，从2015年春季学期起普通高中国家助学金标准由年生均1 500元提高到2 000元。

3—7月，全国学生资助管理中心组织开展第二届“国家资助　助我飞翔”全国励志成长成才优秀学生典型宣传评选活动。

4月，全国学生资助管理中心按照中央和部党组的部署，扎实开展“三严三实”专题教育，精准资助，解决贫困学生后顾之忧。

6月30日，财政部、教育部、人力资源社会保障部印发《关于下达

2015 年第二批学生资助补助经费（中等职业学校国家助学金和免学费补助资金）预算的通知》，明确从 2015 年春季学期起中等职业学校国家助学金标准由年生均 1 500 元提高到 2 000 元。

7 月 1 日，财政部、教育部印发《中央财政支持学前教育发展资金管理办法》，对中央财政支持学前教育发展资金使用范围、资金分配与拨付、资金申报程序、资金管理与监督等作出规定。学前教育发展资金分为扩大资源类和幼儿资助类两类项目资金，其中幼儿资助类项目资金用于资助普惠性幼儿园在园家庭经济困难儿童、孤儿和残疾儿童接受学前教育。

7 月 11 日，国务院办公厅印发《关于支持戏曲传承发展的若干政策》，要求加强学校戏曲专业人才培养，对中等职业教育戏曲表演专业学生实行免学费。

7 月 13 日，教育部、财政部、人民银行、银监会联合印发《关于完善国家助学贷款政策的若干意见》，决定延长还款年限，实施还款救助机制等措施，进一步减轻借款学生经济负担。

8 月 13 日，教育部、财政部印发《关于进一步加强学生资助政策宣传工作的通知》，对全国学生资助宣传工作制度建设、宣传内容、宣传形式、工作机制、队伍建设等提出明确要求。

8 月 18 日，教育部、财政部联合印发了《关于进一步加强学生资助政策宣传工作的通知》，指导各地进一步做好学生资助政策宣传工作，促进政策的贯彻落实。

11 月 18 日，财政部、教育部、总参谋部印发《关于对直接招收为士官的高等学校学生施行国家资助的通知》，决定从 2015 年起，对直接招收为士官的高等学校的学生（含定向生）实施国家资助。

11 月 26 日，国务院印发《关于进一步完善城乡义务教育经费保障机制的通知》，明确从 2017 年春季学期起，统一城乡“两免一补”政策，对城乡义务教育学生（含民办学校学生）免除学杂费、免费提供教科书，对家庭经济困难寄宿生补助生活费。

2016 年

3 月 21 日，教育部办公厅印发《关于全面应用全国中等职业学校学生管理信息系统和全国学生资助管理信息系统中职子系统的通知》，决定在 2016 年春季学期全面应用两个新系统，停用原全国中等职业学校管理信息系统。

3 月 21 日，教育部办公厅印发《关于开展中等职业学校学生学籍管理和资助工作专项治理的紧急通知》，决定从 2016 年春季学期起，立即开展中等职业学校学生学籍管理和资助工作专项治理。

4 月 15 日，财政部、教育部印发《关于下达 2016 年城乡义务教育补助经费预算的通知》，提出从 2016 年春季学期起，统一城乡义务教育学校生均公用经费基准定额。落实好家庭经济困难寄宿生生活费补助政策，适当调整农村义务教育学生营养改善计划地方试点中央奖补政策。

4 月 18 日，全国学生资助管理中心、教育部信息管理中心印发《关于全面启用全国学生资助管理信息系统义务教育和普通高中子系统的通知》，正式启用义务教育和普通高中资助子系统。

5 月 6 号，全国学生资助管理中心联合中国银行、国家开发银行启动“2016 年全国高校学生资助诚信教育主题活动”，推动各地各校联合金融机构，以国家助学贷款为载体开展诚信教育主题活动。

5 月 31 日，全国学生资助管理中心、中国青年报社、中国银行联合举办第三届“助学・筑梦・铸人”主题征文活动。活动历时 8 个月，征文作品 12 万份，视频作品 3 000 余件，近 1 200 所高校参与，作品质量、征文质量、参与人数较前两届活动大幅提高。

6 月 16 日，财政部、教育部印发《关于下达 2016 年第一批学生资助补助经费预算的通知》，从 2015 年春季学期起普通高中国家助学金标准由年生均 1 500 元提高到 2 000 元。

7 月 28 日，教育部召开“高校学生资助育人工作座谈会”，全国部分省、自治区教育厅和全国部分高校负责同志及受助学生代表共 40 余人参加了座谈会。

7 月，全国学生资助管理中心编辑《暑假新生入学期间家庭经济困难学生资助工作媒体相关报道汇编》，搜集整理报纸、网络、电视、广播等中央和地方主流媒体对学生资助相关内容的评论和报道。

8—11 月，全国学生资助管理中心组织遴选 100 个中职受助学生成长成才典型案例。

8 月 31 日，财政部、教育部联合印发《关于免除普通高中建档立卡家庭经济困难学生学杂费的意见》，决定从 2016 年秋季学期起，免除普通高中建档立卡家庭经济困难学生（含非建档立卡家庭经济困难残疾学生、农村低保家庭学生、农村特困救助供养学生）学杂费。

10月，全国学生资助管理中心委托人民教育出版社出版发行《2015年中国学生资助发展报告》单行本。

10月21日，教育部办公厅、民政部办公厅、国务院扶贫办行政人事司、中国残疾人联合会办公厅等四部门联合印发《普通高中建档立卡家庭经济困难学生免除学杂费政策对象的认定及学杂费减免工作暂行办法》，决定自2016年秋季学期起，免除公办普通高中建档立卡等家庭经济困难学生（含非建档立卡的家庭经济困难残疾学生、农村低保家庭学生、农村特困救助供养学生）学杂费。

11月22日，财政部、教育部印发《城乡义务教育补助经费管理办法》，对从2017年春季学期起统一城乡“两免一补”政策如何实施进行了明确规定。该办法明确家庭经济困难寄宿生生活费补助资金由中央与地方按规定比例分担，中央财政补助经费具体根据各省份义务教育寄宿生数、寄宿生困难面、资助标准、分配系数等因素核定。

12月5日，财政部、教育部修订《支持学前教育发展资金管理办法》，明确了幼儿资助类项目资金采取因素法进行分配。

12月9日，全国学生资助管理中心、国家开发银行扶贫金融事业部区域开发局联合印发《国家开发银行助学贷款还款救助操作规程》，对贷款救助机制的基本要求、救助对象及条件、操作流程等作出规定。

12月16日，教育部、国家发改委、民政部、财政部、人力资源社会保障部、国务院扶贫办等六部门印发《教育脱贫攻坚“十三五”规划》，提出了“保障各教育阶段从入学到毕业的全程全部资助，保障贫困家庭孩子都可以上学，不让一个学生因家庭困难而失学”的目标。

12月19日至22日，全国学生资助管理中心召开中职精准资助经验现场推进会。

12月28日，全国学生资助管理中心印发《关于全面启用全国学生资助管理信息系统学前资助子系统的通知》，学前资助子系统正式启用。

12月30日，教育部办公厅发布《关于进一步加强和规范高校家庭经济困难学生认定工作的通知》。

2017年

2月28日，教育部办公厅举行新闻发布会，介绍学生资助工作有关情况并发布《2016年中国学生资助发展报告》，把工作重心由保障型资助向发展型资助转变，重视培养受助学生成长成才。

3月1日，教育部办公厅举行新闻发布会，介绍2017年学生资助工作进展情况及成效。

4月12日，教育部、财政部发布《关于开展“全国学生资助规范管理年”活动的通知》，决定把2017年定为“全国学生资助规范管理年”，并从指导思想、工作目标、规范内容、活动安排四个方面提出了具体要求。

4月12日，财政部、教育部、中国人民银行、银监会联合印发《关于进一步落实高等教育学生资助政策的通知》，进一步完善高等教育学生资助政策：一是突出无缝衔接，做到“四个全覆盖”；二是强调精准发力，做到“四个精准”；三是加强资助育人，做到“三个结合”。

4月29日，教育部、中国残联近日印发了《关于做好残疾儿童少年义务教育招生入学工作的通知》，提出要在“两免一补”的基础上，提高补助水平，确保每一名家庭经济困难的残疾儿童少年都能入学。

5月，全国学生资助管理中心委托人民教育出版社出版发行《2016年中国学生资助发展报告》单行本。

7月31日，全国学生资助管理中心发布2017年第6号预警：新生招录季，资助要给力！要求各地各校的学生资助工作者当前要练好宣传、落实、沟通“三门功”。

8月1日，财政部、教育部发布《关于进一步提高博士生国家助学金资助标准的通知》，指出从2017年春季学期起，中央高校博士生从每生每年12 000元提高到15 000元，地方高校博士生从每生每年不低于10 000元提高到不低于13 000元；科研院所等其他研究生培养机构依照执行。

8月1日，财政部、教育部、中国人民银行、银监会发布《关于进一步落实高等教育学生资助政策的通知》，提出进一步完善高等教育学生资助政策、提高资助精准度、优化高等教育学生资助工作机制和加强资助育人工作四个具体要求。

8月7日，全国学生资助管理中心发布2017年第7号预警：学校可以放假，资助工作不能放假。

8月22日，全国学生资助管理中心发布紧急通知，要求各省、自治区、直辖市教育厅（教委），各计划单列市教育局，国家开发银行确保“应贷尽贷”，简化认定程序，提高办理效率，开展业务巡查，建立应急机制，加强政策宣传。

9月6日，教育部办公厅举行新闻发布会，全国学生资助管理中心主任田祖荫介绍党的十八大以来学生资助政策体系建立情况和政策落实情况，提出未来教育部将全面推进精准资助机制建设，实现资助对象、资助标准、资金分配、资金发放“四个精准”的目标。

9月29日，《人民日报》刊发教育部部长陈宝生《走中国特色的学生资助之路》一文，详细介绍了中共十八大以来学生资助工作所取得的显著成效。

10月17日，教育部发布“国家资助 成就梦想——国家新的学生资助政策体系建立十周年”的视频。

11月21日，全国学生资助管理中心发布2017年第9号预警：保护学生个人信息和隐私，资助工作者要“拧紧这根弦”。严禁公示“个人敏感信息”，尊重保护“学生个人隐私”。

11月27日，教育部办公厅印发《关于全面清理和规范学生资助公示信息的紧急通知》，提出要全面清理超过期限的学生资助公示信息并进一步规范学生资助信息公示工作。

12月5日，《中共教育部党组关于印发〈高校思想政治工作质量提升工程实施纲要〉的通知》提出将资助育人纳入“十大育人体系”，明确要求把扶困与扶智、扶困与扶志结合起来，建立国家资助、学校奖助、社会捐助、学生自助“四位一体”的资助体系。

《2017年中国学生资助发展报告》提出全面落实《2017年政府工作报告》中“提高博士研究生国家助学金补助标准”要求，自2017年春季学期起，将地方高校博士研究生国家助学金标准由每人每年不低于10 000元提高至每人每年不低于13 000元，将中央高校博士研究生国家助学金标准由每人每年12 000元提高至每人每年15 000元。

2018年

2月28日，教育部发布的《2017年中国学生资助发展报告》显示，2017年学生资助政策全面落实，受助学生超过1亿人次，资助金额超过2 000亿元，财政投入近1 300亿元，学校和社会投入超过750亿元，各项指标均有不同程度增长。

3月1日，《人民日报》发表教育部部长陈宝生所撰《进一步加强学生资助工作》，指出学生资助是一项重要的保民生、暖民心工程，事关脱贫攻坚和社会公平，要把此项工作摆在更加重要的位置。

8月6日，全国学生资助管理中心与国家开发银行扶贫金融事业部区域开发局联合印发《关于加强生源地信用助学贷款受理标准化建设工作的指导意见》，对生源地信用助学贷款工作的指导思想、工作目标、工作原则、工作任务、工作步骤、工作要求进行规范，推动贷款设备标准化、操作流程规范化、档案管理电子化，提高助学贷款办理效率。

9月12日，教育部、财政部印发《高等学校勤工助学管理办法（2018修订）》，提高了勤工助学酬金标准，由每小时不低于8元提高至不低于12元，进一步明确勤工助学管理责任，强调要通过勤工助学培养学生自立自强、创新创业精神，增强学生社会实践能力。

10月16日，教育部、财政部、民政部、人力资源社会保障部、国务院扶贫办、中国残联等六部门联合印发《关于做好家庭经济困难学生认定工作的指导意见》，对学前至研究生教育阶段家庭经济困难学生认定的工作对象、基本原则、工作程序等作出明确规定。

11月7日，中共中央国务院出台《关于学前教育深化改革规范发展的若干意见》，明确要完善学前教育资助制度，要求各地认真落实幼儿资助政策，确保接受普惠性学前教育的家庭经济困难儿童（含建档立卡家庭儿童、低保家庭儿童、特困救助供养儿童等）、孤儿和残疾儿童得到资助。

2019年

3月2日，教育部部长陈宝生《学生资助要在脱贫攻坚中发挥更大作用》一文发表于《人民日报》，强调要高度重视和充分发挥学生资助在脱贫攻坚中的重要作用，在既往的事业基础上进一步助力脱贫攻坚。

4月1日，财政部、教育部、人力资源社会保障部、退役军人部、中央军委国防动员部联合印发《学生资助资金管理办法》，对学生资助的范围和标准、资金分担和预算安排、资金管理和监督等进行规范。

4月13日，财政部、教育部、人力资源社会保障部印发《关于下达2019年学生资助补助经费预算的通知》，根据中等职业学校、普通高中、高等学校相关学生数据及生源结构等情况，根据《学生资助资金管理办法》有关规定，核定下达各省（自治区、直辖市、计划单列市）2019年学生资助补助经费预算，用于落实中等职业教育、普通高中、高等教育国家学生资助政策。

6月26日，国务院总理李克强主持召开国务院常务会议，决定从2019年开始扩大高职院校奖助学金覆盖面，国家奖学金奖励名额由5 000人增至1.5万人，国家励志奖学金覆盖面范围扩大至3.3%，国家助学金覆盖面范围扩大至23.7%，并同步提高本科院校学生补助标准。

6月28日，财政部、教育部印发《关于调整职业院校奖助学金政策的通知》，指出从2019年起扩大高等职业院校奖助学金覆盖面，提高补助标准，设立中等职业教育国家奖学金。具体表现在增加高职院校国家奖学金名额。从2019年起，将本专科生国家奖学金奖励名额由5万名增加到6万名，增加的名额全部用于奖励特别优秀的全日制高职院校学生，奖励标准为每生每年8 000元；扩大高职院校国家励志奖学金覆盖面。从2019年起，将高职学生国家励志奖学金覆盖面提高10%，即由3%提高到3.3%，奖励标准为每生每年5 000元；扩大高职院校国家助学金覆盖面，提高补助标准。从2019年春季学期起，将高职学生国家助学金覆盖面提高10%，平均补助标准从每生每年3 000元提高到3 300元；普通本科学生国家助学金平均补助标准同时从每生每年3 000元提高到3 300元。设立中等职业教育国家奖学金，每年奖励2万名，奖励标准为每生每年6 000元。

为深入贯彻落实全国教育大会精神，充分展示各地各校学习贯彻的切实行动和积极昂扬的精神风貌，以奋进姿态迎接庆祝新中国成立70周年，教育部新闻办组织开展“落实全教会　奋进迎华诞”1+1系列发布采访活动。7月10—12日走进甘肃，就保障家庭经济困难学生顺利入学的政策措施及资助工作开展情况召开新闻发布会并组织采访团进行实地采访。

主要参考文献

一、专著类

[1] 河北省地方志编纂委员会. 河北省志·教育志：第76卷［M］. 北京：中华书局，1995.

[2] 李蔺田，王萍. 中国职业技术教育史［M］. 北京：高等教育出版社，1994.

[3] 毛泽东. 论教育工作［M］. 北京：人民教育出版社，1992.

[4] 毛泽东. 毛泽东选集：第3卷［M］. 北京：人民出版社，1996.

[5] 毛泽东. 毛泽东文集：第7卷［M］. 北京：人民出版社，1999.

[6] 上海市小学教材编写组. 算术（六年级第一学期用）［M］. 上海：上海革命教育出版社，1967.

[7] 王炳照，李国均，等. 中国教育通史6：中华人民共和国卷（下）［M］. 北京：北京师范大学出版社，2013.

[8] 吴镇柔，陆叔云，汪太辅. 中华人民共和国研究生教育和学位制度史［M］. 北京：北京理工大学出版社，2001.

[9] 于富增. 改革开放30年的来华留学生教育［M］. 北京：北京语言大学出版社，2009.

[10] 杨奎松. 中华人民共和国建国史研究［M］. 南昌：江西人民出版社，2009.

[11] 中共中央. 中共中央关于党的若干历史问题的决议［M］. 北京：人民出版社，2009.

[12] 张璞，苏润之. 河北农业大学校志（1902—1988）［M］. 北京：社会科学文献出版社，1992.

[13] 赵效民. 中国革命根据地经济史［M］. 广州：广东人民出版社，1983.

二、史料汇编类

[1] 国家统计局. 建国三十年国民经济统计提要（1949—1978）［M］.

北京：中国统计出版社，1979.

［2］国家统计局国民经济综合统计司. 新中国60年统计资料汇编（汉英对照）［M］. 北京：中国统计出版社，2009.

［3］国家统计局社会统计司. 中国劳动工资统计资料（1949—1985）［M］. 北京：中国统计出版社，1987.

［4］国务院法制办公室. 中华人民共和国法规汇编（1949—1952，第1卷）［M］. 北京：中国法制出版社，2005.

［5］何东昌. 中华人民共和国重要教育文献（1949—1975）［M］. 海口：海南出版社，1998.

［6］全国人大常委会办公厅，中共中央文献研究室. 人民代表大会制度重要文献选编1［M］. 北京：中国民主法制出版社，2015.

三、报纸类

［1］江泽民. 在庆祝北京大学建校一百周年大会上的讲话［N］. 人民日报，1998-05-05（1）.

［2］教育部全国学生资助管理中心. 十年资助硕果累累：2007—2016年中国学生资助发展报告［N］. 人民日报，2018-01-15（14）.

［3］马德秀. 走出中国自己的大学之路［N］. 光明日报，2012-03-12（14）.

［4］马凯. 改革开放中出现的问题都不是方向问题［N］. 人民日报，2004-04-06（1）.

［5］人民日报社. 从上海机床厂看培养工程技术人员的道路［N］. 人民日报，1968-07-21（1）.

［6］人民日报社. 中小学复课闹革命［N］. 人民日报，1967-03-07（1）.

［7］武汉市公私立中小学校广泛吸收工农子弟入学，市政府颁布优待工农子弟入学办法［N］. 人民日报，1950-04-13（3）.

［8］习近平在北京市八一学校考察时的讲话（2016年9月9日）［N］. 人民日报，2016-09-10（1）.

［9］尹鸿祝. 国家科技教育领导小组第十次会议召开，朱镕基主持，李岚清等出席会议［N］. 人民日报（海外版），2001-12-29（1）.

［10］中共中央. 关于开展无产阶级文化大革命的决定［N］. 人民日报，1966-08-08（1）.

［11］政务院．关于改善各级学校学生健康状况的决定［N］．人民日报，1951-08-10（3）．

［12］鲍世修．六十五年前入校生活杂忆［N］．上海外国语大学校报，2014-12-25（4）．

四、论文类

（一）学术论文类

［1］北京市学生资助事务管理中心．市属普通本科高校及高等职业学校北京市国家助学金政策问答［J］．中国商界，2018（6）：127-128．

［2］卞玉龙．资助育人成效的体现途径［J］．教育教学论坛，2019（15）：217-218．

［3］陈东林．“文化大革命”时期国民经济状况研究述评［J］．当代中国史研究，2008（2）：63-72；127．

［4］陈东林．研究“文革”时期国民经济的几点思考［J］．中国经济史研究，1997（4）：43-49．

［5］陈涵．大数据时代高校精准资助工作载体的创新与实践［J］．淮南职业技术学院学报，2019，19（2）：88-89．

［6］程希．改革开放30年中国留学生派出政策回顾［J］．徐州师范大学学报（哲学社会科学版），2009，35（4）：1-8．

［7］董宏琴，孙凤义．解放战争时期的黑龙江军政干部学校［J］．世纪桥，2004（3）：48-49．

［8］冯洁，陈何芳．我国公派留学政策的历史演变及其启示［J］．教育与职业，2011（24）：22-25．

［9］范先佐．我国学生资助制度的回顾与反思［J］．华中师范大学学报（人文社会科学版），2010，49（6）：123-132．

［10］高萍．区域基本公共教育均等化现状、成因及对策：基于全国各省（市、自治区）面板数据的分析［J］．宏观经济研究，2013（6）：91-97．

［11］郭秀兰．我国农村义务教育阶段贫困学生资助制度的回顾、问题及对策研究［J］．陕西教育学院学报，2010，26（2）：12-15；59．

［12］郭秀兰．我国农村义务教育贫困生资助制度的回顾、问题及对策：以西部地区为例［J］．中国农业教育，2010（8）：8-11．

［13］《财政》编辑部．关于高等学校学生人民助学金、人民奖学金的

问题解答［J］. 财政，1983（9）：48-49.

［14］韩克勇. 中国居民消费问题研究［J］. 经济评论（武汉），2001（1）：54-56.

［15］胡伶. “十二五”时期义务教育平等政策回顾及其对“十三五”教育规划的建议［J］. 教育理论与实践，2016，36（10）：20-24.

［16］韩露露，严火其. 浅议“文革”时期的中国农业科学研究［J］. 古今农业，2009（1）：33-40.

［17］黄蔚. 新媒体视角下高校精准资助育人长效机制研究［J］. 吉林农业科技学院学报，2019，28（1）：37-39；70；118.

［18］姜淑兰，张丽红. 怎样理解推进国家治理体系和治理能力现代化问题［J］. 思想理论教育导刊，2016（5）：89-93.

［19］江泽民. 高举邓小平理论伟大旗帜，把建设有中国特色社会主义事业全面推向二十一世纪：在中国共产党第十五次全国代表大会上的报告（1997 年 9 月 12 日）［J］. 求是，1997（18）：2-23.

［20］江泽民. 加快改革开放和现代化建设步伐，夺取有中国特色社会主义事业的更大胜利：在中国共产党第十四次全国代表大会上的报告（一九九二年十月十二日）［J］. 党的建设，1992（Z1）：4-21.

［21］江泽民. 全面建设小康社会，开创中国特色社会主义事业新局面：在中国共产党第十六次全国代表大会上的报告［J］. 党建，2002（12）：3-18.

［22］刘东风. 中国特色社会主义五位一体总布局探析［J］. 求实，2013（4）：61-63.

［23］刘红. 建国后我国中等职业教育资助制度的历史考察［J］. 职业技术教育，2010，31（25）：73-78.

［24］刘红. 我国百年中等职业教育学生资助制度述评［J］. 职教论坛，2011（22）：85-96.

［25］刘慧群. 从学生资助制度的演变看我国高等教育公平的发展轨迹［J］. 教育探索，2010（8）：38-39.

［26］陆俭明. 我记忆中的来华留学生［J］. 神州学人，2015（7）：14-17.

［27］李荣欣. “工农兵”进北大［J］. 文史月刊，2006（8）：31-36.

［28］李兴，王艺璇. 绩效量化考核与管理有效性的思考与探讨［J］.

中国有色金属，2015（S1）：195-207.

［29］李宗陶，沈从乐．裴宜理：破解“造反的密码”［J］．南方人文周刊，2010（26）：68-73.

［30］马叙伦．五年来新中国的高等教育［J］．人民教育，1954（10）：18-20.

［31］潘火强，朱鹤鸣．高校学生资助工作队伍建设研究［J］．滁州学院学报，2017，19（5）：87-89.

［32］丘丽琼，江淑仪，梁海鹏．关于2018年国家资助政策下乡行宣传调研：以广东省湛江市遂溪县乐民镇为例［J］．时代农机，2018，45（11）：81；83.

［33］十八大以来党中央治国理政的政治思想研究课题组．推进国家治理体系和治理能力现代化的思想与实践［J］．前线，2017（6）：17-20.

［34］唐东升，张慧荣．广西高校学生资助工作队伍建设途径研究［J］．广西师范学院学报（哲学社会科学版），2017，38（4）：136-139；157.

［35］王爱云．为了平等而不平等：从学校向工农开门看新增的教育平等努力（1949—1965）［J］．安徽史学，2006（3）：152-158.

［36］谢和成．我国高校学生资助工作新转型［J］．中国管理信息化，2018，21（9）：188-189.

［37］王俐，贾曦．从人力资本投资理论视角看高校资助工作队伍建设［J］．高等农业教育，2018（2）：31-34.

［38］王乃信．深化基础教育管理体制改革研究［J］．教育研究，1996（5）：24-28.

［39］王善迈．论高等教育的学费［J］．北京师范大学学报（人文社会科学版），2000（6）：24-32.

［40］王燕．论新时代高校学生精准资助工作的实践［J］．智库时代，2019（11）：34；96.

［41］王胤之，杨哲．新形势下高校资助育人铸人工作优化路径探析［J］．智库时代，2019（17）：103-104.

［42］兴华．十年动乱时期财政体制变动频繁（上）［J］．财政，1983（8）：22-24.

［43］薛瑞英，谢长法．改革开放40年来我国中职学生资助政策的演

变与展望［J］．教育与职业，2018（17）：36-41．

［44］学生资助十年砥砺奋进 教育公平迈出重大步伐：《中国学生资助十年发展报告（2007—2016 年）》要点［J］．教育财会研究，2017，28（5）：3-9．

［45］缪爱媚．学校学生资助系统的研究分析［J］．中外企业家，2018（15）：119．

［46］徐永光．"希望工程"：救助贫困地区失学的孩子们［J］．中国青年研究，1991（5）：3-5．

［47］岳昌君，周丽萍．中国高校毕业生就业趋势分析：2003—2017 年［J］．北京大学教育评论，2017，15（4）：87-106；187．

［48］杨东平．对建国以来我国教育公平问题的回顾和反思［J］．北京理工大学学报（社会科学版），2000（4）：68-71．

［49］袁建达．希望工程"诞生记"［J］．民主，1990（1）：37-39．

［50］袁连生，刘泽云．我国义务教育贫困学生资助制度分析［J］．北京师范大学学报（社会科学版），2007（5）：117-123．

［51］于锡涛．冷战背景下的"三线建设"［J］．文史精华，2018（20）：19-22．

［52］张放．中共干部子弟小学历史初探［J］．史林，2016（2）：190-201．

［53］中国共产党第十五届中央委员会第二次全体会议公报［J］．党建，1998（4）：1．

［54］张化．在极"左"思潮的冲击中稳住农业基础："文化大革命"时期周恩来在农业领域的贡献［J］．当代中国史研究，1998（2）：45-54．

［55］张翔．师范生免费教育政策的十年回顾与展望［J］．国家教育行政学院学报，2017（8）：21-27．

［56］翟永亮，吴东霞．新时期高校学生精准资助效益研究［J］．教育财会研究，2018，29（4）：60-63．

［57］周兆海．农村教师社会地位变迁及其深层致因：基于改革开放以来的经验总结与反思［J］．河北师范大学学报，2016（18）：89-93．

（二）学位论文类

［1］吉艳艳．近四十年间来华国际学生教育研究（1973—2013）［D］．武汉：华中师范大学，2016．

［2］詹中宏．中等职业学校学生国家助学金资助政策研究［D］．石家庄：河北师范大学，2014．

五、年鉴类

［1］金铁宽．中华人民共和国教育大事记（1）［M］．济南：山东教育出版社，1995．

［2］刘光．新中国高等教育大事记（1949—1987）［M］．长春：东北师范大学出版社，1990．

［3］刘英杰．中国教育大事典（1949—1990）（上）［M］．杭州：浙江教育出版社，1993．

［4］王振川．中国改革开放新时期年鉴（1995 年）［M］．北京：中国民主法制出版社，2014．

［5］《中国教育年鉴》编辑部．中国教育年鉴（1949—1981）［M］．北京：中国大百科全书出版社，1984．

六、网络资料

［1］春蕾计划项目介绍［EB/OL］．(2019-04-09)．http://www.cctf.org.cn/zt/cljh/?v=2．2019-04-09．

［2］杜宪良．我校早先培养留学生二三事［EB/OL］．http://dag.ecust.edu.cn/2017/1026/c6871a70068/page.htm．

［3］中华人民共和国民政部官网．2018 年社会服务发展统计公报［EB/OL］．http://www.mca.gov.cn/article/sj/tjgb/．

［4］国家教委关于多渠道筹措教育经费改善办学条件的公告［EB/OL］．http://www.chinalawedu.com/news/1200/22598/22625/22807/2006/4/zh8788813251124600281 72-0.htm．

［5］搜狐网．高考季，中国石油为学子"旭航"圆梦［EB/OL］．(2016-06-08)．http://www.sohu.com/a/81875508_362187．

［6］中华人民共和国教育部官网．关于建立普通高中家庭经济困难学生国家资助制度的意见［EB/OL］．(2010-09-19)．http://old.moe.gov.cn/publicfiles/business/htmlfiles/moe/moe_1779/201009/108762.html．

［7］教育部：2018 年全国教育事业发展统计公报［EB/OL］．(2019-07-24)．http://www.moe.edu.cn/jyb_sjzl/sjzl_fztjgb/201907/t20190724_392041.

html.

[8] 新华网. 教育部：2018 年度我国出国留学人员总数达 66.21 万人 [EB/OL].（2019-03-27）. http://www.xinhuanet.com/politics/2019-03/27/c_1124291948.htm.

[9] 中华人民共和国教育部官网. 教育部等五部门关于印发《职业学校学生实习管理规定》的通知 [EB/OL].（2016-04-18）. http://www.moe.gov.cn/srcsite/A07/moe_950/201604/t20160426_240252.html.

[10] 中华人民共和国教育部官网. 教育部关于转发《国务院办公厅转发教育部 财政部 中国人民银行 银监会关于进一步完善国家助学贷款工作若干意见的通知》的通知 [EB/OL].（2004-06-23）. http://www.moe.gov.cn/srcsite/A05/s7052/200406/t20040623_181381.html.

[11] 中华人民共和国国家统计局官网 [EB/OL]. http://data.stats.gov.cn/easyquery.htm? cn=C01.

[12] 陆宪良. 我校人民助学金制度“演变史” [EB/OL].（2018-05-09）. http://dag.ecust.edu.cn/2018/0509/c6871a75720/page.htm.

[13] 中国泛海官网. 山东泛海公益基金会工作报告 [EB/OL]. http://www.chinaoceanwide.com/zr/sdgzbg.html.

[14] ZAKER 新闻. 顺丰莲花助学资助 1.4 万余名贫困学子上榜“中华慈善奖” [EB/OL].（2018-09-14）. http://www.myzaker.com/article/5b9b7cc91bc8e0fa29000562.

[15] 中华人民共和国教育部官网. 生源地信用助学贷款试点情况介绍 [EB/OL].（2007-12-18）. http://old.moe.gov.cn//publicfiles/business/htmlfiles/moe/moe_1899/200712/29988.html.

[16] 中国网. 温家宝在十届全国人大第五次会议上的政府工作报告 [EB/OL].（2009-07-14）. http://www.china.com.cn/zyjy/2009-07/14/content_18135587.htm.

[17] 中国扶贫基金会. 新长城特困大学生自强项目 2019 年第二季度总结报告 [EB/OL]. http://www.cfpa.org.cn/information/project.aspx.

[18] 新华网. 习近平 2013 年 11 月 3 日在考察湖南湘西十八洞村时的讲话 [EB/OL]. http://www.xinhuanet.com/politics/2014-12/23/c_1113741756.htm.

[19] 中国教育发展基金会简介 [EB/OL].（2019-04-20）. https://

www. cedf. org. cn/cedf/gywm/201904/20190423/1784831116. html.

［20］中国青少年发展基金会简介［EB/OL］.（2019-04-08）. http://www. cydf. org. cn/Abouts/2019-04-08.

［21］中国社会组织报告（2019）蓝皮书在京发布［EB/OL］.（2019-07-15）. http://yuqing. people. com. cn/GB/n1/2019/0715/c209043-31235180. html.

［22］最高人民法院司法大数据专题报告之未成年人犯罪［EB/OL］. http://courtapp. chinacourt. org/fabu-xiangqing-71052. html.

后　记

说句实话，这部文稿到了画上句号之时，作为主编之一，我丝毫没有既往完成书稿（无论是个人独撰还是身为全书主编）时的兴奋和惬意，有的只是不快不乐。虽说我明知本部文稿写得颇为不尽人意，有些地方一看就知道是块鸡肋，但没有办法更没有时间去替换或改写。对此，读者诸君只要看一下“后记”的落笔时间，以及本部文稿内容主体铺展七十年，一定明白其意和主编者在时间倒逼下的无法与无奈。

说到时间，倒是有必要就此部文稿的缘起做一个时间上的追述。记得去年 8 月 22 日，华中师范大学学工部副部长王东爽先生（现为华中师范大学保卫处处长）出于工作上的考虑，带领我与陈彬教授晋京，接受全国学生资助中心副主任马建斌先生约谈的一项任务——为学生资助中心成立十周年撰写一份十年来学生资助工作的总结报告。对这项任务的写作内容与完成时间，个人感觉到有点难以完成，但考虑到一个师范高校教师的工作责任，尤其学生资助工作的重要性，我们还是领受回校并立马组织写作队伍。在校领导覃红副书记（现为中南财经政法大学副书记）和学工部刘宏达部长（现为华中师范大学科研处处长）、王东爽副部长的组织下，临时拉起以我和陈彬老师牵头，以王涛、王贤磊、王海龙、王丽、祁君、汪阳为成员的研究队伍。这支队伍，除了我和陈彬老师是从事教育学科的研究人员外，大家都不是教育领域的“本行”人员，所以大家一开始就非常努力，在全国学生资助中心的指导和支持下，搜集材料、整理数据、编拟大纲、撰写文稿，但最终并未成形。由是学生资助中心领导干脆改题，考虑到 2019 年为新中国七十华诞之岁，而学生资助工作七十年间的成就与不足也该来一次认真地总结或梳理，于是 2019 年初改定主意，通过华中师范大学学工部韩君华部长，让我们接手撰写一部用为“总结报告”亦作学研著述的《中华人民共和国学生资助七十年》，并定 2019 年 6 月底为交上齐、清、定稿的时间下限。考虑再三，我们二位牵头人只得补充撰研队伍，新添上西南大学冉春副教授和我校教育学院张建博士二位干将，在全国学生资助中心副主任马建斌先生的指导、帮助和督励下，撰研成员们重新搜集资料、清理头绪、反复拟纲，最后写出计为八章的初稿。

时间已到2019年暑期，我们的文稿尚未显出齐、清、定的身形。于是在7月中旬，我们的工作进行重新调整——包括写作队伍和文稿章序，在马建斌先生审阅和建议下，敲定了现时出台的文稿框架之大致。随之，在8月的酷暑期间，马建斌副主任亲身督励，与写作组全体成员反复商讨、切磋，并不时提出指导性意见，终于将这部文稿延期打造问世。其间，教育部、财政部两部的有关领导以及华中师范大学校长赵凌云教授、副书记覃红教授、副校长夏立新教授均不时督励和指导，刘宏达、王东爽、韩君华等学校部门领导直接组织且多次召集全体写作人员商讨并拟纲。诚谓“众人拾柴火焰高”，我们在经过武汉少有的夏秋暑季长日烈焰的炽烤后，终于在桂月来临前夕为文稿勉强地画上了句号。缘此，这部文稿如果有值得肯定的地方，首先要感谢各级领导的关心、指导和支持，尤其马建斌先生功莫大焉。只是由于时间紧迫（几乎是一年时间要完成一部学术著作，显然不是一种认真做学问者应有的理念和应持的态度），加之写作队伍水平有限，存在诸多不足以供读者诸君批判，其责理应由我们二位主编承担。假以时日，或有重印或有续写（八十年、九十年乃至一百年的总结）的机会，个人觉得现有的文稿最少有百分之四十得从头翻新。这也是我们诚恳地对读者诸君说一句“十分抱歉、敬请原谅”的原因所在！

考虑到身膺主编之职，从“学术为公”和学问担责的立场出发，本人认为成果不足责尽在我，他人努力功不可没，是故将全部文稿承担任务人员的成稿情况列示如次：第一章执笔者冉春（西南大学），第二章执笔者陈彬，第三章执笔者张建，第四章执笔者王涛，第五章第一部分执笔者尹华阳（全国学生资助中心）、第二部分一和二两目执笔者祁君（湖北经济学院）、第三目执笔者王贤磊，由原文稿第八章瘦身压编成的“历史的结语”执笔者王丽，“中华人民共和国学生资助大事记”及“主要参考文献”由余子侠带领博士生王海凤、硕士生余桃桃整理并拟就；在起初八章的文稿中，汪阳博士撰写了原第五章、王海龙博士撰写了原第七章（这两章内容后在成稿时均融进现在的第五章）。作为主编，陈彬教授在组织队伍搜集资料、拟定大纲以及前几稿的调整方面，费神用力甚多，本人则在文稿初定的基础上，进行了最后环节的修补与打磨。只缘时不我待，仅能坚持两点：一是尽可能将事情按时间顺序梳理清楚，一是尽己能使文字安排顺畅让读者明白文意。时令已近桂月，终于对新中国七十年来学生资助这一宏伟的千秋基业作了第一次全面叙说的文字梳理。这也算是此项工程的组织者和撰研者聊作敝帚的一点慰藉。

蕲阳　余子侠

于2019年秋季学期开学前夕